ハヤカワ文庫 NF
〈NF569〉

津波の霊たち

3・11　死と生の物語

リチャード・ロイド・パリー
濱野大道訳

HAYAKAWA NONFICTION

早川書房
8621

GHOSTS OF THE TSUNAMI

Death and Life in Japan's Disaster Zone

by
Richard Lloyd Parry

Translated by
Hiromichi Hamano
Published 2021 in Japan by
HAYAKAWA PUBLISHING, INC.
This book is published in Japan by
arrangement with
ROGERS, COLERIDGE AND WHITE LTD.
through THE ENGLISH AGENCY (JAPAN) LTD.

ステラとキットに捧ぐ

二〇一一年三月一一日、ふたつの大災害が日本の東北地方を襲った。ふたつ目の災害が起きたのは夕方。東京電力福島第一原子力発電所で冷却システムが故障し、炉心溶融《メルトダウン》が発生した。三つの原子炉で爆発が起き、放射性物質が周辺の地域に拡散した。二〇万人以上が故郷を追われたものの、迅速な避難と多大な幸運によって、被ばくによる死者は出なかった。福島のこの原発事故の長期的な影響について判断を下すのは時期尚早だろう。あるいは、いつまでもわからないままかもしれない。

この原子力災害のもともとの原因となった地震と津波は、人々の生命にただちに影響を及ぼした。波が引くまでのあいだに一万八〇〇〇人以上が圧死、焼死、溺死した。[1] 一九四五年の長崎への原爆投下以来、日本で起きたひとつの災害・事故による死者数としては過去最大を記録した。

本書はひとつ目の災害、つまり津波に関するものである。

目次

第5部

編集部注

本書には日本語の資料やインタビューを基にした記述（英語版原書で日本語から英語に翻訳された記述）が多くあり、著者、訳者、編集部で相談のうえ、日本語資料の引用については次のような方針を採った。①説明会の議事録、石巻市教育委員会が制作した記録、事故調査委員会の報告書、裁判の判決文など、（少なくとも遺族に）公にされている資料がある場合は、すべて原典から引用。これは、巻末の原注で著者が資料の引用元を明示している箇所である。②裁判の公判内の証言については、日本の制度上、速記録の閲覧が容易ではないため、著者らによる取材メモ、当時の新聞記事などを参考にした。③日本語で行なわれたインタビューについては、一部をのぞいてすべて原著の英文から日本語に翻訳したため、インタビュー中に使われた実際の語彙、方言、言いまわしには準じていない。

登場人物の肩書・所属・年齢、機関・施設の名称等は原書刊行当時（二〇一七年八月）のもの。訳注は〔　〕で示した。

津波の霊たち

3・11　死と生の物語

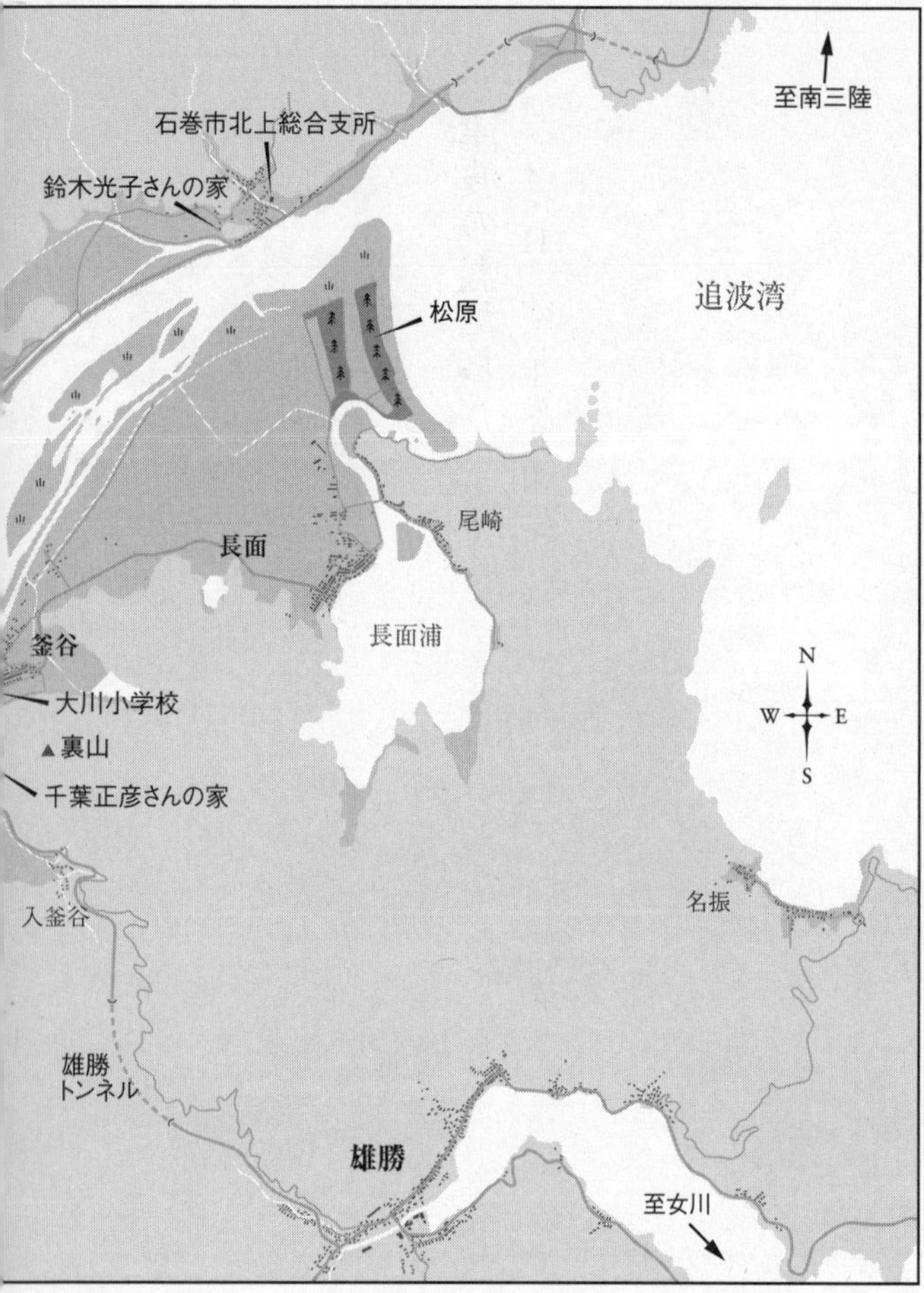
至南三陸
石巻市北上総合支所
鈴木光子さんの家
追波湾
松原
尾崎
長面
長面浦
釜谷
大川小学校
裏山
千葉正彦さんの家
N
W
E
S
名振
入釜谷
雄勝
トンネル
雄勝
至女川

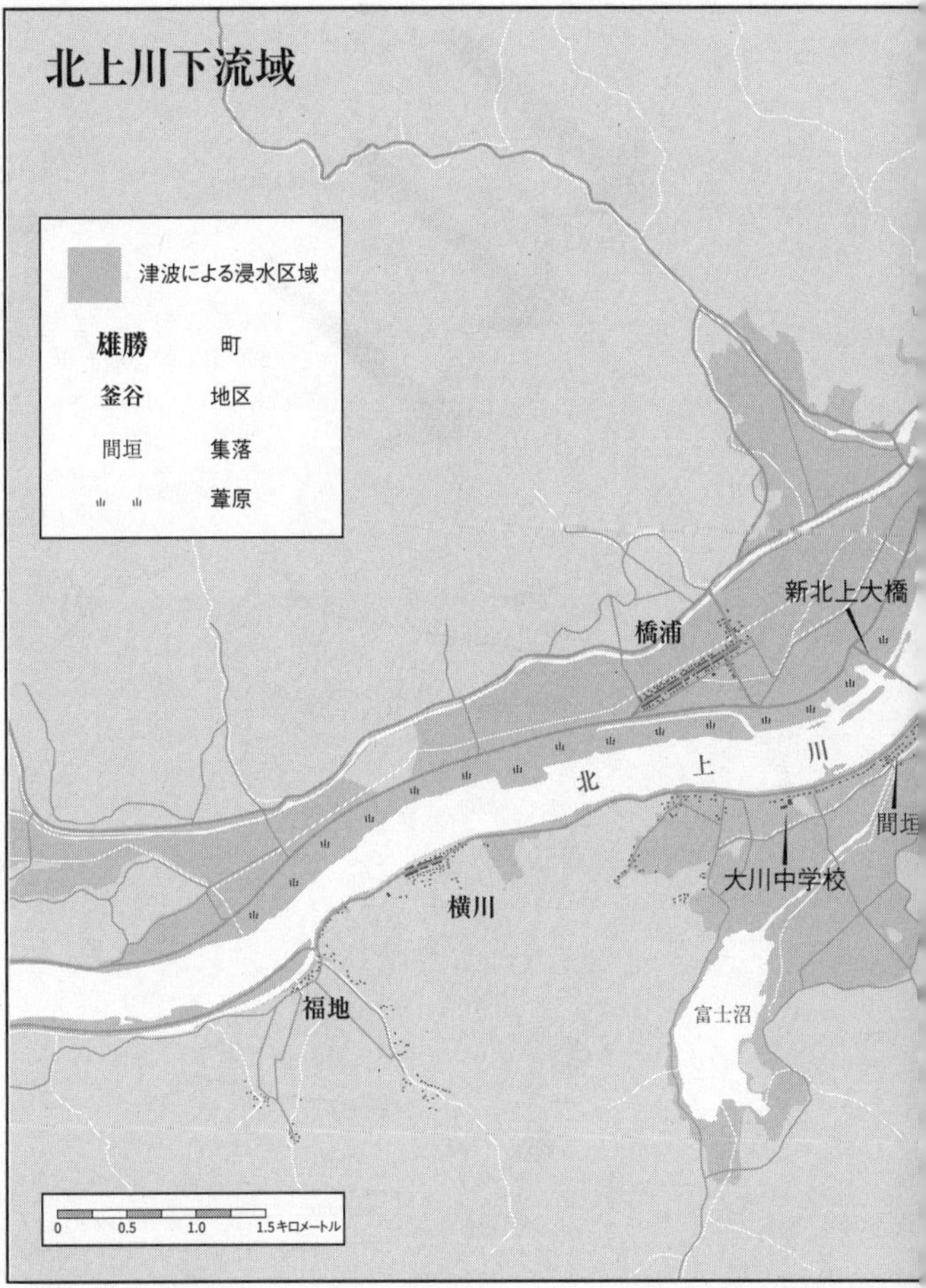
北上川下流域
津波による浸水区域
雄勝 町
釜谷 地区
間垣 集落
葦原
新北上大橋
橋浦
北 上 川
間垣
大川中学校
横川
福地
富士沼
0 0.5 1.0 1.5キロメートル

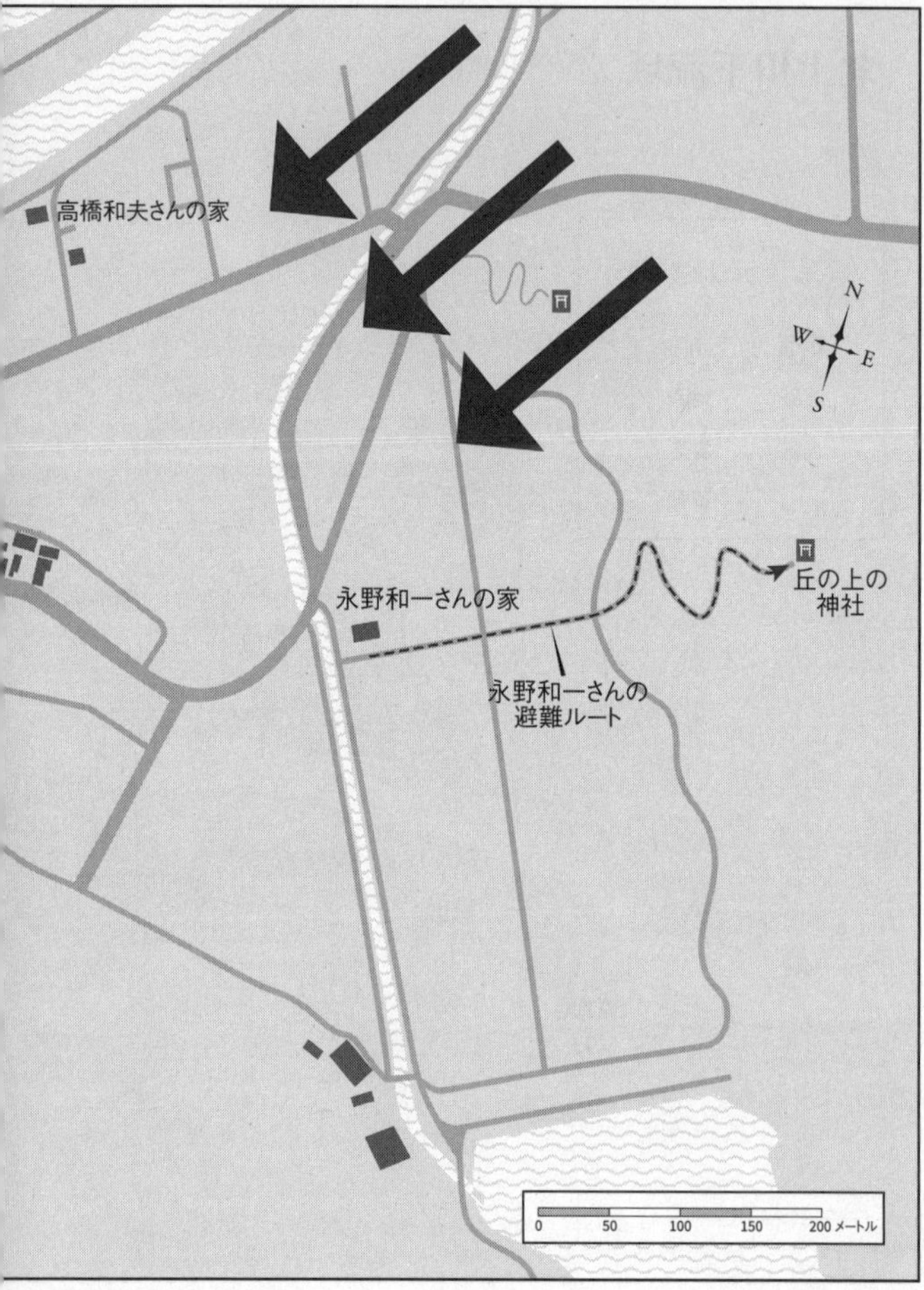
高橋和夫さんの家
N
W
E
S
永野和一さんの家
丘の上の
神社
永野和一さんの
避難ルート
0
50
100
150
200 メートル

釜谷地区
新北上大橋
北上川
富士川
三角地帯
釜谷交流会館
校庭
大川小学校
竹藪
シイタケ栽培地
裏山
千葉正彦さんの家
子どもたちの避難ルート
別の避難ルート候補
津波襲来の方向

日本

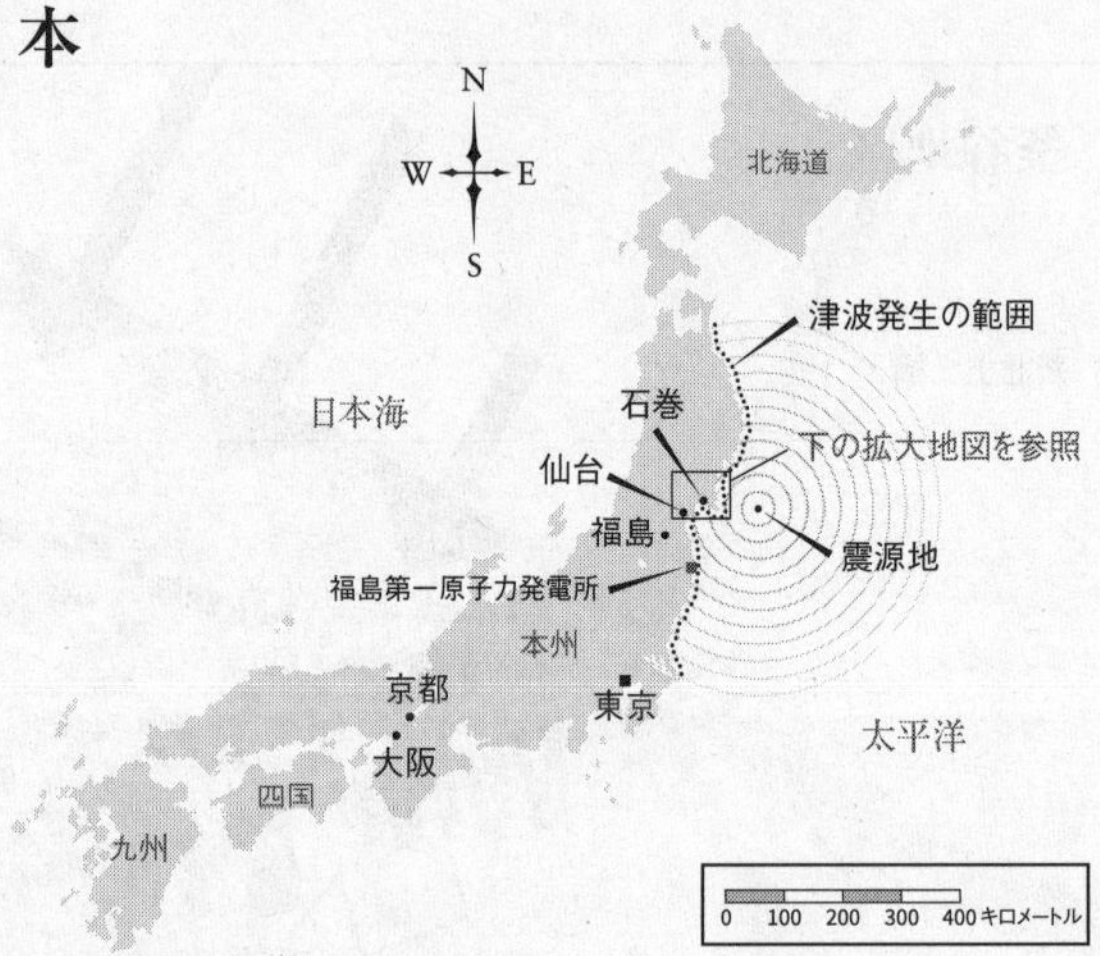
N
W
E
S
北海道
津波発生の範囲
日本海
石巻
下の拡大地図を参照
仙台
福島
震源地
福島第一原子力発電所
本州
京都
東京
太平洋
大阪
四国
九州
0 100 200 300 400キロメートル

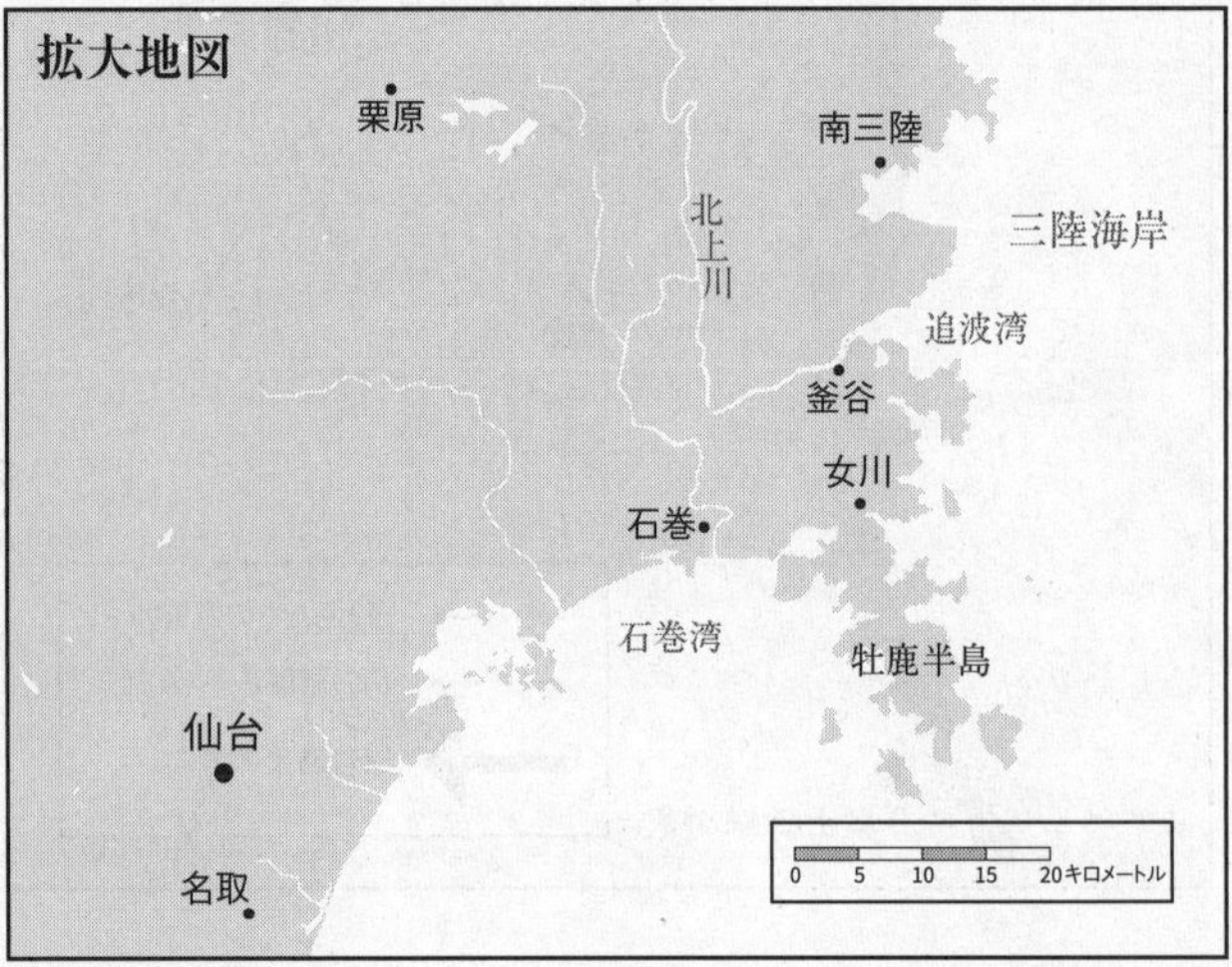
拡大地図
栗原
南三陸
北上川
三陸海岸
追波湾
釜谷
女川
石巻
石巻湾
牡鹿半島
仙台
名取
0 5 10 15 20キロメートル

あたしが産みの苦しみで手に入れたこの生き物とは
あたしの乳で養うこの落ちた星とは
あたしの心臓の血を止まらせる
あるいは不意に身体に悪寒を走らせ
髪の毛に逆立てと命じるこの愛とは何なのか？

――ウィリアム・バトラー・イェイツ

〔詩集『螺旋階段とその他の詩』より「聖母マリア」（中林孝雄訳、角川学芸出版、二〇一〇年）〕

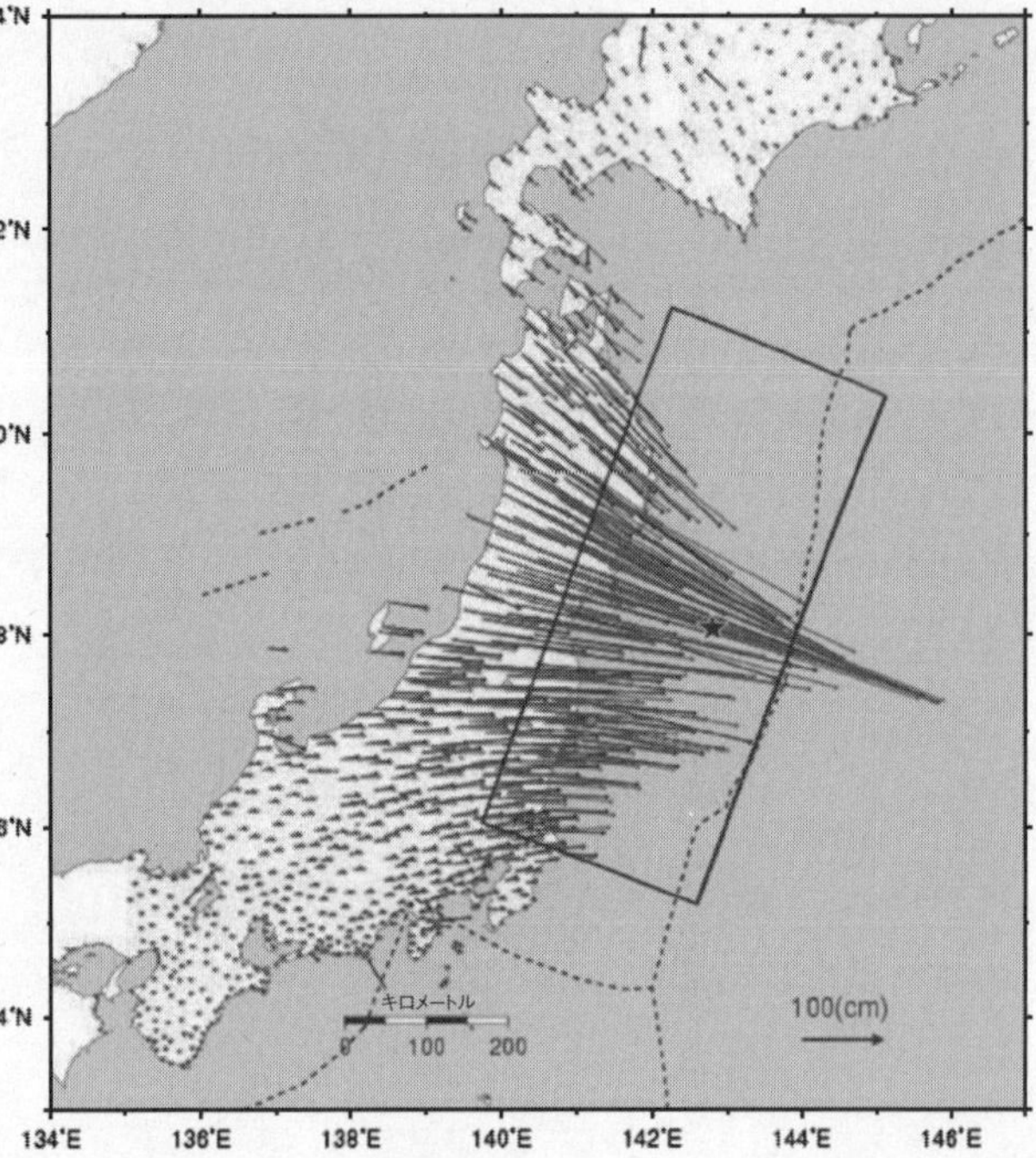

44°N
42°N
40°N
38°N
36°N
34°N
キロメートル
0
100
200
100(cm)
134°E
136°E
138°E
140°E
142°E
144°E
146°E

プロローグ　固体化した気体

二〇一一年三月一一日――。その寒い晴天の金曜日は、私が初めて息子の顔を見た日だった。東京都心にあるクリニックの診察室で、私は小さなスクリーンの画像をのぞき込んだ。隣の診察台の上には、妻がお腹を出して横たわっている。透明なジェルが塗られた卵形のお腹の上に、医者はぴかぴかと光るプラスティックのスキャナーを押し当てる。医者が手を移動させるたび、スクリーン上の画像も切り替わる。

そこに何が映るかはわかっていたものの、小さな生命体がこれほど鮮明に見えることは驚きだった。胎児特有の大きな頭の輪郭《りんかく》、ぴくぴくと震える心臓の心室《しんしつ》と心房《しんぼう》、脳、背骨、それぞれの指。そして、大きな動き――バタバタと動く腕、がくんと蹴り出される脚、こくりこくりとうなずく頭。画像のアングルがさっと変わると、目鼻立ちがはっきりとしたていた。

幽霊《ゆうれい》のような顔が映り、じつに人間的でチャーミングなあくびをする。私たち夫婦の第二子――のちに男の子だとわかる赤ん坊――がまだ母親のお腹のなかにいて、辛抱強く生きていた。

クリニックの外は晴れていたが、気温は低く強い風が吹いていた。大きな通りは、昼時の買い物客とランチに出かける会社員で混み合っている。私たちはベビーカーを押してカフェに行き、将来の弟が写るぼやけた白黒写真を幼い娘に見せてあげた。

二時間後、私はビルの一〇階にあるオフィスのデスクの椅子に坐っていた。あれが始まったちょうどそのとき、私はいったい何をしていたのだろう？ メールを打っていたのだろうか？ 新聞を読んでいたのだろうか？ 窓の外を眺めていたのだろうか？ 私にとってその日は、すでに忘れられない一日になっていた。それまでの数時間について私が記憶しているのは、エコー画面のまえにいた瞬間のことだけだった。そして、受胎と出生の中間地点にいる息子の顔をのぞき込んだときの感覚だけだった。

一六年にわたって日本に住む私は、地震についてある程度の知識があった。あるいは、あると思っていた。言うまでもなく、これまで充分すぎるほどの地震を経験してきた。事実、私が東京に住みはじめた一九九五年以降、首都圏だけでも一万七二五七回の地震が観測された。ちょうど二日前にも、地震が立てつづけに起きていた。そのとき、私は揺れが収まるのを坐ったまま待ち、マグニチュードと震度を確かめてからツイッターでおもしろおかしく報告した。いまでは、それが恥ずかしくてたまらない。

@dicklp
2011年3月9日（水）11：51：51
地震発生！

2011年3月9日（水）11：53：14
震源地は宮城県。東北地域の太平洋沿岸に津波注意報。東京でも少し揺れを感じたものの、体がひっくり返ってしまうほどではない。

2011年3月9日（水）12：01：04
また揺れ……

2011年3月9日（水）12：16：56

@LiverpolitanNYC　ありがとう、こちらはみんな元気だよ。揺れはそれほど激しいものじゃない。

２０１１年3月9日（水）16：09：39
本日の日本の地震の脅威、最新情報をお知らせします。岩手県で10センチの津波を観測。わが家のキッチンの洗い桶と同じくらいの深さ。

翌日、東北地方の太平洋沿岸の同じ地域を再び強い揺れが襲った。遠く離れた東京にも揺れが伝わる強い地震ではあったものの、震源地近くでも負傷者や大きな被害は出なかった。「水曜日から木曜日の朝までに日本で起きた地震は三〇回を記録」と共同通信社は伝えた。そのなかには、科学的な計測機器だけが感知できる地下振動だけではなく、強い揺れも多く含まれていた。地震学者たちは、これから一週間ほどのあいだに「大きな余震」が起きる可能性があると警告した。一方で、「地殻活動」は収束していくだろうと予測した。

同じ地域で連続して起きる「群発《ぐんぱつ》地震」は、より強い地震、さらには火山噴火の予兆だと考えられることもある。しかし、災害のまえに不吉な予兆があることは多いとしても、必ずしも何かが起こるわけではない。言い換えれば、ほとんどの群発地震はその規模を増すことなくただ収まっていく。数年前、ある群発地震が富士山噴火の前兆だと噂されたとき、私もこの現象について報道したことがあった。結局そのときは何も起きず、小さな地震がたびたび起き、そのまま揺れは収まっていった。だから今週の地震についても、とりわけ注目したり警戒したりする理由はなかった。

その日、日本ではほかに大したニュースはなかった。とくに、国際的に注目を集めるニュースはゼロ。政治献金問題について中途半端な辞任要求を突きつけられた総理大臣が、辞任を拒否。午後、現職の東京都知事が次の選挙に出馬するかどうかを発表する予定だった。ある通信社の見出しのひとつには「茨城空港開港一周年」の文字。「カルビーが東証一部上場」という見出しもあった。そして午後二時四八分、一行の緊急ニュース速報が飛び込んできた――

臨時ニュース　日本で強い地震が発生

私はその一分ほどまえから揺れを感じていた。ふだんの地震のような小さな揺れから始まり、穏やかではあるがはっきりとした縦揺れの振動がオフィスの床に伝わり、それから左右に揺れた。横揺れになると同時に、特徴的な音が室内に鳴り響いた——ブラインドの両端のプラスティックの部品が互いにぶつかり合う無機質な音。同じことは二日前にも起こり、すぐに収まった。それを覚えていた私は、窓ガラスがガタガタと音を立てはじめても椅子に坐ったままだった。

@dickjp
2011年3月11日(金)14:47:52
また東京で地震……
2011年3月11日(金)14:47:59
強い地震……
2011年3月11日(金)14:48:51
16年間でもっとも強い地震……

書類整理棚の引き出しがスライドして大きく開いたころまでに、私の落ち着きとキーボードをタイプする指の動きが失われようとしていた。一〇階の窓の外に眼をやると、一〇〇メートルほどさきのビルの屋上に立つ、紅白の縞《しま》模様のアンテナ塔が見えた。私は自分に言い聞かせた。「あのアンテナがぐらぐらしはじめたら、逃げよう」。そんな考えが頭のなかでまとまっていくうちに、もっと近くにある構造物の異変に気づいた。私がいるビルの別棟が明らかに揺れているのだ。その瞬間、私はデスク下の狭い空間に体を押し込んだ。

のちに読んだ記事によれば、実際に揺れていたのは六分間。しかし揺れのあいだ、時間は不思議な感覚で過ぎていった。ブラインドのカチャカチャという音、ガラスのガタガタという音、そして大きな横揺れが、夢のような非現実的な雰囲気を醸《かも》し出した。小さな防《ぼう》空壕《くうごう》から這い出るころには、どれくらい穴のなかに隠れていたのかという時間の感覚がほとんど失われていた。恐ろしかったのは揺れそのものではなく、揺れが次第に大きくなり、いつ終わるかわからないということのほうだった。棚の本が床に落ち、パーティションに貼りつけられたホワイトボードがずり落ちていた。一二階建てのビル――とりわけ特徴もなく、古くも新しくもなく、頑丈《がんじょう》でも脆《もろ》くもないビル――が、その内側深くから低いうなり声を上げていた。それは、めったに耳にすることのないような音だった。瀕死《ひんし》の怪物が発する最期の一声のような、絶望的な懊悩《おうのう》を思わせる不快なノイズだ。そんな音がしばらく続くあいだに、巨大地震の次の段階に対するはっきりとしたイメージが私の頭のなかにできあがっていった。棚とキャビネットが倒れ、ガラスが粉々《こなごな》に割れ、天井が崩れ落ち、床が割れる。そして、宙を落下する感覚と押しつぶされる感覚が同時にやってくる——どこかの時点で、揺れが弱まっていった。建物のうめき声がつぶやき声に変わり、私の心臓の鼓動も落ち着いていった。ふと、バランス感覚がおかしいことに気づいた。ボートから岸に降りるときのように、揺れが完全に収まったのか判断するのがむずかしかった。五分が経過しても、ブラインドから垂れ下がるコードはまだ弱々しく揺れたままだった。

室内のスピーカーを通して、中央管理室（東京の大型ビルには必ず設置されている）からのメッセージが聞こえてきた。「建物の構造には問題ありませんので、室内にそのままとどまってください」

@dickip

２０１１年３月11日（金）14：59：44

私は無事です。恐ろしいほどの強い揺れ。そして余震。東京湾岸で火災が発生。

＊＊＊

日本ではどんな理由があろうとも地震対策を怠ることは赦されず、私の小さなオフィスでも推奨される対策をとっていた。壁に重い額縁《がくぶち》を飾るようなことは問題外で、棚やキャビネットはすべて壁や天井にボルトで固定してあった。棚に置かれたものが全体的に少し動き、本が何冊か床に落ちたものの、室内にはこれといった変化は見当たらなかった。部屋のなかでもっとも重いテレビでさえ動いていなかった。日本人の同僚がテレビをつけると、すでに全チャンネルが同じ日本地図の映像を映し出していた。太平洋沿岸の一帯に色がつけられていたが、なかでも「赤」は差し迫った津波の脅威を示すものだった。震源地を意味する×印は地図の右上、本州の北東に置かれている。それは、ここ数日のあいだ地震が群発していたのと同じ場所、「東北《とうほく》」と呼ばれる地域だった。

妻の携帯電話に何度も電話してみた。が、つながらなかった。インフラそのものは被害を免《まぬか》れていたものの、東日本の住人全員がいっせいに携帯電話を使おうとしたせいで回線がパンク状態になった。固定電話を使うと、自宅で一歳七カ月の娘の面倒を見ている女性となんとか話をすることができた。ふたりとも動揺しているが怪我はなく、いまも台所のテーブルの下に避難しているという。その後、やっとのことで妻の電話につながった。彼女は自分のオフィスにいて、床に落ちて割れた写真立てのガラスを片づけているところだった。会話はたびたび中断した。私たちのオフィスはそれぞれ街の別の地域にあり、本震の数分後から始まった余震の揺れに時間差で襲われていたからだ。

エレベーターが停止していたため、私は一〇階分の階段を下り、ビルの近くにある店舗やオフィスの様子を見にいった。眼に見える被害はほとんどなかった。昔ながらの理髪店のまえにあるサインポールが斜めに倒れていた。それ以外には、ガラス窓にひびが入っているのが一カ所、塗り壁が裂けているのが一カ所。建物から避難してきた会社員たちで通りは混み合い、多くの人が白いプラスティック製のヘルメットをかぶっている。それは、このような事態に備えて日本企業が各社員のために用意しているものだった。街のビル群のはるか向こうの東の空に、黒い煙が立ち昇っているのが見えた。石油精製所で火災が発生した場所だった。あとになってから、こんなふうに印象づけようとする人々がいた――地震によって東京じゅうで大混乱が巻き起こり、多くの人が死を覚悟するような感覚を味わった。それは誇張でしかなかった。何世紀にも及ぶ地震の破壊によって発展してきた日本の近代工学と厳しい建築法は、今回の試験になんなく合格した。突然湧《わ》き上がった警戒心のあとには、何時間もの混乱、不便、退屈が続いた。それでも、人々を支配する感情はパニックなどではなく、戸惑い気味の諦観《ていかん》だった。

七〇万円の花瓶を売る古い陶器店では、皿一枚たりとも割れていなかった。ちょうど通りにいた着物姿の年配の女性グループに話を聞いてみると、近くの新橋演舞場で歌舞伎を観ていたときに地震が起きたという。「大詰《おおづめ》が始まった直後に地震が起きて、客席の人たちが叫び声を上げていました」とひとりが教えてくれた。「でも、舞台上の役者さんたちはまったくためらう様子もなく、演技を続けていました。揺れがすぐに収まるかと思ったのですが、長く続きました。すると観客がみんな立ち上がり、いっせいに出口に詰めかけはじめたんです」。主役を演じる有名な歌舞伎役者、尾上菊五郎《おのえきくごろう》と中村吉右衛門《なかむらきちえもん》は、舞台の中断を詫びて深くお辞儀《じぎ》をしてから袖にはけたという。

@dickp
２０１１年３月11日（金）16：26：４
東京都心は混乱も被害もなし。30分ほど銀座を歩いてみたが、窓ガラスが一カ所で割れ、数カ所で壁にひびが入っている程度。

２０１１年３月11日（金）16：28：56
千葉県の石油施設で火災が一件だけ発生した模様。

2011年3月11日(金)16:40:31
日本の原子力発電所、11カ所が稼働停止。異常は報告されていない。

2011年3月11日(金)17:47:25
数えきれない回数の余震。15回以上だろうか。日本のテレビによると、さきほどの余震は最初の大きな地震とは別の震源地で発生したとのこと。

2011年3月11日(金)18:20:10
東京への電話がつながらなくて困っている方へ——スカイプを使ってください。東京のインターネット環境は問題ないようです。

オフィスに戻ると、私たちはまたテレビをつけた。すでに、潤沢《じゅんたく》な資金を誇る日本の各放送局が飛行機、ヘリコプター、人員を総動員していた。外国のテレビ局もまた、放送中の番組内容を切り替え、日本の状況を繰り返し伝えた。ケーブルニュースのその映像には、悲惨なニュースの裏に隠れたテレビ関係者の欲望がうっすらと見て取れた。私も、自分が勤める新聞社のウェブサイト用の記事を書く準備を始めた。ケーブルテレビ、衛星、インターネット、ファックス、電話を通して送られてくる画像、音、文字による大量の情報を頭のなかで整理しようとしたものの、事実関係はいまだ腹立たしいほど漠然としていた。地震が起こり、収まった。それに対する人々の反応は予想どおりのものだった——首相官邸に対策室が設置され、空港、鉄道駅、高速道路が閉鎖された。だとしても、これまでのところ実際にどんな被害があったのだろう？　石油精製所のほかにも、火災の発生についていくつか報告があった。しかし最初の数時間、地震学者たちは地震のマグニチュードさえ確定できずにいた。東北の海沿いからは、沈黙しか聞こえてこなかった。

死傷者数を特定するのはとりわけむずかしかった。午後六時半、テレビのニュースでは二三人が死亡したと報じられた。その数は九時までに六一人に増えたものの、真夜中を過ぎてもまだ六四人にとどまっていた。通信手段が回復するにつれ、人数が増えることはまちがいなかった。ところが、このような状況下では不合理な悲観論が先行し、想像できうるかぎり最悪の事態を想定する傾向がある。そして最後に、それほど悪い結果ではなかったと安堵《あんど》することがよくあるものだ。

@dicklp
2011年3月11日（金）17：58：43

これまで東京での犠牲者の報告はなし。私の勘では、東北地方で数十人、多くても二〇〇〜三〇〇人の死者といったところだろうか。それ以上の大惨事にはならないだろう。

＊＊＊

迫りくる津波を空から映した映像はいくつかあるものの、私の頭のなかで何度も繰り返し流れるのは、仙台《せんだい》の南にある名取《なとり》市上空で撮影されたものだ。映像は海ではなく、陸にある焦《こ》げ茶色の冬の田んぼから始まる。まるで生きているかのように――茶色い鼻先の動物が、飢えに苦しんで地面をぴょんぴょん跳ねるかのように――何かが一帯を横切って動いていく。その頭は裂けた破片の塊《かたまり》でできており、背中のあたりには何台もの車がぽかりと浮かんでいる。動きつづける胴体から蒸気と煙が湧き上がってくる。その体は水や泥というよりも、固体化した気体のように見える。それから大きな船が現れ、海から数百メートル離れた陸の上を浮かんだまま進んでいく。信じがたいことに、青い瓦葺《ぶ》きの家々がその構造をしっかりと保ったまま、くるくるまわりながら水浸しの畑の上を流れていく。その屋根の上に揺らめくのは、オレンジ色の炎。生き物は道路を川に変え、その川を丸ごと呑み込む。さらに別の畑と道路に襲いかかり、車で混み合った幹線道路や集落のほうに進んでいく。一台の車が津波から逃げようとスピードを上げる。が、車も人もそのまま波に食べ尽くされてしまう。

それは、これまで日本を襲ったもっとも大きな地震であり、世界の地震史のなかでも四番目に巨大なものだった。この地震のせいで地球の地軸が一七センチほど傾き、日本列島の一部はアメリカのほうに一メートル以上移動した。[1] 地震後に発生した津波によって、一万八〇〇〇人以上が死亡。津波の高さは最高で四〇メートルを超え、およそ五〇万人が避難を余儀《よぎ》なくされた。福島第一原子力発電所の三基の原子炉で炉心溶融《メルトダウン》が起き、放射性物質がまわりの地域に放出された。チェルノブイリ以来、もっとも深刻な原発事故だった。地震と津波による被害総額は二〇兆円以上にのぼり、史上もっとも損失の大きな自然災害となった。[2]

第二次世界大戦以降、日本における最大の危機だった。この地震はひとりの総理大臣を辞任に追い込み、もうひとりの辞職にまで影響を与えつづけた。津波の被害によって、世界でも屈指《くっし》の巨大企業数社の製造ラインが停止した。原発事故の余波で数週にわたって停電が続き、数百万人の生活に影響が及んだ。結果として、日本にある残り五〇基すべての原子炉が稼働を停止した。[3] 何十万もの人々がデモに参加して通りを練《ね》り歩き、反原発を訴えた。福島の事故を受け、ドイツ、イタリア、スイス政府は原子力発電をやめることを決めた。

原子力発電所のまわりの土壌汚染は何十年にもわたって続く。津波に破壊された集落や町は、二度と再建されることはないかもしれない。被災者たちの心のなかでは、苦悩や不安が増殖していく——この破壊的な出来事の現場から遠く離れたところに住む人々には、それを理解できるはずもない。突如として作物を売ることができなくなった農家の人々が自殺した。(4) 電力会社に勤める罪のない会社員たちが嫌がらせや差別の標的となった。眼に見えない毒が空気、水、さらには母乳を通して体内に入り込んでくる、そんな恐ろしい流言飛語《りゅうげんひご》が飛び交った。日本に住む外国人にとっては、パニック以外のなにものでもなかった。原発の事故現場から二〇〇キロ以上も離れた東京に住む多くの外国人家族、会社員、大使館員がほかの都市へと避難した。

その日の夕方、一〇階のオフィスのデスクにつく私にとっては、こういった事実のほとんどは未知のものだった。しかし翌朝から、いろいろな事実が少しずつ明らかになっていった。その時点で、私はすでに東京から被災地の海岸に車を走らせていた。それから数週にわたって私は東北にとどまり、津波に襲われた地域を訪ねて北へ南へと移動することになる。なかには五キロほど内陸まで津波が押し寄せた場所もあった。夜の病院を訪れると、ロウソクの火だけが病室を照らしていた。その近くでは、この世の終わりのような雰囲気を補うかのごとく、燃え盛る巨大な石油タンクから空に火柱《ひばしら》が上がっていた。まず津波に呑み込まれ、次に火災に襲われた町を私は目撃した。波に持ち上げられた車が高い建物の屋根に乗っかり、鉄製の外航船が町の通りにぽつりと置かれていた。

用心しながら、私は原子力発電所のまわりの不気味な立ち入り禁止区域にも足を踏み入れた。地面の上には、咽喉《のど》が渇いて死んだ牛が横たわっていた。見捨てられた村々にはペットの犬が群れをなして棲み着き、みるみる凶暴さを増していった。マスク、手袋、帽子付きの防護服に身を包み、私は崩壊した発電所の敷地内にも入った。生存者、避難者、政治家、原子力専門家へのインタビューを繰り返し、日本の当局者による無責任な迷走について日々報道した。私は何十もの新聞記事を書き、何百ものツイートで生の声を届け、ラジオやテレビのインタビューを何度も受けた。にもかかわらず、すべての経験が無秩序な夢のように感じられた。

戦場や災害の被災地で働く者は、しばらくすると冷静さを保つ術《すべ》を身につけることができるようになる。でなければ、この仕事を続けることはできない。死や苦しみの光景に圧倒されていたら、医師、救援隊員、記者の仕事は務まらない。コツは同情心を保ちつつ、個々の悲劇を自分とは無関係のものだととらえることにある。長年のあいだに、私もこの技術を習得した。私は実際に何が起きたかという事実を知っていたし、それがどれほど恐ろしいことかもわかっていた。しかし頭の奥深くの部分では、恐れを抱いていなかった。「いきなり、ただ想像しかできないことが起こった――それは今もなお想像しかできない」とアメリカのジャーナリスト、フィリップ・ゴーレイヴィッチは記した。「わたしがもっとも魅了されたのはそこだった。現実にあったにもかかわらず、なお想像しなければならないということが」(5)。この震災で起きた数多《あまた》の出来事はきわめて複層的で、その影響や意味が及ぶ範囲は計り知れないものだった。そのため、私は物語の本質を確実にとらえたと感じたことは一度もなかった。それはまるで、角《かど》や取っ手のない不自然な形の巨大な荷物だった。どんな方法を試してみても、荷物を地面から持ち上げることはできなかった。震災から数週のあいだ、哀れみ、戸惑い、悲しみに私は苛《さいな》まれていた。しかし、それ以外のほとんどのあいだに感じたのは、無感覚な冷静さだった。そして、焦点を完全に見失っているというやっかいな感覚だった。

海岸にほど近い小さな集落で、かつてない悲劇が起きていた――。私がそう耳にしたのは、震災から数カ月たった夏のことだった。大川《おおかわ》という名のその場所は、日本の発展から置き去りにされたような深い山々の麓《ふもと》にあった。里山《さとやま》と水田に囲まれ、近くには大きな川の河口があった。私はその鄙《ひな》びた場所を訪れ、数日、数週にわたって取材を続けた。震災から数年のあいだに、私はさまざまな場所で幾多の生存者と出会い、津波についての多種多様な経験談を聞いた。しかし、私が何度も戻ることになったのは大川だった。その集落にある小学校で、やがて私は想像することができるようになった。

第1部　波の下の学校

行ってきます

里山の麓に建つ木造の大きな家で初めて会ったとき、紫桃《しとう》さよみさんは末娘《すえむすめ》の千聖《ちさと》ちゃんについてのあるエピソードを教えてくれた。震災前のある夜、千聖ちゃんが突然眼を覚まし、「学校がなくなった！」と言って泣き出したという。

「あの子は寝ていました」と母親のさよみさんは私に語った。「でも急に起きて、泣き出したんです。『どうしたの？　〝なくなった〟ってどういう意味？』とわたしは訊きました。すると娘は『大きな地震が来る』と言って、泣きわめいたんです。あの子はときどき寝ているときに歩き出したり、おかしなことを言ったりすることがありました。立ち上がって意識もなく歩きまわるので、わたしがベッドまで連れていかなくてはいけないこともありました。でも、恐怖に駆られて泣き出すようなことはそれまで一度もありませんでした」

一一歳だった千聖ちゃんは、地震をとくに怖がっていたわけではなかった。その悪夢を見てから数週後の二〇一一年三月九日に大きな地震が起き、彼女が通う大川小学校のコンクリート壁を大きく揺らした。群発地震の始まりだったその揺れは、三五〇キロ以上離れた東京の私のオフィスにまで伝わってきた。揺れのあいだ、千聖ちゃんやほかの児童たちは机の下にもぐり込んだ。それからプラスティック製のヘルメットをかぶり、教師の指示に従って校庭に出ると、きっちり列を作って並んで点呼が終わるのを待った。とはいえ、日本では地震は日常茶飯の出来事でしかなく、家に戻った千聖ちゃんがその日の地震について家族に話すことはなかった。

豊かな巻き毛の髪を肩まで伸ばし、丸顔に眼鏡をかけた紫桃さよみさんは、気さくで胆力のある四〇代半ばの女性だった。抑制と礼儀正しさを重んじる日本では、インタビュー取材がむずかしいことも多い。しかし、さよみさんは感情豊かな話し手であり、おしゃべり好きで、ひょうきんなユーモア感覚を持ち合わせていた。午前中に長時間にわたって話を聞くあいだ、彼女は冗談、ケーキ、ビスケット、お茶の連続技で私をもてなしてくれた。ときに、さよみさんは一時間近く一気に話をすることもあった。途中、自分自身の記憶に不意打ちを食らったかのように彼女は眉をひそめ、にこにこと笑い、首を振った。最愛の家族の死によって、沖へと流されるようにさまよう人もいる。さよみさんが自分の悲しみについて話すとき、その苦しみはほかの人と同じように峻烈《しゅんれつ》なものだった。しかし怒りと憤りが彼女を陸《おか》へとつなぎとめ、さよみさんのなかに確たる信念を生み出していた。

紫桃家はとても仲のよい家族だった。震災当時、さよみさんの長男・健矢《けんや》くんと長女・朋佳《ともか》さんは一五歳と一三歳だったが、子どもたち三人はみんな大部屋で両親のとなりに布団を敷いて寝ていた。あの三月一一日の金曜日、さよみさんはいつもどおり朝六時一五分に眼を覚ました。ちょうど息子の中学校の卒業式の日で、彼女の頭は眼のまえの現実的な事柄でいっぱいだった。「いつも、ほかの全員が起きたあとに千聖を起こしていました」とさよみさんは言った。「膝に乗せて背中をさすって、コアラのように抱きしめると、あの子はわたしにもたれかかってくるんです。毎日そうするのをわたしは愉しみにしていました。千聖を抱きしめて『さあ起きて』と言うと、一日が始まる。それがふたりの秘密の瞬間でした。でもあの日、あの子はひとりで起きてきたんです」

その朝、千聖ちゃんはずっと不機嫌だった。あとになって、兄姉とくだらない喧嘩《けんか》をしたことが原因だとわかった。台所にやってきた彼女は朝食を自分で用意した。さよみさんはいまでも、パンが焼き上がったときのトースターの〝チン〟という音を聞いたのを覚えているという。家のすぐ近くにある停留所にスクールバスがやってくるのは六時五六分。

「ランドセルを背負ったあの子がわたしの横を通り過ぎたとき、その朝まだ一言も話をしていないことに気づきました」とさよみさんは当時を振り返った。「だから声をかけたんです。『ちー、ちょっと待って。どうしたの？　今日はどうして機嫌が悪いの？』。あの子は『なんでもない』と言いましたが、やっぱり元気がありませんでした。家を出るときにハグをすることもよくあったのですが、その日は元気づけようと思ってハイタッチをしました。でも家を出たときも、あの子はうつむいたままでした」

日本では、家を出るときのお決まりのやり取りがある。出かける人は「行ってきます」と言う（文字どおりに解釈すると「どこかに行って、再び帰ってくる」という意味）。家に残る人は「行ってらっしゃい」と言う（「どこかに行って、戻ってきてください」という意味）。英語の「グッバイ」に該当する言葉として外国人が教わる「さよなら」は、長期間あるいは不定期の別れを示唆する表現であり、多くの場面では強い意味をもちすぎる。「行ってきます」には、必ず戻ってくることを約束する感情的要素が含まれているのだ。

東側の沼、西側の里山に挟まれた北上川《きたかみがわ》最下流のこの地域では、てきぱきとした口調で、あるいはぶっきらぼうな口調で、大川小学校の幼い児童と親たちがその日も同じ言葉を交わしていた。

行ってきます。
行ってらっしゃい！

生まれるまえから、千聖ちゃんの人生にはどこか運命的で不思議なところがあった、とさよみさんは語る。さよみさんは三三歳の誕生日に千聖ちゃんを身ごもり、一九九九年のクリスマスイブに出産した。敬虔《けいけん》なキリスト教徒が数少ない日本でさえも、クリスマスイブは特別な意味をもつ日だ。午後に陣痛《じんつう》が始まると、一時間もしないうちにさよみさんは病室のベッドに戻ってクリスマスケーキを食べていたという。翌日のクリスマスの朝、地面はまっさらな純白の雪に覆われた。そして一週間後には、世界じゅうが三〇〇〇年紀の始まりを祝っていた。幼児期の千聖ちゃんは、出産時と同じようにまったく手のかからない子どもだった。「あの子はいつもわたしと一緒でした」とさよみさんは言う。「抱っこ紐《ひも》で抱えたり、料理中はおんぶしたり、車ではすぐ近くのチャイルドシートに坐らせたり……。わたしが坐っているときは、いつも膝の上。まるで肌にくっついているかのようでしたよ。それに、あの子はいつもわたしの隣で寝ていました。あの日までずっと同じ部屋で、わたしの右側に」

一家が住む福地《ふくじ》地区は水田地帯で、三角形に広がる土地に小さな集落がいくつか散在していた。地域の両側は松の木が生い茂る低い里山に囲まれ、麓のいちばん低いところに紫桃家の建物があった。三角形の土地の北側の一辺は北上川に面していた。一〇キロ東の太平洋へと注ぐ北上川は、東北地方でもっとも長く流域面積の広い川だ。紫桃さんの家から数分も歩けば、季節によってさまざまな遊びに興《きょう》じることができる――ハイキング、そり滑り、スケート、狩り遊び、釣り、川遊び、海水浴。千聖ちゃんは姉と一緒に人形遊びやお絵かきをするのが好きだった。しかしそれ以上に好きだったのは、仲良しのみずほちゃんや愛香《あいか》ちゃんと走りまわったり、隣に住む老婦人が飼う犬や猫と散歩したりすることだった。

千聖ちゃんには第六感のようなものがあった、とさよみさんは言う。「こちらがお願いするまえに、千聖がさきまわりしてやってくれることがよくありました。予測する才能があったんです。たとえば、うちの主人は大工なのですが、自宅で仕事をする主人の姿を初めて見たとき、千聖は横に立ってずっと作業を眺めていました。主人が次に必要な工具や材料が何かをなぜか知っていて、『はい、これだよ、お父さん』と言って手渡すんですよ。主人は『なんでわかるんだ！　すごい子だな』と言ってびっくりしていました」

友人たちは、千聖ちゃんを「監視カメラ」と呼んでからかうことがあった。ほかの一一歳の子どもたちが察知できないようなことにも、千聖ちゃんは誰よりも早く気がついたからだ。同じクラスの男子グループがくすくす笑いながら輪になり、いたずらを企てようとするとき、ほかの女子よりさきに千聖ちゃんがそれに気づいた。誰が誰を好きなのか、それが両思いなのか片思いなのかもすべて把握していた。大川小学校は児童数が一〇〇人ほどの小さな学校で、千聖ちゃんの所属する五年生のクラスには一五人しか児童がいなかった。温かく、仲よく、うんざりするほど親密な空間であり、孤立することは赦されなかった。千聖ちゃんはそれが大嫌いだった。

「それはまちがいありません」とさよみさんは教えてくれた。「あの子は先生たちのことがあまり好きではなかったんです。学校は先生たちが嘘をつく場所だってよく言っていました。でも、行くことを拒んだりはしませんでした。『休んだらママが困るでしょ』って。やりたくないことも、我慢してやらないといけない、と子どもながらにわかっていたんでしょう」

さよみさんは続けた。「そんな気持ちのまま学校に行かせたことを、いまはとても申しわけなく思っています。でも、子どもの教育を邪魔するような母親にはなりたくなかった。千聖がいじめを受けていたとか、そういう話ではありません。ただ、家にいたほうが幸せな子どもというのがいるんでしょうね。友だちよりも、母親と一緒にいるほうが好きな子どもが。誰に話を聞いてもみんな口をそろえてこう言うんです――『あのとき、少なくとも自分の子どもは大好きだった学校にいて、大好きな友だちや先生と一緒にいたんだから……』って。もちろん、親としてはそう信じたいですよ。けれど、子どもに『あの学校がほんとうに好きだったの？　あの先生方がほんとうに大好きだったの？』と訊いたら、全員がそうだと答えるわけではないと思いますよ」

多くの人が、いつもと変わらない日だったと語った。しかし紫桃さよみさんは、あの金曜日について感じた奇妙さを覚えていた。

朝食のあと、彼女は息子の健矢くんの卒業式に参加するために地元の中学校へと車を走らせた。田んぼのあいだの細道を通り、右に曲がって川沿いの県道に出ると、福地よりも大きな横川《よこがわ》の集落を抜けた。集落の神社を過ぎるとすぐに小さな里山が迫《せ》り出してきて、道路は川のすぐ脇まで近づき、下流域の景色が見えなくなる。そこを越えると、壮大で広々とした景色が眼のまえに広がる。背の高い葦原《あしはら》の向こうに幅の広い川、道路の両脇には茶色い刈田、緑の山の上には広大な青空。遠くの川面近くには、南岸の大川と北上地区をつなぐ全長約六〇〇メートルの新北上大橋が見えた。(1)

卒業式のあと、さよみさんと健矢くんは川のさらに下流にある隣の集落まで車で移動し、中学校卒業生のためのささやかな祝賀会に参加した。そこが、大川小学校のある釜谷《かまや》地区だった。二、三〇人の生徒とその母親たちが、千聖ちゃんの教室からまさに道路を一本隔てた釜谷交流会館の一室に集まっていた。もう会えなくなるかもしれない友人たちが互いに別れの言葉を交わし、プレゼントを交換した。テーブルの上に並ぶのは、母親たちの手料理。さよみさんとしては、会が三時ごろまで続くと考えていたが、二時を過ぎるとだんだん人数が減っていった。すると健矢くんも帰りたがった。しかし、千聖ちゃんをどうすべきかという問題があった。

大川小学校の授業は二時半に終わるものの、児童たちが下校を始めるのはさらに一〇分か一五分たってからになる。そのあいだに子どもたちは荷物をまとめ、先生たちはプリントを配り、連絡事項を伝える。あと三〇分ほど会場にとどまり、千聖ちゃんを待つべきだろうか？　それとも、すぐに帰宅し、いつもどおりスクールバスで帰ってこさせるべきか？　学校前に停めた車の横に突っ立ち、さよみさんはこの小さなジレンマについて考えを巡らせた。その世界がなくなる最後の時間、彼女は不可思議な感覚に圧倒されていた。

「昼までは明るく晴れた日でした」とさよみさんは言う。「会が終わるころにはすでに曇り空でしたが、風は吹いていませんでした。木の葉は一枚も揺れていなかった。なぜか、命の息吹がまったく感じられませんでした。まるでフィルムが止まったみたいに。まるで時間が止まったみたいに。なんだか心地悪い雰囲気で、普通の日とはちがいました。学校から子どもたちの声が聞こえてこないことも気になりました。授業中ではありましたが、ふだんなら小さい子たちの声が聞こえていたんです。いつもみたいに学校に行って『娘を迎えに寄りました』と言ってもいいところだったのですが、その日は学校が……遠く離れた場所にあるかのように感じられたんです」

その奇妙な雰囲気とは具体的にどんなものなのか、私はさよみさんに訊いた。「こういう田舎で暮らしていると、住人は自然と共存することになります」と彼女は言った。「動物、植物、そして環境のすべてと一緒に暮らしているんです。風が吹いて林の音が聞こえてくると、その音から風の状況を理解する。雪が降り出しそうなときには、空気のなかに雪を感じることができる。まわりがどんな雰囲気なのか、本能的に感じることができるんです。その空気感や雰囲気はとても大切なもので、人間の存在より大切かもしれません。千聖もそんな本能をもつ女の子だったんだと思います。

でも健矢に『行こうか？』と言われて、わたしもそろそろ帰ったほうがいいかなと。離れたほうがいい、という直感みたいなものだったのかもしれません。そうだったんだと思います。でも、そのときのわたしは『いま家に帰れば、健矢が友だちと遊べる時間が増える』としか思っていませんでした。だから、家に戻ったんです」

地震が起きたとき、さよみさんは自室で着替えていた。家に戻ったときには、すでに長女の朋佳さんが帰宅していた。まだ昼食を済ませていなかった長女のために、さよみさんは鍋の湯に麺《めん》を入れ、それから部屋に行った。午後二時四六分に揺れが始まると、彼女は子どもたちに向かって、コンロの火を消して外に逃げるように叫んだ。さよみさんがいちばん心配したのは子どもたちのことではなく、同居する年老いた両親のことだった。母親は体が弱く、何をするにも時間がかかった。父親は少し判断力が低下しており、とても頑固だった。彼女が部屋に行くと、父親は黒い位牌《いはい》を集めていた。強い揺れによって、先祖たちの位牌が仏壇から床に落ちていたのだ。さよみさんは父親を説得することをあきらめて外に逃げ、ほかの家族が集まる大きな木のそばに駆け寄った。

「あまりに揺れが激しくて、立っていられませんでした」と彼女は言った。「家の外の地面にうずくまっているのに、体が倒れてしまいそうでした。車庫の金属製のシャッターを見たら、波打つように激しく揺れていました。電線や電信柱も揺れていました。世界のすべてが崩壊していくかのような感覚でした。この世の終わりを描いた映画の特殊効果のような感じです。家が倒壊しなかったことが驚きでした。子どもたちを車に乗せようとしたのですが、ドアを開けることができなかった。車につかまっていても、車がひっくり返ってしまうんじゃないかと心配でした。それで、『車から離れなさい』と子どもたちに言いました。あとはもう、地面にうずくまることしかできません」

さよみさんは〝音〟を意識していた。音がしなかった。森のすぐ近くにいたにもかかわらず、鳥の鳴き声も羽音もまったく聞こえなかった。しかし、隣家の犬――千聖ちゃんが大好きだった、ふだんはおとなしい犬――が騒々しく吠えていた。猫は山のほうに駆け出し、姿を消した。

「ずいぶんと長く揺れが続いたような気がしました。五分くらいでしょうか」とさよみさんは言った。「揺れが収まったあとも、体が揺れる感覚がしばらく続いていました。電信柱と電線がまだぐらぐらしていたので、地面の揺れが続いているのか、自分のなかの揺れなのかがわかりませんでした。子どもたちも混乱していて、健矢があたりを見まわして『おじいちゃん！　おじいちゃんは？』と叫んでいました」

さよみさんの父親がやっと家からよろよろと出てきたが、その手に位牌は握られていなかった。

その直後、電信柱、電線、シャッターがまた揺れはじめた。それは、のちに長く続くことになる余震の始まりだった。さよみさんは両親と子どもたちを車に乗せ、家のまえの小道を進んでいった。田園地帯のある地点に、福地地区のほとんどの住人がすでに集まっていた。子どもやお年寄りのために椅子や敷物が地面に置かれ、隣人たちがそれぞれの状況を大声で話し合っていた。ところが、見晴らしの利くその地点から見たところ、眼に見える物理的な被害が驚くほど少ないことは明らかだった。さよみさんが見たかぎり、屋根瓦がいくつか崩れたほかには、地区のどの家も倒壊しておらず、大きな被害は受けていなかった。人々は戸惑い、少なからず警戒心を抱いていた。が、パニックになる人も、感情的に騒ぎ立てる人もいなかった。さざ波が広がる水面に映る空のように、いまにも正常さが戻ろうとしていた。

さよみさんは夫に携帯メールを送り、家族の状況について知らせた。すぐに返事が来た。夫の隆洋《たかひろ》さんがいた作業現場は揺れによって大混乱に陥ったものの、怪我はなかったという。さよみさんは、まわりで助け合う友人や隣人を見やった。誰が指示するわけでもなく、老人、子どもたち、弱者を助けようと共同体は組織的に動いていた。そのとき、千聖ちゃんを乗せたスクールバスの到着時間が迫っていることに気がついた。両親と子どもたちを隣人らに預け、さよみさんは川のほうに数百メートル車を走らせてバスを待った。

川沿いの県道には五台ほどの車が停まり、運転者たちが脇に立って状況を話し合っていた。どうやら材木置き場から崩れ落ちた木がこのさきの道路をふさぎ、通行が危険な状態らしい。人づての情報でしかなかったが、誰も確かめに行こうとはしなかった。人々はいたって冷静で、焦ったり狼狽《ろうばい》したりする様子はまったくなかった。しかし、その平穏な雰囲気のなかで、さよみさんは不安と緊張をひしひしと感じていた。彼女は再び夫にメールを送ろうとした。地震の直後には通話こそできなかったものの、メールは問題なく送受信できていた。ところが、そのときにはすでにネットワーク全体が麻痺していた。

それから一時間、さよみさんは行ったり来たりを繰り返した。スクールバスの到着を待つために県道に行っては、再び家族の様子を確かめに田んぼに戻った。その往復のあいだに、心を落ち着かせる感覚――災害の影響を覆い隠していた正常さ――はみるみる失われていった。

さよみさんの注意は、北上川につながる水路のひとつへと惹かれていった。田んぼに水を引くために使われる、ゆっくりとした流れの水路網の一部だった。稲作の時期によって水位は上下するものの、水が完全に乾くようなことはなかった。ところがそのとき、水がほとんど消え、泥だらけの川底がむき出しになって灰色に光っていた。次に気づいたときには状況が逆転し、川から水路にどっと水が流れ込んでいた。水面は激しく揺れ、何かの破片のような暗色の物体が一緒に流されてきた。すぐに、隣接する田んぼに水が溜まっていった。信じがたい光景を眼にしたさよみさんは、携帯電話でその様子を撮影した。その短い映像には「三時五八分」という時間が記録され、カーラジオから流れるニュースの一部も録音されていた。

「……女川《おながわ》を襲った津波によって、住宅は屋根まで水没し、車が流された模様です。厳重な警戒を続けてください……」

　もちろん、さよみさんは「津波」という言葉の意味をよく知っていた。海底を震源とする強い地震が起きたあと、津波注意報が発令されるのは日本ではさほど珍しいことではなかった。実際に津波が到達すると、その高さがテレビで報告される。五〇センチ、二五センチ、一〇センチ――小さな津波の場合、潮位の変化は素人目《しろうとめ》にはほとんどわからず、港の計器でしか測定することはできない。しかし今回ラジオから聞こえてくるのは、波の高さが六メートルという「大津波警報」だった。そんな大津波が、車で一時間ほど南に行ったところにある女川の漁港を襲ったというのだ。「六メートルの津波が大きなものであることは理解していました。けれど、理解することと、それを実際に感じることはちがいます」とさよみさんは言った。「でも、車を流してしまうほどの威力があると聞くと、それが現実なのだと突きつけられました。わたしはなんとか冷静さを保とうとしました。それ以外にできることなんてありませんから」

　さよみさんは県道に戻って娘を待った。そのうち、夕暮れが昼の光を呑み込んでいった。一時間半前、彼女は大川小学校のまえに立っていた。川沿いの同じ道を戻って千聖ちゃんを迎えにいくこと――それがなにより自然な行動であるはずだった。学校は下流にわずか六キロほど行った場所にあった。にもかかわらず、そちらの方向から走ってくる車は一台も見当たらなかった。水門の近くに集まる運転者たちは、そのさきの道路は危険だと言った。が、はっきりとした理由を説明しようとする者は誰もいなかった。みぞれ状の湿った雪が降り出した。川の水は、まるで何かに取り憑かれたように激しく蠢《うごめ》いている。その水面は、運動選手の皮膚下の筋肉のように膨らんだり収縮したりした。不規則な形の大きな物体がうっすらと水面に見えた。さよみさんは川のそばにとどまり、あたりが暗くなるまで道路のさきを見つめつづけた。

自宅に戻ると、家の構造自体には何も異常がないことがわかった。しかし、落ちて壊れたものが部屋じゅうに散乱し、電気、ガス、水道は止まっていた。さよみさんは残り物で簡単な食事をこしらえ、千聖ちゃんについてあまり心配しないように努めた。福地地区に住むほかの多くの家族が、大川小学校からまだ戻らない子どもを待っていた。しかし、過度な不安に駆られる人は誰もいなかった。千聖ちゃんの教師たちは、緊急事態に対応するための訓練を受けた人々だった。鉄筋コンクリート造りの学校の建物は、福地に建つ木造住宅よりもずっと頑丈だった。より脆いはずの木造住宅が地震に耐えたのだから、心配する必要などないはずだった。自身も大川小学校の卒業生であるさよみさんをさらに安心させたのは、高さ数十メートルの里山の眼のまえに建つという立地だった。校庭の奥から伸びる小道を上っていけば、すぐに「大津波」でさえ届かない高台にたどり着くことができる。停電が続く福地地区では、テレビやインターネットを見ることができなかった。大地を呑み込む波の映像――世界じゅうで繰り返し再生されていた映像――をまだ誰も見ていなかった。代わりに住人たちが頼りにしたのは、地元ラジオ局の放送だった。放送のなかでは、公式発表による控え目な死傷者数がそのまま報告されていた――数十人が死亡、これから数百人規模の死者が出ることが予想される。そして、ある決定的なニュースが耳に飛び込んでくる。それは、その晩に寝ずに待っていた全員がいまでも忘れられないニュースだった――大川小学校に避難した地元住民と児童たち二〇〇人が孤立し、救助を待っている。

このニュースを耳にしたさよみさんが覚えた小さな安堵感は、彼女が自分自身でさえ認めようとしていなかった不安の度合を示すものだった。「お母さんのひとりが言っていたんです。子どもたちはみんな体育館のギャラリーに集まって、お泊まり会気分で愉しんでいるはずだって」とさよみさんは当時を振り返った。「わたしたち家族も『かわいそうな千聖。寒いだろうし、おなかも空いているだろうね』ってお互いに言っていました。ほんとうに、それくらいしか心配していなかったんですよ」

しかし、帰宅した隆洋さんに彼女は開口一番「千聖が戻ってない」と伝えた。隆洋さんはその夜、ところどころひび割れてひどく渋滞した道路を戻り、やっとのことで家にたどり着いたのだった。

その晩、家族は余震に備えて車のなかで過ごした。すし詰め状態で横にもなれず、ほとんど眠ることなどできなかった。同時にひとつのフレーズが、さよみさんを寝つかせなかった。頭のなかで、そのフレーズが響きつづけた――「千聖がここにいない」「千聖がここにいない」「千聖がここにいない」……

身を切るような極寒の夜、あたりはまったき闇に包まれていた。しかし、その夜をこの地域で過ごした誰もが、頭上の空のくっきりとした鮮やかさと星の明るさに驚いたという。それは、電気、テレビ、電話のない土地だった。突如として二一世紀から遮断されて引き離され、時間の空白に押し込まれた場所だった。夜が明けて車の外に出たさよみさんの体はこわばり、冷えきっていた。ガスと水道が使えるようになっていたため、少なくともお茶を淹《い》れて料理をすることはできた。それからあるニュースが舞い込み、大川小学校の児童の母親たちのあいだで嬉々《きき》として伝えられていった――ヘリコプターが学校へと飛び、孤立した子どもたちを救出する。隆洋さんは地区のほかの男性たちと協力し、ヘリコプターが着陸するための場所を準備した。ついに千聖ちゃんが戻ってくる。誰もがそう思っていた。

子どもたちはどこに？

六年生の今野大輔《こんのだいすけ》くんは、がっちりとした体つきの柔道チームのメンバーで、クラスの学級代表だった。しかし、根は穏やかで心やさしい少年だった。地震の日、彼もまた学校に行きたがらなかった。卒業まであとわずか一週間ほどのその日、母親のひとみさんは無理やり息子をドアの外に押し出した。冬から春へと移り変わる不安定な季節の寒い朝だった。が、不吉なことなど何もなかった。母も息子も、天災の訪れを予感させる超自然的な暗示に心悩ますようなタイプではなかった。写真のなかの大輔くんは、朗らかな丸顔に控え目な笑みを浮かべている。「あの子は柔道が大好きでした」とひとみさんは言う。「友だちのまえでは強がっていましたが、投げられるとすごく痛いんだって、家ではよく文句を言っていました。あのとき学校では、男子のグループが何かのことで担任の先生に怒られていたみたいなんです。あの子が学校に行きたくなかったのは、それだけが理由でした」

「行ってきます」と大輔くんが渋々言う。

「行ってらっしゃい」とひとみさんが応える。

今野さん一家は、さよみさんの住む福地地区より五キロほど下流にある間垣《まがき》という集落に住んでいた。大川小学校にも近く、間垣の子どもたちはスクールバスではなく徒歩で通学した。大輔くんはクラスメートの一団とともに、川沿いを歩いて学校に行った。この時点では、川の水は上昇していなかった。打ち寄せる水と家々を隔てるのは、幅の広い道路だけだった。

ひとみさんの夫はすでに出勤したあとだった。息子が出かけると、義理の両親とふたりの一〇代の娘を家に残し、彼女もすぐに家を出た。北上川から離れて南へと車を走らせ、里山のあいだのヘアピンカーブを上り、一キロ以上続く長いトンネルを抜けると、漁港のある雄勝町《おがつ》に出た。午前八時前、ひとみさんは受付係として勤める小さな診療所のデスクのキーボードのまえに坐り、その日の最初の患者が来るのを待っていた。

ふだんと変わらない午前だった。ひとみさんは自分のデスクで持参した弁当を食べた。彼女は心温かく穏やかな性格の四〇代の女性で、その親切で謙虚な振る舞いは、決然とした常識という芯に支えられていた。診療所の患者はほとんどが高齢者で、認知症の老人も少なくなかった。そんな患者に対処するのに、彼女はぴったりの性格の持ち主だった。受付や会計の処理・記録のほかに、電流を使った筋肉マッサージのための特殊な装置の操作もひとみさんの担当だった。ふたりの高齢の女性に電極を取りつけた直後、激しい揺れが始まった。

ひとみさんは立ち上がろうとしたが、できなかった。待合室の患者たちは怯えて叫び声を上げた。すぐうしろには、金属器具を消毒するための大きな缶が置いてあった。その消毒缶から熱湯が勢いよく飛び出し、床にこぼれて湯気を吹き上げた。揺れが収まると、ひとみさんは電極を高齢の女性たちから外し、急いで病院を去ろうとする患者に保険証を返した。

間垣の自宅にいる長女の麻里《まり》さんにメールを送ると、すぐに返事が来た――**みんな大丈夫だよ。安心して。**

ひとみさんは消毒缶からこぼれた水をモップで拭き、今後の対応について医師と相談した。雄勝は海に面しており、細い入り江のもっとも奥まった場所に位置する。二日前に大きな地震が起きたときには、多くの住民が高台に避難したものの、津波は来なかった。そんなことを思い出していると、ひとりの男性が診療所に入ってきた。製薬会社の販売員だった。彼によれば、避難警報が発令され、すぐに避難するよう指示があったという。ひとみさんはジャケットと鞄を手に取り、車まで歩いていった。「町全体が信じられないほど静かだったのを覚えています」と彼女は言った。「診療所の奥の蛇口から水が滴《したた》る音が聞こえてきました。いつもなら気がつくような音ではありません」。のちにそれは、津波がやってくるまえの不気味な瞬間だったことがわかる。津波が一気に押し寄せるまえ、水がいったん引いて海や港の底があらわになった。ふだんは聞こえるはずの波のぱしゃぱしゃという音が消えたせいで、屋内の小さな音が不自然なほど大きく聞こえたのだった。

ひとみさんは朝に通った道を山の上へと戻った。動く車のなかでさえ、余震の揺れが体に伝わってきた。なんの気なしに彼女はトンネルのなかに車を走らせた。しかし次の瞬間、天井の強度のことが不安になった——その上には、想像を絶するほどの量の石と土があるはずだった。トンネルの反対側に出ると、ほかの避難者が集まる待避所に車を停めた。しばらく坐ったまま、次の行動について考えた。再び車を走らせて坂道を下ろうとすると、道端にいた地元の知り合いが腕を振って停まるように合図してきた。

「わしなら、あっちには行かない」と男性は言い、ひとみさんの自宅がある間垣のほうを指さした。

「どうしてですか？」とひとみさんは尋ねた。男性は何か短い言葉をつぶやいたが、聞き取れなかった。

雪が降りはじめた。「まだ遅い時間ではなく、四時前でした」とひとみさんは振り返る。「メールを送ったり、家に電話をかけたりしたのですが、まったく通じません。とても暗かった。空が異常なほど暗かった。また車を動かして坂道を下ろうとすると、別の知り合いに止められて、『下がってくるな』と言われました」

道路を二〇〇メートルほど下った見晴らしの利く場所に行けば、間垣や周辺の地域一帯を見渡すことができた。そこには「行くな」と警告した男性はその理由を説明しなかったが、ひとみさんもあえて訊かなかった。代わりに彼女は待避所に引き返し、車のなかで寒く落ち着かない夜を過ごした。

あたりが明るくなりはじめると、車を動かして再び坂道を下った。すぐに、左側の山あいに谷が広がる地点へとたどり着いた。午後に仕事から戻るとき、ひとみさんはそこから毎日同じ景色を眺めていた。雄大な北上川の両岸に広がる平らな土地は、森に覆われた山に突如として遮《さえぎ》られる。峠に近いほうの岸には、ひとみさんの自宅がある間垣の集落。その一帯には、富士沼《ふじぬま》のあたりまで田んぼが連なっていた。山裾には、ほかの集落の赤や青の瓦屋根がきらきらと光っていた。それは、日本の田舎の原風景だった。人間の手によって耕された、豊かな自然の姿だった。しかしそのとき、ひとみさんは自分の眼に映るものをなかなか理解できずにいた。

山に囲まれたすべての場所が水に覆われていた。水しかなかった。建物や田畑は消えていた。朝の光に照らされた水は黒かった。その水面に浮かぶのは、汚れた瓦礫や折れた木の幹でできた茶色い大陸と列島だった。海抜の低い場所はすべて川に呑み込まれ、その川は海に併合されていた。この新しい地貌のなかでは、富士沼はもはや沼ではなく、広く口を開けた港の内側の一端だった。川は川ではなく、幅の広い海の入り江だった。ひとみさんが見下ろす位置からは、大きな山の肩が邪魔になって大川小学校の姿をとらえることはできなかった。ところが、道路、家々、彼女の家族がいたはずの間垣の集落は地球から洗い流されていた。

上流にある福地では、ヘリコプターによる子どもたち救出のニュースを受け、地域の住民たちが一丸となって忙《せわ》しなく準備を進めていた。紫桃さよみさんの夫の隆洋さんは、朝早くから住人たちと協力しつつ、救助された子どもたちが安全に降りられる場所に目印をつけた。さよみさんとほかの母親たちは大量のおにぎりを作り、地域の集会場へと運んだ。避難者たちはいったん集会場に移動し、そこで休息をとる予定だった。千聖ちゃんが最後のほうに到着したときに備えて、さよみさんは自分で作ったおにぎりを二個ポケットに忍ばせた。

ヘリコプターは午前一一時に到着する予定だった。川沿いのほかの集落から、家族が福地地区に集まってきた。兄弟、姉妹、両親、祖父母が、フリースやダウンジャケットで寒さから身を護りながらヘリを待った。彼らのバッグやリュックサックのなかには、温かい飲み物、板チョコ、戻ってくる息子や娘たちのための防寒着が入っていた。

誰もが空を見上げて立っていた。ほとんど会話はなかった。その日の午前中、何機ものヘリコプターが上空を行き来した。青いヘリコプターは警察の機体だった。自衛隊の専用機も何機か通過したようだった。しかし、福地に降着しようとするヘリコプターはなかった。

「四時間も待ちました」とさよみさんは言う。「ヘリコプターは数機どころではなく、何機もたくさん飛んでいました。わたしたちはただひたすら待ちました。でも、ヘリコプターは近くにさえ来ません。すると少しずつ、絶望感が頭のなかに広がっていきました」

集落の男性たちは再び相談し、チームを組んで川の下流にある学校に行って状況を自分たちで確かめることを決めた。

チームは材木置き場から崩れ落ちた厚板の横を通り過ぎ、さらに横川の集落を抜けた。すべてが正常に見えた。神社、寺、道路の両脇に向かい合って建つ二列の家々。眼に見える被害は何もなかった。集落を過ぎると、迫り出した山のせいで、川の下流域の景色が見えなくなる地点にたどり着いた。その地点を越えた瞬間、ある事実が明らかになった――この目立たない障害物が、生と死を分ける分水嶺だった。

物理的には、横川は震災の被害を受けていなかった。高い土手と川の湾曲が、水の浸入を防いでくれたのだ。しかしその里山の反対側では、津波は川の流れをさかのぼって押し寄せ、土手をいとも簡単に越えていた。川からあふれた水は、破壊的な勢いで集落に襲いかかった。チームの男性たちは、今野ひとみさんが反対側の高台から眺めたものを見ていた――崩壊した幹線道路と堤防、壊れた橋、海に変わった陸。

夜明けの薄明かりのなか、ひとみさんの車は完全なる沈黙と静寂の世界を進んでいった。道路を走るのは彼女の車だけだった。新たに世界が形成され、そこに初めて足を踏み入れた人間のような気分だった。一帯に広がる水面は、陽光の角度によって黒や銀に反射した。山麓までやってきたひとみさんは、すべての土地が呑み込まれたわけではないことを知った。

川からもっとも離れた山側にある入釜谷《いりかまや》と呼ばれる集落は被害を免れ、生活センターが避難所として使われていた。ひとみさんの眼に、あたりを動きまわる人影が映った。建物の屋根は雪で覆われていた。朝の凍てつく寒さのなか、人々はコートやフリースを着込んでいる。彼女はよろめきながら車を降りると、自分の子どもたちの名前を呼び、知り合いを捜して一人ひとり顔をのぞいていった。そこにいるみんなが誰かを捜しているようだった。が、間垣の住人はひとりも見当たらない。次の瞬間、知り合いの顔を見つけ、彼女は胸をなでおろした。大川小学校の児童の只野《ただの》哲也《てつや》くんだった。大輔くんと同じ柔道チームに所属する一学年下の少年だ。その服は汚れ、痣《あざ》ができた右眼が腫れて開かなくなっていた。

「哲也くん！　哲也くん、大丈夫？　哲也くん、何があったの？　大輔に何があったの？」

「走って逃げた」と哲也くんは言った。「逃げている途中で、大ちゃんが転んだんだ。ジャンパーの首根っこをつかんで立たせようとしたけど、立てなかった」

「それで、大輔は？　大輔はどうなったの？　哲也くん？」

少年は首を振った。

それから、ひとみさんは同じく五年生の日下部《くさかべ》蒼佑《そうすけ》くん（仮名）を見つけた。彼の服も同じように汚れてぼろぼろだった。

「蒼佑くん、大輔はどこ？」

「大ちゃんと一緒にいたんだ」と彼は言った。「逃げるとき、おれがまえになっていて……一緒に流された。大ちゃんはすぐうしろにいた」

「蒼佑くん。それで、うちのは？」

「浮いてた」

建物の外で、ひとみさんは三人目の学校関係者を見つけた。遠藤純二《えんどうじゅんじ》という教師だった。彼に話を聞けば、何か答えが見つかるにちがいない――

「遠藤先生！　遠藤先生、今野ひとみです。今野大輔の母親です。何があったんですか？学校で何があったんですか？」

遠藤教諭は両腕で膝を抱え、ひとりでぽつんと坐っていた。ひとみさんはかがみ込んで質問を繰り返したが、相手はほとんど顔を上げようとしない。

「遠藤先生？　学校で何があったんですか？」

教諭はひどい放心状態に陥っているようだった。ひとみさんの眼には、感情がすっぽり抜け落ちてしまっているかのように見えた。

「何がなんだか」と遠藤教諭はやがてぼそぼそと話し出した。「さっぱり……」

ひとみさんは情報の断片をなんとかつなぎ合わせようとした。大川小学校は、彼女がいる入釜谷から山を越えた反対側にある。ふたりの少年と教師はその山に登り、数時間前にここに下りてきたのだろう。彼らが逃げ切れたとすれば、大輔くんを含めたほかのみんなも助かったにちがいない。もしかしたら、息子はまだこの山のなかにいるかもしれない。ひとみさんは生活センターを離れて道を下り、道端のさまざまな場所を探し、それから山に入って息子の名前を叫んだ。

「だい！　大輔！　誰か今野大輔を見ませんでしたか？」

しかし、誰もいなかった。山のなかはあまりに広かった。小道が四方八方に伸び、そのあいだには松の木がうっそうと茂っていた。彼女は山を下り、立ち止まった。それから川のほうに曲がり、道をさらに進んで自宅の方角に向かった。

「まるで湖でした」とひとみさんは当時の様子を語る。「家の土台も見えませんでした。わたしはびしょ濡れになりながら歩きまわって、家族みんなの名前を叫びました。何をしているのか、自分でもよくわかりませんでした。名前を呼びつづけたら、誰かが返事をしてくれるんじゃないかって。まわりの人はわたしを止めようとしました。変な人を見るような眼で見られましたよ。でも、ほかに何をすればいいかわかりませんでした」

紫桃さよみさんの夫、隆洋さんは下流への捜索隊には同行しなかった。誰も理由を説明しようとはしなかったが、大川小学校の児童の父親は捜索に参加するべきではないと決められた。しかし捜索隊が戻ってくるなり、隆洋さんは参加者から詳しく話を聞いた。彼らは途中でボートに乗せてもらい、間垣に近い堤防にたどり着いたという。そこで二手に分かれ、一方は入釜谷に行き、残りは瓦礫のなかを進んで学校に向かった。

集落を歩いていたさよみさんは、捜索隊に加わった男性の妻と出くわした。「その人は泣いていました」と彼女は言った。「わたしと眼を合わせようとしませんでした」。それでも、さよみさんはまだ希望を捨てていなかったという。「ヘリコプターで救出されることはなくても、子どもたちは無事だと強く信じていました。電話も電気もなかったんです。町の大きなスポーツセンターに避難して、ただ連絡がとれないだけかもしれない。そう考えていました」

捜索隊の説明を聞きおえた隆洋さんが戻ってきたとき、さよみさんは家にいた。日本の夫婦は互いに「お父さん」「お母さん」と呼び合うことがある。とりわけ家族の話題について話すときにはこの傾向が強くなる。そのときも、隆洋さんはさよみさんにそう呼びかけた。

「帰ってくるなり、夫は『お母さん……』とわたしを呼んだんです」とさよみさんは振り返った。「何かいい知らせかもしれないと思いました」

「お母さん、望みはないよ」と隆洋さんは言った。「望みはない」

「え？」とさよみさんは言った。「望みがないって？」

「学校はだめだ」と彼は言った。「もう望みはない」

わたしはただ主人のシャツをつかみましたとさよみさんは私に語った。「胸ぐらをつかみました。『』と言ったら、それ以上は立っていられなくなりました」

隆洋さんは捜索隊から聞いた話を伝えた。現在までに大川小学校の児童ふたりの遺体が見つかり、これからも多くの遺体が発見される見込みだった。生き残ったのはごくわずかで、そのなかには五年生の児童ふたりが含まれていた。

「そのひとりが千聖に決まってる」とさよみさんは言った。

「両方とも男の子なんだ」と隆洋さんは言った。

「誰？」

「ひとりは蒼佑くん」

いまにも崖の縁から転げ落ちそうだったさよみさんにとって、その名前は腰に装着されたハーネスのようなものだった。その瞬間のことを思い出して語る彼女の口元には笑みが浮かんだ。五年生のクラスでは、蒼佑くんは千聖ちゃんにとっていちばんのライバルであり、その関係は幼いころから続くものだった。「運動会のあと、千聖はよく言っていました。『蒼佑くんより速かった』とか『蒼佑くんに簡単に勝っちゃった』って。蒼佑くんが助かったのなら、千聖も生きているに決まっていました」

地獄

翌日の早朝、今野ひとみさんはやっとのことで学校にたどり着いた。二〇一一年三月一三日、日曜日だった。

ふだんであれば、入釜谷から歩いて二〇分ほどの道のりだった。しかしその日、ひとみさんは一時間以上かけ、水や瓦礫が邪魔する山麓の道を学校までなんとか歩いていった。あたりにはあらゆるものが散乱していた。津波にいったん持ち上げられ、それから叩き落とされた家の大きな残骸。逆さまになって潰れた車やトラック。靴、水浸しの衣服、鍋、急須、スプーンといった小さな家財道具。なかでも、折れた松の木の量は尋常なものではなかった。その樹脂のにおいが、黒いヘドロの腐敗臭と張り合うかのようにあたりにただよい、水の上にあるものすべてを包み込んでいた。かつてそこにあった家々は、二〇軒に一軒も残っていなかった。崩壊した痕跡さえ消えてしまっていた。

ひとみさんはついに、内陸の道路と川沿いの県道が出合う交差点、新北上大橋のたもとまでたどり着いた。北岸側の三分の一、二〇〇メートルにわたって橋は壊れて水没し、コンクリートの支柱がむき出しになっていた。その交差点で道路は大きく曲がり、釜谷地区へと入る。鉄筋コンクリート造りの低い建物や伝統的な瓦屋根の木造の家が雑然と並ぶ、典型的な日本の集落だった。二日前まで、その交差点から見えるのは大川小学校の屋根だけだった。家や建物、学校のまわりに植えられた桜の木に遮られ、校舎はほとんど見えなかった。

しかしその日、ひとみさんの眼に最初に飛び込んできたのは学校だった。いや、その輪郭だった。校舎はあたかも、角《かく》ばった刺々《とげとげ》しい網に包まれているかのようだった。その〝網〟を構成していたのは、大小さまざまな残骸だった——木の幹、家の梁《はり》、船、ベッド、自転車、物置、冷蔵庫……。二階の教室の窓から、ねじ曲がった車が突き出ていた。一〇〇メートルほどさきには、コンクリート造りの構造物——集落の診療所——がぽつんと建っていた。さらに少し離れた場所には、糸のように細い鋼鉄製のアンテナ塔。しかし、表通りの家や建物、そこから伸びる小道、その両脇の家や店舗はすべて消滅していた。

釜谷地区を奥に進むと小さな集落がいくつか連なり、そのさきにはさらに田畑と低い山が広がっている。川は途中で緩やかに曲がり、最後に太平洋へと注ぐ。遠くの河口近くには、サーファーや海水浴客に人気の砂浜や、防風林と憩《いこ》いの場をかねた松林があった。その二万本もの松の幹が根こそぎにされて五キロ内陸まで運ばれ、独特のにおいを放っていた。地区、集落、田畑……その交差点から海のあいだにあるすべてのものがなくなっていた。

どんな写真も、その光景を完全に説明することはできない。テレビの映像でさえも、その悲劇の全景的な性質をとらえることはできなかった。破壊の現場にいるという感覚、見渡すかぎり四方八方を破壊の現場に囲まれているという感覚をとらえることはできなかった。「地獄でした」とひとみさんは言った。「すべて消えていました。まるで原子爆弾が落とされたみたいに」。多くの人が口にしたこの比喩は、決して誇張などではなかった。津波よりも大きな被害をもたらす力は、この世にふたつしかない――小惑星の衝突、あるいは核爆発。六五〇キロにおよぶ東北の海岸線のその朝の様子は、一九四五年八月の広島や長崎の光景と似たものだった。火を水に変え、灰を泥に変え、焦げた木や煙のにおいを魚やヘドロの汚臭に変えれば、ほとんど同じ光景だった。

もっとも激しい空襲のあとでさえも、焼け落ちた建物の壁や基礎は残るはずだ。公園と森、道路と線路、田畑と墓地も残るはずだ。しかし津波はあとに何も残さず、どんな爆発でさえも不可能な〝非現実的な平地〟をあっという間に生み出してしまった。津波は浜辺の森の木を根元から引き抜き、何キロも奥の内陸にまき散らした。道路の舗装を剝がし、歪んだ紐に変えてあちらこちらにばらまいた。家を土台ごと呑み込み、車、トラック、船、死体を高い建物の上へと持ち上げた。

阿部《あべ》良助《りようすけ》さんという男性が、ひとみさんと同じころに自宅のある釜谷地区にたどり着いた。津波が起きたとき、彼の妻、娘夫婦、ふたりの孫が集落にいた。町の工事現場で働いていた阿部さんは、冠水した道路や壊れた橋に行く手を阻まれてなかなか帰ってくることができなかった。やっとのことでたどり着いたときには、集落のまえにふたりの警察官が配置されていた。阿部さんが集落に入ろうとすると、警官たちは遠慮がちに制止しようとした。驚きとともに怒りを感じた阿部さんは、はじめこそ抗議したものの、それも無意味だとあきらめて警官の横を通り過ぎていった。

阿部さん、今野ひとみさん、そしてほかの全員が、津波のあとの数日の光景を説明するときに同じ単語を使った――地獄。彼らが頭に描いたのは、欧米で一般的な地獄ではない。日本につまり、恐ろしい悪魔たちが情け容赦ない拷問をする、あの業火の地獄ではない。日本には独自の地獄の図像があり、氷と水の地獄があれば、泥濘《ぬかるみ》と糞尿の地獄も存在する。荒涼とした平原のいたるところに、すべての尊厳を奪われた裸の人間たちが横たわる――それが日本の地獄だ。

「頭から離れないのは、松の木と――」と阿部さんは言った。「泥や瓦礫の下から突き出た子どもたちの脚と腕です」

地区の代表を務め、大工の棟梁でもある阿部さんは、理性的かつ活動的な六〇代前半の男性だった。釜谷地区にたどり着いた彼は、泥のなかから遺体を引っ張り出し、道路脇に並べていった。はじめは素手で作業を進めたものの、途中で車に戻って道具を手にまた引き返した。しかし、引き波に流された子どもたちの体が密接に重なり合った場所では、シャベルなど使うことはできなかった。

午後までに、さらに数人が作業に加わった。足場は安定せず、きわめて危険な作業だった。水が引いたあとも瓦礫が層になって地面に残っており、それが足元で滑ったり崩れたりした。すべてが何かの残骸だった。その多くが剃刀《かみそり》のように鋭く尖り、汚臭を放つびちゃびちゃの泥に覆われていた。むき出しの瓦礫や突起物のあいだを恐る恐る進みながら、住民の男性たちは木の幹や折れた丸太を引っ張り出し、トタン板を折り曲げ、押しつぶされた車のドアをこじ開けた。遺体を見つけると、橋の横にある三角地帯へと運んだ。今野ひとみさんを含めた女性たちがそこに遺体を並べ、川から汲んできた濁った水で洗った。

「もちろん、遺体を覆うものは何もありませんでした」とひとみさんは言った。「瓦礫のなかから引き出した畳の上に遺体を置いて、シーツや服などを見つけて覆いました」。遺体の扱いと同じくらい慎重に、特徴的な四角いリュックサックも泥のなかから引っ張り出され、道路脇に並べられた。名前とクラスが記されたこの「ランドセル」は、日本のほとんどの小学生が使う鞄《かばん》だった。

パニックに陥る人はいなかった。それほどの焦りもなかった。口にはしなかったものの、生存者が見つかる可能性はないと誰もが知っていた。「自分の友人や孫だけを捜していたわけじゃない」と阿部さんは言った。「誰であれ、見つけた遺体を運び出しました。男の人たちはみんな、泣きながら作業していました」

友だち、ライバル、隣人、同級生、知り合い、親戚、昔の恋人――全員が同じ泥のなかから出てきた。

初日の作業が終わるまでに、阿部さんは一〇人の子どもの遺体を泥水から引き出した。服と名札はほぼ流されていたものの、多くの子どもの顔を知っていた。

その日の午後、妻の文子《ふみこ》さんを目撃したという噂が阿部さんの耳に届いた。急いで入釜谷に行くと、そこに妻と娘がいた。ふたりとも怪我もせず元気だった。「安心したなんてもんじゃありません」と彼は言った。「ふたりが生きていること自体が信じられなかった」。しかし、娘の夫とふたりの孫の行方はまだわからなかった。

　その後、阿部さんは三ヵ月にわたって泥土《でいど》のなかの遺体を捜索することになる。ある日、彼は女性たちに呼ばれ、洗浄のために遺体が並ぶ場所に行った。そのなかに一〇歳の孫・菜桜《なお》ちゃんがいた。阿部さん自身が引き上げた遺体だった。全身が厚い泥に覆われていたせいで、そのときは菜桜ちゃんだと気づかなかったのだ。

　菜桜ちゃんの九歳の妹・舞《まい》ちゃんは一週間後に見つかり、ふたりの父親はその一週間後に見つかった。「上の孫の姿は、生きているときと変わりありませんでした」と阿部さんは私に語った。「そのままでした。まるで眠っているみたいに。けど、一週間後に見つかった下の孫は……その状況での七日間というのは、大きな差がありました」と言って彼は涙を流した。


　一五キロほど内陸に行くと、津波の被害が及ばなかった地域の一角に、緊急援助の拠点となる屋内スポーツセンターがあった。無数の人々が、折り畳んだ段ボールでバスケットボールコートの一部を仕切り、借りた毛布を床の上に敷いて寝ていた。紫桃さよみさんのいちばん上の姉――きびきびとしたパワフルな女性で、自身の家族は内陸に住んでいて無事だった――がスポーツセンターに行って姪の千聖ちゃんを捜し出し、家に連れ戻すという任務を引き受けた。震災による混乱は深まるばかりだったとしても、人間がただ消えてなくなることなどない。ひとりの人間を捜すことが、どれほどむずかしいというのだろう?

大川小学校
五年生
紫桃千聖

ところが、スポーツセンターの群衆に取り囲まれたとたん、さよみさんの姉の自信は崩れ落ちていった。彼女は数百人のうちのひとりでしかなかった。そこにいる誰もが、机や掲示板のリスト、避難所の仕切りのなかを不安そうに順に見てまわっていた。

収穫がないまま数時間が過ぎたころ、千聖ちゃんがいる可能性があるという別の種類の、場所について誰かが教えてくれた。さよみさんの姉は想像するだけで怖じ気づいてしまい、ひとりで行くことはできなかった。彼女は別の妹を連れてその場所まで行き、スポーツセンターのリストより短いリストを調べた——しかし、入室が赦されるのは近親者だけだった。

さよみさんの姉は千聖ちゃんの父親・隆洋さんのところに行き、それまでに得た情報を伝えた。

隆洋さんはさよみさんのもとへと急いだ。台所で新しいおにぎりを作る妻に、隆洋さんは言った。「お母さん、心の準備をしてくれ。千聖が見つかったよ」

さよみさんは私にこう言った。「聞いたとたん、すぐ出発しようとしました。でも、あの子のために食べ物や洋服、ほかにもいろいろなものが必要だと気づいたんです。だから、まずはそれをかき集めようとしました」

隆洋さんは言った。「そういうものは必要ない。いいから行こう」

さよみさんが私にこの話をしてくれたのは、震災から二年たったころのことだった。当時の彼女は、どこに連れていかれるのか知らないまま車に乗り込んだという。しかし、娘とすぐに再会できると考えると、心は穏やかになった。

驚いたことに、避難者が寝泊まりしていたスポーツセンターを車は通り過ぎ、さよみさんになじみのある別の場所に向かって坂道を上っていった。そこは、彼女と姉たちがかつて通った高校だった。いずれは千聖ちゃんも通うことになるはずの高校だった。「受付デスクみたいなものが設置してありました」と彼女は言った。「夫と義理の兄がデスクのまえに立ち、資料のようなものを確かめていました。そのあいだ、わたしは車のなかで待つように言われました」

さよみさんはこっそり車を出て、校舎内へと駆けていった。次の瞬間、彼女は体育館のなかにいた。

「体育館に入ったのは三〇年ぶりのことでした。テーブルと椅子が置いてあって、室内の一部がビニールシートで仕切られていました。なかをのぞいてみると、床に青い防水シートが敷いてあって、そのうえに毛布で覆われた人の体が並んでいました」

男性がさよみさんに近づいてきて、一足の靴を差し出した。「『まちがいありませんか？』と男の人は訊いてきました。まちがいありませんでした。それは千聖の靴でした。内側に、わたしが書いた名前が見えましたから」

隆洋さんも体育館のなかにやってきた。彼はシートの上の遺体のひとつを抱き上げ、毛布をめくった。

「まだ来るな」と彼は言った。

「でも、もう見えていました」とさよみさんは私に語った。

彼女は続けた。[1]「夫は毛布を持ち上げました。すると、うなずきながら担当者の男の人に何か言いました。それを見たとき、わたしは思ったんです。なんのためにうなずいているの？うなずかないで。お願いだからうなずかないで。近づかないように言われていましたが、わたしはすぐに駆け寄りました。千聖がそこにいました。体は泥で覆われていて、裸でした。眠っているかのように、とても穏やかに見えました。わたしは体を抱きしめて持ち上げ、何度も何度も名前を呼びましたが、答えは返ってきません。呼吸を取り戻そうとマッサージしても、効果はありません。頬の泥をこすり落として、口の泥も拭き取りました。鼻のなかにも、耳のなかにも泥が詰まっていました。でも、手元には小さなタオルが二枚しかありませんでした。ほかには何も持っていなかったので、ひたすら泥を拭いていると、すぐにタオルは真っ黒になりました。ほかにには何も持っていなかったので、自分の服で泥を拭いました。千聖の眼は半開きでした。あの子はそうやって寝ることがよくありました。とても深い眠りのときの姿と同じでした。でも、眼には泥がついていました。タオルも水もなかったので、わたしは千聖の眼を舌で舐め、泥を洗い落としました。それでも、きれいにすることはできませんでした。泥がどんどん出てくるんです」

今野ひとみさんが夫の浩行《ひろゆき》さんと再会したのは震災の翌週だった。彼女が希望を失ったのはそのときだった。それまで、ひとみさんは午前中に大川小学校に行って遺体の洗浄と身元の特定を手伝い、午後は入釜谷の公民館で仲間の避難者たちのために炊き出しや掃除をして過ごした。彼女はまだ自分の子どもたち、麻里さん、理加《りか》さん、大輔くん、そして義理の両親を捜していた。そのため、ほかに何をすればいいのか見当がつかなかった。幻想など抱いていなかった。まわりを見ていれば、最悪の事態が何かはっきりとわかった。

しかし、同じ状況に置かれた多くの人と同じように、彼女の心は単純な本能によって支えられていた——ほかの人に何が起きたとしても、自分の家族がみんな死ぬなんてありえない、そんなことはバカげている。耐えがたく、魂を押しつぶされるような、計り知れないほど暗澹《あんたん》たる気持ちだった。けれど、同時にすべてが滑稽《こっけい》にも思えた。「みんな大丈夫だよ。安心して」と麻里さんは地震直後にメールに書いた。「みんな生きているはず、みんな生きているはず、とわたしは思っていました」とひとみさんは言う。「あきらめちゃいけない。電話が使えるようになると、メールを何通も送って、何度も何度も電話をかけました」

ひとみさんはボートに乗って大規模なスポーツセンターに行き、そこで浩行さんを見つけた。

通常の状況下であれば、感情が爆発する喜ばしい再会の瞬間のはずだった。しかし、その感情の塊はあまりに大きく、絶望が混じりすぎていた。それまでの数日のあいだに浩行さんは、両親、ふたりの娘、息子、妻を失ったという考えに至っていた。しかしひとみさんを見つけたとき、彼は自分の考えを調整した——両親と三人の子どもを失ったのだ、と。「もちろん、会えてうれしかった」とひとみさんは言う。「でも、ふたりとも子どもたちのことで頭がいっぱいでした。子どもたちを見つけるまで、安心することなんてできませんでした」

夫とはちがい、ひとみさんは首を振って死を受け容れることを拒否した。その後、浩行さんは釜谷地区と富士沼周辺の捜索に加わった。そのあたりでは、今野さん一家が住む間垣から流された瓦礫が多く見つかっていた。ある日、自宅の上半分が見つかった。二階部分と屋根がほぼ無傷のまま、波によって沼岸へと打ち上げられていた。すぐさまチームが結成され、瓦屋根を壊して室内を捜索するという過酷な作業が行なわれた。今野夫妻は、自分たちの恐怖がすべて終わること――家のなかに閉じ込められた家族の遺体が見つかること――を望んだ。室内にはまだ畳が敷かれたままだったが、ほかにはほとんど何もなかった。理加さんのハローキティの財布があった。さらに、のちに今野夫妻にとって貴重な宝物となるものが見つかった――幼い子どもたちの写真が詰まった古いアルバム。

震災の一週間後、最初に大輔くんの遺体が発見され、次に浩行さんの父親が見つかった。一七歳の誕生日の四日前に亡くなった理加さんは、三月末に見つかった。浩行さんの母親と一八歳の麻里さんの亡骸《なきがら》は四月上旬に発見された。

大輔くんは学校の裏山の麓で見つかった。橋のたもとの三角地帯からほど近い場所で、子どもたちの遺体が折り重なる小さな山のなかにいた。ふたりの娘と祖父母はそれぞれちがう場所に横たわっていたものの、彼らの身に何が起きたのかを示す手がかりが残されていた。祖父のポケットには車の鍵が入っていた。祖母は服の入ったバッグを背負い、娘たちは菓子と携帯電話の充電器をもっていた。避難の準備を進め、ちょうど車に乗ろうとしたところで津波に襲われたのかもしれない。おそらく、大輔くんやひとみさんのことを心配していたにちがいない。もしかすると、どちらか一方、あるいは両方が帰ってくるのを待っていたのかもしれない。

ひとみさんは、高校の体育館で大輔くんの遺体と対面した。無傷だった。「まるで寝ているみたいでした」と彼女は言った。「名前を呼んだら、眼を覚ますんじゃないかと思ったほどです。そのときの顔をいまでも覚えています」。ところが翌日に再び訪れると、驚くべき変化が起きていた。大輔くんの眼から、涙のように血が流れていた。どんなに拭き取っても、翌日も次の日もまた、大輔くんは血の涙を流した。ひとみさんには、それが体という入れ物のなかで起きる変化のせいであることはわかっていた。それでも、その血の涙はさまよう魂の痛みに思えてならなかった。息子がどれほど生きたかったかという思いの象徴に思えてならなかった。

棺を見つけることさえ困難だった。海岸近くの火葬場はどこも数日にわたって予約がいっぱいだった。葬儀を開くために、人々は何百キロも車で移動した。ひとみさんと浩行さんがなにより必要としたのは、ドライアイスだった。まずは一体、次に二体、最終的には五体の亡骸のためにドライアイスが必要になった。葬儀業者の説明によれば、ひとりにつき四個のドライアイスが必要だった——腕の下に一個ずつ、脚の下に一個ずつ。春の暖かさが増してくると、ドライアイスは数日で溶けてしまった。浩行さんは何時間も車で方々走りまわり、隣町でやっとドライアイスを見つけたこともあった。しかし次に行ったときには、もうなくなっていた。五体の遺体が見つかって火葬されるまでの一ヵ月、ひとみさんと浩行さんの日々の生活は、子どもたちと両親の遺体の腐敗を防ぐことに支配された。

家族のほかにも、今野夫妻は家と家財道具のいっさいを失った。ドライアイスと葬儀の手配に奔走するあいだ、ふたりはまず浩行さんの年老いた祖母の家に住み、その後おじとおばがもつ空き家に移った。大川小学校の児童の親たちの多くと同じように、ひとみさんと浩行さんにとって、震災直後の数週は無力な悲しみに苛まれた時間ではなく、むしろ無感覚な錯乱のための時間だった。差し迫った一〇〇の現実的な問題にただ対処しつづける、勝ち目のない闘いのための時間だった。

震災からおよそ一ヵ月たったころ、佐《さ》藤《とう》和隆《かずたか》さんからひとみさんに電話がかかってきた。雄樹《ゆうき》くんの父親として以前から交流のある男性だった。

佐藤雄樹くんは大輔くんの親友で、いたずら仲間だった。ふたりは一緒に登校し、一緒に柔道の稽古に参加し、一緒に北上川で釣りをして遊んだ。雄樹くんも三月一一日に命を落とした。

このころまでに、大川小学校における悲劇の規模が明らかになっていた。当時、学校には一〇八名の児童が在籍していた。津波に襲われた瞬間に学校にいた七八人のうち七四人、教員一一人のうち一〇人が死亡した。何人かの保護者は地震が起きたすぐあとに学校に子どもを引き取りにいき、安全な場所へと連れていった。そうやって助かった女子児童のひとりに、大輔くんや雄樹くんと同じ六年生だった浮津《うきつ》天音《あまね》ちゃんがいた。佐藤和隆さんは、その天音ちゃんから最近になって話を聞いたのだという。生き残った息子のクラスメートから聞いた話を、彼は感情いっぱいにひとみさんに伝えた。

佐藤さんが天音ちゃんに尋ねたのは、彼女の母親が学校に迎えにくるまでの出来事、つまり地震発生から津波到達のあいだの時間についてだった。彼の最愛の息子は一二歳で死んだ。佐藤さんとしては、人生最期の瞬間を迎えるまでの雄樹くんについて、できるかぎり多くのことを知っておきたかった。息子はどんな様子だったのか？　何を話していたのか？　怖がっていたのか？

天音ちゃんの説明によると、建物は激しく揺れたものの、校舎に大きな被害はなかったという。二日前の大きな地震のときと同じように、子どもたちと教師は校庭に避難した。

児童はクラスごとに整列し、天音ちゃんは雄樹くん、大輔くん、残りの六年生のクラスメートと一緒に並んで立っていた。

まっさきに点呼が行なわれ、子どもたちはその場にとどまるように指示された。すぐに、津波の発生を知らせるサイレンと放送が聞こえてきた。グラウンドは寒かったが、校舎内に戻ったり、ほかの場所に移動したりするような動きはみられなかった。冷たい風が吹きつけるなか、子どもたちは落ち着きをなくしていった。そのとき、市の広報車が学校の近くを通り、「大津波」の発生を拡声器越しに警告した。

天音ちゃんは、学級代表の大輔くんと親友の雄樹くんが、担任の佐々木《ささき》孝《たかし》先生にこう訴えたのをはっきりと覚えていた。

先生、山さ上がっぺ。

なんで山に逃げないの？

ここにいたら地割れして地面の底に落ちていく。

おれたち、ここにいたら死ぬべや！

担任は少年たちに静かにするよう注意し、その場にとどまるように言った。

すぐあとに天音ちゃんの母親が車でやってくると、ふたりは大急ぎで学校をあとにした。天音ちゃんの一家は自宅を失った。が、家族の命は助かった。六年生で生き残ったのは、彼女を含めて五人だけだった。

佐藤さんの話を聞いたひとみさんは、身震いを止めることができなかった。これまで、そんなことを考える時間も気力もなかった。しかしこの話は、数々の疑問を投光器のように照らし出してくれた。それは、悲しみで覆われた暗い心のなかでぼんやりと揺らめいていた疑問だった。結局のところ、地震と津波のあいだに学校では何が起きていたのか？息子が提案したというのに、なぜ誰も裏山に逃げなかったのか？　あの子にも理解できたことが、どうして教師たちにわからなかったのか？　どうして彼らが、大輔くんが、ほかの全員が死ななければいけなかったのか？

第2部　捜索の範囲

豊かな自然

地球儀や地図の上では、大川小学校の敷地は名もない空白でしかない。日本の中核をなす大都市である東京と大阪を取り囲む大平原には、道路、鉄道、地名が密集している。しかし本州を北に向かうにつれ、そういったものは減少しながら消えていく。地震がその海岸線を襲うまえから、東北は日本のなかで死者の世界にもっとも近い場所だった。

遠い昔、東北と呼ばれる地域は、野蛮人、鬼、凍てつく寒さが有名な未開拓の地だった。今日《こんにち》でさえ、人里離れた辺境の地、どこか物憂げな場所として見られることが多い。東北は農村伝統の象徴であり、都市の住人にとってその伝統は過去の物語でしかなかった。

一七世紀の俳人・松尾芭蕉《まつおばしょう》は著名な俳諧紀行文『奥の細道』のなかで東北について触れ、孤独と孤立の場所として描いた。一九世紀後半の日本の急速な近代化のあとでも、東北は日本のどこよりも貧しく後進的で、住民たちは飢えに苦しんでいた。屈強で辛抱強い東北の男性たちは、次々に帝国軍に徴集された。田畑では穀物や果物が豊かに実ったが、生産物はより裕福な関東や関西で消費され、不作が来るたびに東北は飢餓に襲われた。かつて、東北が東京に届ける三大必需品と呼ばれるものがあった――米、兵士、遊女。

東北地方と呼ばれる地域は本州の面積の三分の一を占めるものの、人口は全体の一〇分の一にすぎない。理解しづらい方言、どんよりとした雰囲気、古風な精神性……そういった東北の特徴は、現代の日本人にとっても異国情緒あふれるものにちがいない。東北地方には修験道という仏教の一派があり、即身仏《ミイラ》となった昔の高僧を公開する古い寺々がある。あの世の入口と呼ばれる恐山《おそれざん》という火山には、盲目のイタコの女性たちが年に二度集まり、口寄せを行なって死者の声をよみがえらせる。東北には新幹線からＷｉ－Ｆｉまで、二一世紀の利便性がすべてそろっている。しかし、通信ネットワークが途絶える人里離れた山や海には、豊かさという釉《うわぐすり》の下に何か――東北人を暗く、不可解で、少し不気味な人々だとみなす古い固定観念に起因する何か――がただよっている。

私は、東北最大の都市である仙台のことは知っていた。日本の多くの県庁所在地と同じように、快適で住みやすい街だ。しかし、三月一一日の夜のテレビ画面に次々と映し出された地名は、多くの日本人にもそうだったように、外国人にもあまり知られていないものだった。大槌《おおつち》、大船渡《おおふなと》、陸前高田《りくぜんたかた》、気仙沼《けせんぬま》……。さらに、気仙沼と石巻《いしのまき》漁港のあいだ——ギザギザとした深く狭い湾が複雑に入り組んだ海岸線——の地図上には、地名がまったく表示されていなかった。

もっと詳しい地図では、このあまり知られていない地域の名前が明らかになっていた——三陸《さんりく》海岸。この地域には、ほかの場所とは異なる三つの地理的な特徴がある。ふたつは誰の眼にもわかる壮観なもので、もうひとつは眼に見えないところに隠れたものだ。ひとつ目は、東北最大の河川である北上川。北部の山岳地帯に源を発する北上川は南へと流れ、途中で分岐して一方は石巻の漁港に、もう一方は人口もまばらな追波湾《おっぱわん》という名の海に注ぎ込む。地理的特徴のふたつ目は、リアス式海岸と呼ばれるフィヨルドのようなギザギザの湾。河川の浸食によってできた谷が、何世紀にもわたる海水面の上昇によって沈水してできた地形だ。三つ目の特徴は、海底深くにある太平洋プレートと北アメリカプレートの境界域(1)。地球の表面を覆うこの巨大な岩盤の境界に歪みやずれが生じることによって、地震や津波が惹き起こされる。

このリアス式海岸沿いにある追波湾の近くに大川小学校があった。私が初めてその場所を訪れたのは二〇一一年九月のことだった。震災発生から半年のあいだ、私は津波に襲われた地域に繰り返し足を運んだ。はじめのころ、交通手段は車しかなかった。途中、携行缶一個分のガソリンのために何時間も並び、両脇に瓦礫が積み重なった道を抜けて被災地に向かった。そのうちにガソリンの供給が再び始まった。さらに、線路の安全性のチェックが慎重に進められ、東北新幹線が少しずつ復旧していった。日本の九月上旬はまだ夏の真っ盛り。その日も暑くじめじめとしており、空には雲ひとつなく、きめ細かい青色が広がっていた。新幹線は滑らかにやすやすと北へ向かい、一気に距離を吸い込んだ。一時間半の移動は、旅行というよりも通勤に近い感覚だった。しかし東北を訪れるということは、変化を体験するということだった。春、東北の地面には深く積もった雪がしぶとく残った。梅や桜の花が遅く咲き、そして散った。夏の暑さは東京ほど厳しくはなく、湿度もさほど高くない。そして、すぐに秋の冷たさが訪れる。東京から東北にやってくるたび、空気とその性質に明らかな変化が感じられた。それは、皮膚の上と咽喉《のど》の奥で経験する〝移動の感覚〟だった。

私と同行者たちが降り立った仙台駅には、震災の形跡などどこにも見当たらなかった。私たちのレンタカーは北へと向かい、銀色のオフィスビルやデパートが密集する市の中心部を抜け、何カ月にもおよぶ構造チェックの末に最近再び開通した高架式の高速道路に入った。一時間後、あたりに広がる海岸沿いの平野のさきに、石巻市が姿を現した。飛行機の格納庫のような工場やショッピングモールが視界に入り、アルミニウム製の煙突からもうもうと吹き出す白い煙が見えた。

東日本大震災の津波によって、もっとも甚大な被害を受けたのが石巻だった。中心部のほとんどは水浸しとなり、震災の犠牲者数の約五分の一に当たる人々がこの人口一六万人の町で亡くなった。造船所や巨大な製紙工場ともども、漁港は津波によって壊滅した。しかし、中心部の外にある四分の三の土地はまったくの別世界だった。そこには、険しい山と森を貫くように流れる北上川沿いに、広大な農耕地が広がっていた。リアス式海岸の入り江のさきには、いくつもの漁村があった。村々を隔てる細かく枝分かれした半島は、それぞれが鉤爪《かぎづめ》のついた指先のように海へと伸びていた。

中心部を越えて高速道路を降りた車は、暗色の山に挟まれた明るい田園地帯へと入っていった。収穫直前のずしりと重そうな稲穂が垂れる田んぼもあれば、トマトや果物のビニールハウスもあった。道路沿いに並ぶ木造の家々は、風格のある瓦屋根で覆われていた。山から離れ、北上川の土手に沿って東に進んでいくと、すでに広大だった頭上の空がさらに大きく口を開けた。

大都市から離れた場所でさえ、日本の川辺にはおよそ美しいとはいえない光景が広がっていることも多い。上流にあるダムは、川の迫力と水量を奪い取ってしまう。町や工場はその水を吸い取り、生活・工業廃水が再び川へと送り返される。対照的に、幅が広く水量豊かな北上川は、美しく活き活きとしていた。北上川の本流にはダムがひとつしかなく、それも北部のはるか上流にあった。毎年秋になるといまでも鮭《サケ》の大群が川を遡上し、産卵地へと戻っていく。その川の広がり――何百メートルもの幅、内陸部でも深い水深――は、通過する市街地に空と山々の雄大な景色を生み出してくれる。両岸に沿って茂る葦原《あしはら》には、サギ、ハクチョウ、コガモなどの野鳥が生息する。毎年、葦は収穫され、寺や神社の屋根葺きの材料として使われる。北上川は途中で分岐し、旧北上川は南へと流れて石巻市の中心部を抜け、埠頭、クレーン、コンテナの喧騒のなかで海へと注ぐ。一方、東へと流れる新北上川のさきにある追波湾のまわりには、人口の多い先進工業国には珍しい景色が広がる。大きな河口には、砂地、ワシの生息地、岩場、自然な水の流れが手つかずのまま残されていた。

それこそ、その日の午前、北上川沿いを大川小学校へと進む私たちの眼のまえに現れた風景だった。弧を描くように広がる空。稲穂が豊かに実る谷。その谷によって区切られた緑の里山。田畑の端にある集落。遠くにぼんやりと見える沼と海。じつに理想的な原風景だった。農地と森林、淡水と海水、自然と人間が絶妙なバランスで存在していた。樹木が山を覆い、波が岩に襲いかかった。が、猟師と漁師にとってはどちらも大歓迎だった。川幅は広く、流れも速かった。が、橋や堤防によってしっかり制御されていた。瓦屋根の小さな家々は数えるほどしかなかった。が、田畑、里山、川は人々の生活に敬意を示していた。人間の文明を軸に、自然界はゆっくりとまわっていた。

三陸海岸では、何かがちがう世界に入っていく感覚を味わった。それは些細な変化だった――〝不気味な東北の田舎者〟についての冗談はたくさんあれど、実際には東北人に野暮《や ぼ》なところなどひとつもなかった。しかし、東京の住人たちの取り繕《つくろ》った上品さに比べると、東北の人にはどこか素朴なところがあった。とりわけ目立ったのは、寒い気候ならではの忍耐強く荒々しい性格、屋内の暖房などといった贅沢への無関心さだった。誰もが頑丈なブーツと厚手の靴下を身につけていた。寒い季節には、みんながフリースのジャケットを（ときに二枚重ねで）着込んでいた。男女問わず、髪の毛が逆立ってぼうぼうになっていることが多々あった。まるで、厚いセーターの内側の層に引っ張られた髪を、いまさっき適当に手櫛《て ぐし》でさっと直したかのように。特定の苗字――今野、佐藤、佐々木――が何度も何度も登場した。まるで、氏族社会のなかで使うことのできる苗字の種類が限られているかのように。三陸の人々は透きとおった色白の肌が特徴的で、凍てつく風の吹く屋外から暖かな室内に移動すると、頬が美しいバラ色に輝いた。誰もが自然の美しさを称え、自身と自然との関係性について語った。誰もがこの地域に深いルーツをもち、それは何十年、何百年と続くものだった。

取材中、熊谷貞好《くまがいさだよし》さんという戦前生まれの老齢の男性と出会った。彼の祖先は鉄砲の名手だった侍《さむらい》で、一家はこの地域に三〇〇年前から住んでいるという。熊谷さんは腕利きの屋根葺き職人として、北上の良質な葦を使って寺院の屋根を造りながら全国をまわった。「自分がどれだけ幸運かわかるまでには時間がかかりましたよ」と彼は言った。「でも、まちがいない。北海道から沖縄まで日本全国をまわってきたが、ここより自然が豊かなところはない。山、川、沼、海……。この地域を離れたことがない人は、自分たちがどれだけ幸運かわかっていないんですよ。こんな場所はほかにはないよ」

彼が生まれ育ったのは、大川小学校とは反対側の北上川北岸にある橋浦《はしうら》地区だった。未舗装の砂利道を荷馬車が走る、時代遅れの孤立した共同体だった。しかし熊谷少年にとって、そこは驚きと冒険の場所だった。夏、集落の子どもたちは川や海で泳いで遊んだ。秋になると山の小道を進み、木の実やアケビを集めた。道路の外れには、新石器時代の集落の遺跡があった。熊谷さんの同級生たちは、四〇〇〇年前の土器の破片を手に学校にやってくることもあった。彼は祖父から猟のやり方を学んだ。川の近くの山にはカモとキジ、南の牡鹿《おしか》半島のほうには野生のシカがいた。

「愉しみのために猟をしたわけじゃなく、生活のためだった」と彼は語った。「獲物を仕留めて、それを売ったんです」。一度、ちょっとしたいたずら心から、熊谷少年はハクチョウを撃ち殺したことがあった。「うれしくてみんなに自慢したら、噂を聞きつけて家に来た警官にこっぴどく絞《しぼ》られましたよ」

狩りに一緒に出かけたとき、熊谷さんの祖父は津波の驚異と恐ろしさについて語ったという。祖父は人生で二度の津波を生き延びた経験があったが、それよりもはるかに古い歴史的記録も残されていた。平安時代に編纂された歴史書『日本三代実録《にほんさんだいじつろく》』には、西暦八六九年（貞観《じょうがん》一一年）に「陸奥国《むつのくに》で大地震が起きた」とある。

> 流光が昼のように陰を映し出した。人々は大声で叫び、伏したまま起き上がることもできなかった。家屋が倒れて圧死したり、地が裂けて埋まり亡くなったりした者がいた。馬や牛は駭《おどろ》き奔《はし》り、互いに踏みあったりした。（多賀城の）城郭《じょうかく》、倉庫、門、櫓《やぐら》、牆壁《しょうへき》は崩れ落ち、顛覆《てんぷく》した。これらの被害については数えきれない。海口《かいこう》は哮吼《こうこう》して、その聲《こえ》は雷霆《らいてい》と似ていた。驚濤《きょうとう》で潮が涌き上がり、遡上して満ち溢れ、忽《たち》ち城下にまで達した。（多賀城は）海から数里離れていたが、水が広々と広がり、その水際の区別もつかない。原野も道路も、惣《たち》ち滄溟《そうめい》となった。船にも乗れず、山に登って逃げることもできなかった。溺死した者は千人程で、資産や苗稼《びょうか》は殆《ほと》ど孑遺《げつい》もなかった。[2]

地質学者の研究によって、仙台平野の堆積層のなかには細かい砂の層が含まれていることがわかった。(3)その砂は、八〇〇～一〇〇〇年周期で繰り返されてきた巨大津波による堆積物だった。より規模の小さい津波はさらに頻繁に起きた。たとえば、一五八五年、一六一一年、一六七七年、一六八七年、一六八九年、一七一六年、一七九三年、一八六八年、一八九四年に津波が三陸海岸を襲った。長細い半島が複雑に連なるリアス式海岸に波が押し寄せたとき、被害はとりわけ壊滅的なものになった。波は一ヵ所に集められ、漏斗のさきから押し出されるように沿岸の漁村へと襲いかかった。近代においてもっとも被害が大きかったのは、二万二〇〇〇人が死亡した一八九六年の明治三陸大津波だった。震源地が遠かったため、揺れが比較的穏やかで、緊急性が低く感じられたのも被害が拡大した理由だった。熊谷貞好さんが生まれる前年の一九三三年には、昭和三陸地震が起きた。中規模の揺れによって三〇メートル近い津波が発生し、三〇〇〇人の命が奪われた。「両方を経験した祖父は、よく津波について語ったもんだ」と彼は言う。「地震のときには津波に備えろ、といつも言われましたよ」。この地域では、「大津波記念碑」が設置されていることも珍しくない。過去に起きた津波の到達点を示すその石碑には、それより下に住居を建てるなという祖先による厳しい警告の文が刻まれている。太平洋に面した家々に住む漁師たちは、親からの教えによって、地震のあとにとるべき行動を本能的に知っていた——ためらうことなく高台に避難し、そこにとどまる。しかし、北上の人々が住んでいたのは海辺ではなく川辺だった。それに、地震による揺れを感じなかったらどうなるのだろう？

一九六〇年五月二二日、これまでの記録でもっとも強力なマグニチュード九・五の地震がチリ西海岸沖の海底で発生。(4)最大で二五メートルの津波がバルディビアの町に襲いかかり、沿岸で一〇〇〇人以上が死亡した。地震から二二時間後の五月二四日未明、一万七〇〇〇キロ離れた日本に津波が到達した。そのとき、チリの地震について把握していたのは東京のごく一部の地震学者だけだった。彼らでさえも、発生から丸一日たって太平洋の反対側に影響が及ぶなどとは想像だにしていなかった。なかでも三陸海岸の被害は甚大で、場所によっては六メートルを超える津波が襲来した。地球の裏側の海底深部で起きた出来事のせいで、その日、日本では一四二人の命が奪われた。

橋浦にいた熊谷貞好さんは、チリ地震による津波が北上川を遡上する様子をその眼で見ていた。「黒い大きな塊だった」と彼は言う。「でっかい石がいくつも上流に転がるように流されていった。波は一回だけではなく、次々に押し寄せたんです。水位もかなり上がって、堤防の半分くらいの高さまで達しました。そんな光景を見たのは初めてでした。そのとき、こんな奇妙で強力なものがあるのかと驚かされたものです。だが、まさか堤防を越えるなんて想像したこともなかったね」

二〇一一年三月一一日に地震が起きたとき、津波が迫ってくるはずだと熊谷さんはすぐに気がついた。川の近くにいる人々にとって、それがどれほどの脅威になるかもわかっていた。強い警戒感を抱いた彼は、八人の従業員が北上川河口近くの島で葦の収穫作業中であることを思い出した。熊谷さんは堤防へと急ぎ、ボートによる従業員の避難を指示した。仲間たちが安全な場所に移動したことを確かめ、彼は再び車で橋浦に戻った。

津波が到達したとき、熊谷さんは屋外にいた。黒い塊が堤防を破壊し、自分のほうへと流れてくるのを眼にすると、彼は車に飛び乗った。山に続く道路にたどり着いたのは、津波がすぐそばまで迫る数秒前のことだった。その場所から、彼は人生で二度目の津波を見下ろした。今回の津波は、自宅や事務所もろとも大川と橋浦の集落を破壊した。「黒い山がこちらに移動してくるかのようだった」と彼は語った。「山が動く姿は信じがたい光景でしたよ。テールランプを点けたまま、水のなかに呑み込まれる車が見えました。誰かが車のなかにいたんでしょう。何秒か遅れていたら、自分も水のなかだったにちがいない」

大川の美しさの大部分は、そこにはないものによって生み出されていた。都市の住人たちが漫然と受け容れる日々の醜さがそこにはなかった。震災後の九月の午後の車のなかからでさえも、私はその欠如を意識せずにはいられなかった。石巻の市街地と海岸部のあいだには、信号、道路標識、自動販売機、電信柱がほとんど見当たらなかった。蛍光灯の明かりが灯るレストランも、二四時間営業のコンビニエンスストアも、広告看板もATMもなかった。都会ともっとも異なるのは、その場から聞こえてくる音の特徴だった。木々の鳥とセミの鳴き声、低い川音、打ち寄せる波音……。どこにいても、さらさらというかすかな音が聞こえてきた。何日もたってから、私はその音の正体を突き止めた――葦のあいだを通り過ぎる空気の音。

震災のあと数週にわたって瓦礫の中で捜索を手伝った前出の阿部良助さんは、釜谷地区を心から愛していた。私がこの地域で出会った人のなかで、彼ほど、この集落での生活のすばらしさについて情熱的に語った人はいない。阿部さんが説明する地元の姿、彼の記憶のなかの子ども時代は〝ふるさと〟（日本語で「理想郷《アルカディア》」に相当する言葉）の姿そのものだった。想像力をかき立てる美しい集落には、木々が茂る里山、曲がりくねって進む川の両脇に広がる水田、小さな学校、家族経営の店々があった。

県道沿いには相沢《あいざわ》商店というタバコ屋があった。その向かいには、緑とオレンジの日よけが目立つ最上《もがみ》屋という酒店。通りのさきには鈴木商店という豆腐店、その隣には美容室があった。釜谷には警官ひとりが勤務する駐在所があり、地元でも評判のいい鈴木医師が運営する釜谷診療所があった。そして集落の中心に鎮座するのが、桜並木が美しい大川小学校だった。

「釜谷は豊かな自然に囲まれた場所でした」と阿部さんは言う。「ほんとうに自然にあふれていました。最近では、子どもたちはバスに乗って遊びに出かけるようになりました。自分たちが住む地域の道もろくに知らないんです。昔、子どもたちははるか遠くまで歩きまわって遊んでいました。長面《ながつら》、尾崎《おのさき》、福地《ふくじ》のあたりまで。それぞれの集落には野球チームがあって、川辺で対抗試合をしました。みんなで川遊びして、泳ぎまわっていましたよ。夏はずっと外で過ごしたものです」

ほとんどの家庭には複数の収入源があり、家族の誰かが石巻の町中でフルタイムやパートの仕事をしていた。くわえて、小さな家庭菜園、森や川からの食料も生活の助けになった。里山ではキノコ、果物、栗が採れた。「ひとめぼれ」と呼ばれる品種の米が広く栽培されていた。淡水と海水が混ざり合う川や海は、自然界に興味深い影響を与えた。そのおかげで葦はより細く、強く育った。ギザギザしたヒレと大きな頭が特徴的なカジカのような珍しい魚が育ち、日本じゅうでみそ汁の具として重宝されるシジミがたくさん採れた。

「昔は、この川でいっぱい採れたんだよ。(5) シジミもウナギも採れた」と阿部良助さんは言う。「〝ならっぱ〟というんだけど、楢の木の葉っぱをつけたものを丸めて、ここ（北上川）一面に沈めておくんですよ。それを揚げてタモですくうと、ウナギがたくさん入っているんです。ものすごい太さのやつが」

震災当時、釜谷地区には三九三人が住んでいた。(6) そのうち半数以上の一九七人が死亡あるいは行方不明となり、すべての家屋が倒壊した（これらの数には、大川小学校で亡くなった教師や子どもたちは含まれない）。事実上、生き残った住人のほとんどは、地震発生時に職場や学校にいて集落から離れていた人々だった。その日の午後に釜谷にいた人のうち、日没時までに津波に呑み込まれなかったのは約二〇人だけだった。津波の悲劇を説明するとき、多くの人が安易に――ときに安易すぎるほどに――誇張した表現を使う傾向がある。しかし、釜谷ほど多くを奪われた共同体はほかにはなかった。その九月の午後、車のなかで私はさまざまな被災地のことを思い出しながら、そんな結論に達していた。

きれいに修復された道を眺めるかぎり、半年前の出来事の痕跡は何も見当たらないかに思われた。瓦礫は撤去され、川沿いには草木が再び育ちはじめていた。しかし、一、二キロ前までは田んぼに黄金色の稲穂が輝いていたにもかかわらず、釜谷地区近くの田んぼは泥に覆われ、何も植えられていなかった。あちらこちらに破壊の小さな残滓《ざんし》があった。背の高い草のなかに、ねじ曲がった軽トラックが置かれていた。泥のなかに、窓も屋根もない建物がぽつりと建っていた。私は無意識のうちに、カーナビゲーションの画面に眼を向けていた。画面上の釜谷は網目状の線と長方形で示され、家屋の区画、学校、駐在所、公民館の位置が映し出されていた。新北上大橋のたもとの交差点にたどり着くと、黄色いベストを着た復興作業員が大勢集まっているのが見えた。同時に、カーナビ上の車の位置を示す点が、ぴかぴかと光る集落の入口で止まった。しかし現実の世界では、そこには何もなかった。

私は大川小学校で何が起きたのかを知っていた。誰もが知っていた。そこは、津波が最悪の事態へとつながった場所だった。すべての物語のなかで、もっとも聞くのがつらい物語が起きた場所だった。学校に到着して以来、私はかすかな眩暈《めまい》をずっと感じていた。そこでの出来事に思いを馳せると、心のざわめきが止まらなかった。だとしても、その場所自体には静かで平穏な空気さえただよっていた。二階建ての建物、傾斜した赤い屋根、かつて校庭だった場所を取り囲むコンクリート塀。建物の窓は外れ、ひどく損傷していた。外壁は衝撃で擦《す》り減り、いたるところで歪んで崩れていたが、鉄骨の枠組みにしっかりと支えられていた。校庭の奥には木が生い茂る険しい山があり、その斜面の下にはコンクリート壁が横に伸びていた。

風雨にさらされて傷んだテーブルが学校のまえに設置され、その上にいろいろなものが並んでいた。仮設の祭壇だった。花瓶、線香立て、毛筆の文字が書かれた木製の位牌、ジュースのボトル、お菓子、ぬいぐるみ、額入りの写真。その写真に写るのは、川、里山、夏の壮大な空を背景に、燦々《さんさん》と降り注ぐ陽射しを浴びる昔の集落の姿だった。

祭壇のまえで花瓶を整理する人がいた。ブーツと薄手のパーカーを身につけ、髪をポニーテールに結ぶ女性の名前は、平塚《ひらつか》なおみさん。彼女の家は川の上流にあり、娘の小晴《こはる》ちゃんが大川小学校に通っていた。私がここに来たのは、この女性に会うためだった。

泥

平塚なおみさんは横川地区にある大きな家に、夫の家族と四世代で暮らしていた。最年長の同居人は一〇一歳の夫の祖母で、最年少は二歳半のなおみさんの次女・小瑛《さえ》ちゃんだった。地震の瞬間、なおみさんは寝室で幼い娘を寝かしつけようとしていた。そのときの小刻みな縦揺れについて、「カクテル・シェーカーのなかにいるようだった」と彼女は表現した。激しい揺れが収まったころには、家じゅうに本、家具、割れたガラスが散乱し、移動することもままならない状態になっていた。ある一室のドアが落下物でブロックされ、六歳の冬真《とうま》くんがなかに閉じ込められていた。度重なる余震で壁や床がぐらぐらと揺れるなか、なおみさんは三〇分かけて息子を救い出した。

家族に怪我はなかったものの、家の一階はさらにひどい状況だった。なおみさんの義母は、取り乱した義祖母の世話をしていた。町内会の役員を務める義父は、外の様子を調べに出ていった。

義父は無口な人だった。彼が考える家族の概念とそのメンバーの正しい行動規範は、丁寧な言葉で表現すれば〝伝統的〟だった。義父が家に戻ってきたとき、なおみさんは一二歳の娘・小晴ちゃんを大川小学校に迎えにいく準備を進めていた。「学校の建物には問題ないとわかってはいました」と彼女は言った。「でも、あまりに強い揺れだったので、迎えにいかなきゃと思ったんです」。義父は彼女の考えに反対したが、その理由は曖昧だった。「お義父さんは『いまはだめだ』と言いました」となおみさんは回想する。「どういう意味なのか、はっきりとはわかりませんでした」。義父は集落を歩いてまわり、戻ってきたばかりだった。おそらく堤防の向こうを見て、川の状況を確かめたにちがいない。そのうえでの判断だったのだろう、とのちになおみさんは気がついた。しかし義父は、自分が決めたことについて理由を説明する必要をほとんど感じない人だった。とりわけ義理の娘に対してはその傾向が強かった。「見せようとはしませんでしたが、お義父さん自身もパニックになっていたのだと思います。ほとんど会話をしたこともありませんでした。おなおみさんは自分の考えを表に出さないタイプの人なんです」

義父さんは自分の考えを表に出さないタイプの人なんです」

なおみさんは夫の携帯電話にメールを送った。が、返事が来ないうちにネットワークがダウンしてしまった。停電のせいでテレビを見ることはできなかった。集落の防災無線のスピーカーからも何も聞こえてこない。そして、雪が降っていた。「学校にいる小晴のことを考えていたのを覚えています。きっとすごく寒いだろうなって」となおみさんは言う。「その日の朝、シャツを重ね着するようにあの子に言ったことを思い出して、少しホッとしました。ちゃんと防寒さえすれば、子どもたちは大丈夫だろうと思っていました」。良いニュースも悪いニュースも、外の世界の状況についていっさいの情報がなかった。そんな彼女にできるのは、安全な家のなかにいる家族の世話をすることだけだった。なおみさんのこの一連の行動は、義父の考え──若い女性と母親の役割と義務についての考え──にぴったり一致するものだった。

日が暮れる少しまえ、義父はもう一度出かけてくると家族に告げた。川沿いを下流に行き、近くの家庭菜園にある物置からラジオを取ってくるという。家を出たときはまだ明るかった。一時間後、すっかり暗くなってから戻ってきた義父はよろめき、苦しそうにあえいでいた。泥や葉がこびりついた服はずぶ濡れで、生きているのが幸運なほどの状態だった。

横川には、そのときに近くで起きていた災害による影響は及んでいなかった。高い堤防と川の湾曲が水の浸入を防いでくれたのだ。そのため、なおみさんは津波が起きたことすらまだ知らなかった。しかし、迫り出した崖の反対側に抜けた義父は、道路が水に濡れているることに気がついた。そこは、海から八キロ近く離れた場所だった。道をさらに歩くと、川の端を越えて新たな波が押し寄せ、アスファルトはすぐさま水で覆われた。足、足首、膝へと勢いよく水位が上がり、何事か理解もできないまま、義父は立っていられなくなった。黒い水の流れに呑み込まれ、体が川のほうへと引っ張られていった。このままだと、溺れてしまう。そのとき、大きな痛みとともに、義父の胴体が木に引っかかった。水が引くまでその木にしがみつき、彼は九死に一生を得たのだった。

義父はラジオをあきらめ、川の湾曲部に沿って伸びる道を戻り、ふらつく脚で家に帰った。「あとになって、お義父さんは死にかけたと言っていました」となおみさんは振り返る。「お義父さんは動揺していました。口には出しませんでしたが、その瞬間に何が起きたのかを理解したのだと思います」

翌朝、なおみさんは義父をなんとか説得し、できるかぎり学校の近くまで一緒に行ってみることにした。横川を少し越えたあたりまで水が引き、道路が水没している地点へと車で進むことができた。そこに住人が集まっていた——なかには涙を流している人もいるようだった。義父はなおみさんに車内にとどまるように言ってから、状況を確かめにいった。

数分後に戻ってきたが、その返答は素っ気ないものだった。おそらく、多くを知ることができなかったのだろう。その一方で、なおみさんはそれほど大きな不安を抱いていたわけではなかった。ほかの全員と同じように、彼女も噂を聞きつけていた——津波によって児童と住民二〇〇人が大川小学校で孤立し、救助を待っている。ほかの母親たちと同じように、その日の午前には彼女も福地地区に行き、来ることのないヘリコプターを待った。しかしほとんどのあいだ、彼女の頭は料理と家の片づけという責務のことでいっぱいだった。「子どもと老人の両方の世話をする、それが家のなかで彼女に求められることだった。

子どもたちは余震を怖がっていました」となおみさんは言った。「おばあちゃんたちも、みんなおろおろしていました。わたしは育児休暇中で、本来は子どもの世話をしているはずでした。でも、それから何日かのあいだ、わたしはただ料理をしていた記憶しかありません。食べ物がなくなると、お義父さんとお義母さんが出かけました。わたしは家で子どもたちの世話をして、料理ばかりしていました。朝も昼も夜も、ただただ料理ばかりしていました」

日曜日の朝、なおみさんの知り合い——大川小学校に通うふたりの児童の母親と父親——が家にやってきた。彼らはもう一度、小学校になんとかたどり着けないか試してみるのだという。一緒に来ないか、となおみさんは誘われた。どうしても一緒に行きたかった。

しかし家を離れているあいだ、誰がふたりの子どもたちの面倒を見るというのだろう？義父には解決策があった。それは、なおみさんは家にとどまり、彼が代わりに捜索にいくというものだった。

　昼ごろ、義父が帰ってきた。

「どうでした？」となおみさん。

「学校までたどり着いた」と義父。

「どんな様子でした？」

「さくらちゃん（仮名）の遺体を見たよ」——さくらちゃんは、小晴ちゃんと同じ六年生のクラスメートだった。「ほかにも子どもの遺体がいくつかあった。でも、小晴ではなかった。小晴を見つけることはできなかった。子どもの何人かは生き残って、入釜谷に行ったという話だ。だが、そこにも小晴はいなかった。おそらく絶望的な状況だ。あきらめたほうがいい」

　なおみさんは言葉を発することができなくなった。「もっといろいろ訊きたかったし、細かく知りたかった」と彼女は言った。「でも、お義父さんの『あきらめる』という言葉がどうしても気になってしまって……」

　義父は続けた。「これをみんなで受け容れなくちゃならん。希望はもたずに、あきらめたほうがいい。いま大事なのは、生き残った子どもたちの世話をすることだ」。そこで、会話は終わった。

なおみさんは私に言った。「お義父さんはそう言ったんです――それで、ほんとうに希望はないのだと気がつきました。その瞬間、小晴がもう生きていないとわかったんです。でも、悲しみを見せることはできませんでした。お義父さんは……お義父さんはとても厳しく、自制心の強い人です。自然な感情を表に出すような人ではありません。お義父さんは孫娘を失った。ひどく悲しい思いをしているのかもしれませんが、その気持ちを内に抑え込んでしまう。だとしても、わたしの悲しみにお義父さんが気づいていたのなら、あえてわたしの気持ちを傷つけるような言葉を使うのを避けたはずです。でも、お義父さんは避けなかった」

近くに立って話を聞いていた義母が、涙を流した。それを見た義父は、泣くのをやめろと強い口調で言った。

翌日の月曜日、なおみさんの夫・真一郎《しんいちろう》さんが家に戻ってきた。妻と同じく、彼もまた石巻市内の中学校に勤める教師だった。その中学校の校舎は、津波で家を失った人々が一〇〇〇人ほど集まる避難所として使われていた。夫の帰宅によって義父の権限が弱まり、なおみさんは家を離れることができるようになった。真一郎さんとともに彼女は、水が引いた地点まで再び車を走らせた。そこに、大川小学校に通う別の女児の母親がいた。その母親は、上流にある高校の体育館で自身の娘の遺体の身元を確認したばかりだという。そこで小晴ちゃんに似た子どもの遺体を見たかもしれない、と彼女は言った。

平塚夫妻はすぐに、遺体安置所として使われていた内陸の体育館に向かった。次から次へと遺体が運び込まれるその場所は、お役所仕事による混乱に見舞われていた。複雑な書類手続きがあり、搬送されてきた遺体は医師によって一体一体検屍され、正式な記録が残された。そのプロセスには、ときに数日かかることもあった。なおみさんと真一郎さんの家には、小さな子どもと世話の必要な高齢者がいた。その場で何日も待つことなどできるはずもなく、必要な書類に記入してからふたりは家に戻った。

翌日、真一郎さんは家族に別れを告げ、避難者の世話を手伝うために市街地の中学校に戻った。妻であるなおみさんは、その行動に疑問を呈することはなかった。家族の誰ひとり、その行動を奇妙だとも高尚だとも考えなかった。同じように、幼い娘を失ったばかりの嘆き悲しむ母親に、料理、皿洗い、掃除を求めることも、この家ではまったく奇妙なことではなかった。真一郎さんが学校を離れ、自分の子どもの捜索に行ったとしても、同僚は誰ひとりとして彼を非難したりはしなかっただろう。ところが、仕事に誇りをもつ日本人の教師であれば、安易にそんな行動をとることはできなかった。真一郎さんが自らの子どもの捜索よりも職場の業務を優先したことは、公務員に日ごろから求められる忠誠心の一例にすぎなかった。

真一郎さんがタイミングを見計らって帰宅するたび、平塚夫妻は高校の体育館に行った。週の終わりまでに、遺体の数は二〇〇体に増えていた。「青い防水シートの上に遺体が並べられていました」となおみさんは語った。「その多くが、わたしの知っている人でした。わたしの生徒の両親がいました。小晴の同級生がいました。『あの人を知っています、あの男の人も知っています、あちらの女性も知っています』と言うことはできましたが、そこに小晴はいませんでした」

一〇日後、ふたりは大川小学校に行って状況を確かめることにした。そのときまでに水はかなり引いており、途中まで車で行けば、あとは水のなかを歩いて釜谷にたどり着くことができた。地域の消防団員たちが重機を使って道路の瓦礫を撤去し、通り道を作ってくれていた。しかし、学校の建物はまだ瓦礫で覆われたままで、こびりついた泥の上に雪の薄い層ができていた。集落の入口にある三角地帯の横に青いビニールシートが敷かれ、何体かの遺体が置かれていた。そこで洗浄されたあと、遺体は安置所に運ばれた。五、六人の母親が近くにとどまり、自分の子どもが発見されるのを待っていた。

小晴ちゃんがいることを願いながら、なおみさんはブルーシートに並んだ人々の顔を順にのぞいてみた。背が高く、くせ毛の髪を肩まで伸ばし、かわいらしいふっくらとした顔の女の子、それが小晴ちゃんだった。なおみさんは、娘と一緒に過ごした最後の時間について思いを巡らせた。震災の日の朝、なおみさんは幼い次女と長男の世話で手いっぱいだった。七〇代の義父は義母のために朝食を用意し、その義母は一〇〇歳近い義祖母の手伝いをしていた。そんななか小晴ちゃんはおとなしく着替え、朝食を食べ、スクールバスに乗るために家を出た。小学校生活も、最後の一週間を迎えようとしていた。卒業式で何を着るか、なおみさんと小晴ちゃんはすでに話し合って決めていた。ほとんどの女子児童たちはポップグループのかわいいアイドルを真似して、ジャケットとタータンチェックのスカートという恰好を好んだ。ところが、小晴ちゃんが選んだのは袴《はかま》だった。着物の上に身につける伝統的な正装で、美しいロングのプリーツスカートに似たものだ。もともと袴はなおみさんのものだったが、小晴ちゃんは母親とほぼ同じ身長だったため、ほとんど直しは必要なかった。

なおみさんはできるかぎり学校に行くようにした。そのときの時間の進み方は、いつもとちがうものだった。自宅には家族のためにやるべきことが山ほどあり、それをこなすだけでひと苦労だった。ガソリンや食料のために何時間も列に並び、車で家に戻り、配給品を降ろし、再び安置所に車を走らせ、あるいは黒い水のなかを歩いて学校に行き、遺体の確認をした。ある日、なおみさんは小晴ちゃんの片方の靴を見つけ、のちにランドセルを見つけた。この発見は、胸が張り裂けるほどつらい経験でもあり、同時に心を慰めてくれるものでもあった。なおみさんは偽りの期待など抱いていなかった。いまだに、一日に数体の割合で瓦礫のなかから遺体が発見されていた。娘が見つかるのもあとは時間の問題だと彼女にはわかっていた。

四月はじめ、保育園と幼稚園が再び始まった。日中、幼い子どもふたりを預けているあいだ、なおみさんは小晴ちゃんの捜索に専念することができた。

気がつくとなおみさんは、釜谷集落の入口にある三角地帯に集まる両親のグループに加わっていた。しかし、集団の人数は日に日に減っていった。そのなかに、永沼勝《ながぬままさる》さんという寡黙な男性がいた。八歳の息子・琴《こと》くんを捜す勝さんは重機運転の資格をもっており、自らショベルカーを運転して泥をすくい出すこともあった。なおみさんは、鈴木美穂《みほ》さんという女性ととくに親しくなった。美穂さんは一二歳の息子・堅登《けんと》くんを埋葬したばかりで、いまだ九歳の娘・巴那《はな》ちゃんを捜していた。

なかでも勝さんは、自分の息子を捜し出すという決意をとりわけ強くもっていた。なおみさんも毎朝学校にやってきては、黒い泥のなかで重機を動かす勝さんを見守った。勝さんは黄色いアームを動かし、繰り返し泥をすくい出した。やがて春が来ると、里山や川に豊かな色が戻った——松の深緑、落葉樹の明るい色合い、さやさやと鳴る竹藪《たけやぶ》の黄緑。しかし、葉と水に満ちた景観の真んなかには暗闇があった。この泥の穴は大切なものをすべて吸い込み、それを解放することを拒んだ。この泥沼はどれほど深いのだろうか？　底なしのようにも見えた。泥はなおみさんの服やブーツにこびりつき、車に乗って家までついてきた。毎朝、勝さんが幼い息子を捜すために重機を動かすとき、キャタピラーから泥水がぽとぽとと落ちた。「この場所を見わたしてみてください」となおみさんは言った。「子どもの体が泥や瓦礫のなかに埋まったままなのに、あるいは海をさまよっているかもしれないのに、心休まる親なんていませんよ」

なおみさんは英語の教師だった。その気になれば、はっきりとしたアメリカン・アクセントの流暢《りゅうちょう》な英語を話すこともできた。しかし、すっかり自信を失った彼女は、取材中ずっと日本語を使った。震災後の出来事を説明するとき、なおみさんは大きく機敏なジェスチャーを交えながら、よどみなくすらすらと話した。ところが彼女自身のことについて尋ねると、口数がめっぽう減ってためらいがちになった。

仙台で生まれ育ったなおみさんは、高校卒業後に沖縄の大学に進学した。日本本土から遠く離れた南の海に浮かぶ美しい亜熱帯の群島である沖縄は、彼女の父親の生まれ故郷だった。出発したときには興奮と憧れに心躍らせていたなおみさんだったが、失望を胸に帰郷した。「わたしには沖縄の血が流れていましたが、実際にそこに住んだことはありませんでした」と彼女は言った。「古い琉球の言葉や舞踊を学びたかった。でも、望んでいたことの半分も達成することができませんでした」。卒業後、彼女は陽光降り注ぐ南の島を離れ、生まれ故郷である寒さ厳しい東北へと戻ってきた。

私が出会った大川小学校の児童の母親のなかで、なおみさんは――極度の悲しみに圧倒されてはいたものの――もっとも明晰な観察眼を持ち合わせた人物だった。この震災を経験した多くの人々にとって、津波の悲劇は形がなく、重苦しく、言葉では言い尽くせないものだった。太陽の光を遮る巨大で圧倒的な怪物だった。しかし、なおみさんはちがった。まわりの人々と同じように打ちひしがれていたにもかかわらず、彼女にとっての津波の悲劇は鋭い光を放ち、恐ろしく明るいものだった。残酷なほどにまぶしく照らされた明瞭さは、慰めとは正反対のものだった。その明るさは彼女の心を包み込むのではなく、心を突き刺し、隠れるところを与えなかった。

長期間に及んだ取材のあいだ、私がなおみさんの家を訪れたことはなかった。義父はジャーナリストから取材を受けることを快く思っていなかった。彼女としても、不用意に義父を刺激したくなかった。私たちは小学校で落ち合い、石巻の市街地に続く坂道を上がり、道路沿いのレストランで話をした。

当初、行方不明の児童の捜索は地元の住民によって行なわれた、となおみさんは教えてくれた。彼らは自分たちのできる範囲で瓦礫を撤去して捜索を続けた。その傍らで、警察が遺体発見後の流れを指揮した。そのあと、自衛隊の隊員たちがやってきた。はじめ、この進展は喜ばしいものに思われた。自衛隊によって、校舎を覆う〝瓦礫の網〟が少しずつ取り除かれていった。しかし、子どもたちの捜索が長引くほど、作業の規模はみるみる拡大していった。

最初のころ、子どもたちはいたるところで見つかった。丘の窪みに多くの遺体が押し流され、三四体が山のように重なり合っていたこともあった。その後、同時に見つかるのはふたり、あるいはひとりだけになった。それから、発見のスピードはますます遅くなった。三月末の時点で、津波発生時に学校にいた七四人の児童のうち、三〇人ほどがまだ見つかっていなかった。さらに二週間たつと、残りは一〇人だけになった。四月の終わり、釜谷地区の田んぼに水を供給する沼のなかから、立てつづけに四人の子どもの遺体が発見された。なかには、泥水の水面から一・五メートル下に沈み込んでいた遺体もあった。そこは救助隊の検索棒でも届かない場所であり、一帯をくまなく捜索するには、まずは地域全体の水を抜く必要があった。すぐに機械式ポンプと発電機が用意され、二四時間体制で燃料が補給された。その後、学校の裏山の反対側、三キロ離れた場所にある富士沼から遺体が見つかりはじめた。

津波はひとつの波ではなく、繰り返される水のうねりによって構成されていた。波は押し寄せては引き、縦横無尽に折り重なった。その波に呑み込まれ、いったん持ち上げられたあと、もとの場所近くで解放されたケースもあった。しかし多くの人やものは、想像を絶する複雑な流れと渦のなかで、吸い込まれ、投げ出され、引き戻され、再び前方に押し出された。誰でも予想がつくような場所はすべて捜索が済んでいた。すると、学校から遠く離れた場所で新たな遺体が見つかるようになった。そのたび、捜索の範囲はまた拡大していくのだった。

五月、小晴ちゃんのDNAを特定するために、医師がなおみさん、真一郎さん、ふたりの子どもたちの口から唾液を採取した。その月の終わり、太平洋に面した漁村、名振《なぶり》の浜に小さな体の一部が打ち上げられた。大川小学校から沼と山を越え、六キロも離れた場所だった。遺体の損傷が激しく、目視による身元の特定は不可能だった。三カ月にわたる検査の結果、その体の一部は小晴ちゃんのものではなく、行方不明の別の少女のものであることが判明した。

自衛隊員たちによる捜索の範囲は、北上川の上流側では間垣や富士沼まで、下流側では長面浦《ながつらうら》のまわりの集落まで広げられた。日本全国から新たな部隊が代わる代わるやってきては、また去っていった。なおみさんは何人もの指揮官と出会ったが、彼らはみな似たような短髪で同じ制服を着ていたため、一人ひとり区別するのはむずかしかった。そして津波から三ヵ月後、自衛隊が撤収した。

かつては一〇台の土工機械と何百人もの自衛隊員で構成されていた捜索隊の規模は一気に縮小し、警察官の小さなチームと白前の重機を操る永沼勝さんだけになった。なおみさんと美穂さんは、それでも毎日学校に通いつづけた。しかしこの段階まで来ると、彼女たちに手伝えることは多くなかった。勝さんの重機の鋼鉄アームが何かを掘り出すと、ふたりは泥水のなかを進んで発見物を調べた。マットレス、オートバイ、衣装ダンスは見つかったが、遺体は見つからなかった。なおみさんと美穂さんは学校前の祭壇の掃除をし、枯れた花を捨てた。ときに掘削機がさらに投入され、一台目と連携して作業することもあった。横に並んで黄色い長いアームを揺らしたり泥に押し込んだりする姿は、一緒にダンスを踊っているようにも見えた。

なおみさんの頭のなかで、ある考えが形づくられていった。勝さんに相談してみると、「やってみればいい」と背中を押してくれた。六月下旬、なおみさんは仙台近くの研修センターに出向き、一週間のコースに参加した。ほかの参加者はみな男性だった。なおみさんについて興味を示す人は誰もいなかったし、彼女としても説明したくはなかった。一週間のコースが終わり、なおみさんは重機オペレーターの資格を取得した。そのような資格を女性が取るのは、日本ではきわめて珍しいことだった。彼女はすぐさま重機を自ら借り、小晴ちゃんを捜して泥をかき分けていった。

なおみさんの義父はこの展開に強く反対した。重機の操作は女性には危険であり、彼女には家で子どもたち、夫、義理の両親らを世話する役割があるというのが義父の主張だった。なおみさんは我慢強く義父の言葉に耳を傾けたが、そのアドバイスを聞き入れることはなかった。

老人と子ども

震災から二週間後にそのニュースを聞いたとき、私が驚いたのは、下川原《しもかわら》孝《たかし》さんが亡くなったからではなく、彼がそれまで存命だったことを知ったからだった。二〇一一年三月末、東北から東京に車を走らせていると、友人が電話を寄こし、小さな目立たない記事の見出しを読み上げた――「著名なアスリート、津波で亡くなる」。それまで二週にわたって東北沿岸の破壊された町々を訪ね歩いていた私は、気づくと下川原さんについて考えていることがあった。私が思い出したのは、二年半前に彼と過ごしたある午後のことだった。

その日まで、下川原さんが住む釜石《かまいし》という町の名前を聞いたことはなかった。私たちが乗る列車はのろのろと線路を進み、人気《ひとけ》のない道の脇にぽつんと置かれたプラットフォームの横に停まり、また動き出した。凍てつく一二月の午後、日本でもっとも寒い地域のひとつに私はいた。が、下川原さんの家は居心地よく暖かかった。彼の世界記録の証明書の数々を眺めているあいだ、義理の娘さんが緑茶とビスケットを出してくれた。その後、私たちは下川原さんの練習場所である運動場まで車で移動し、ストレッチ、ジョギング、やり投げと砲丸投げの練習をする姿を撮影した。

さらにお茶を一緒に飲みながら話を聞いたあと、私たちは彼に別れを告げ、再びのろのろと進む列車に乗って帰宅の途に就いた。あるひとつの事実だけが、この日の経験を興味深いものから生涯忘れられないものへと引き上げた――下川原さんは一〇二歳だった。同じ年代のほとんどの男性にとっては、槍《やり》を持ち上げるだけでも立派なことにちがいない。しかし、下川原さんは同じ歳の誰よりもそれを遠くに投げることができた。彼が参加するのは、一〇〇歳から一〇四歳が対象のM100という陸上競技のクラスだった。下川原さんが二〇〇七年の全日本マスターズ陸上選手権のやり投げ種目で出した一二・四二メートルという記録は、一〇〇歳以上の部でアメリカ人選手がそれまでもっていた世界記録を破るものだった。彼に会ったのは短い時間だけだったが、私はその後も下川原さんのことをふと思い出し、元気かどうか考えることがあった。

ただ生にしがみつくどころか、彼は歳を重ねるにつれてさらに華々しく活躍した。震災の前年、下川原さんは一〇四歳になった。彼の死を伝える記事には、二〇一〇年の全日本マスターズ選手権で出した記録が、自らの世界記録の更新まであとわずかだったと書かれていた。この震災では約一万八五〇〇人が犠牲となり、そのどれもが悲劇だった。しかし、あれほどの高齢になるまで驚くほど元気に生活し、二度の世界大戦を生き抜いたにもかかわらず、津波のような気まぐれな現象に命を奪われるというのは、耐えがたいほど皮肉なことに思えた。

一カ月後、私は再び釜石を訪れ、震災における最高齢の犠牲者のひとりの痕跡をたどってみた。(1)二年半前に彼と話をした家——海から四〇〇メートルほど離れた場所に建つ堅牢な二階建ての家——に痕跡が残っていた。下川原さんの中年の孫・穣《みのる》さんが、支援者や友人たちのチームとともに遺品を整理していた。愛用の白いトラックスーツ、直近の記録が書かれたハガキ（砲丸投げ三・七九メートル、円盤投げ七・三一メートル）などがあった。アルバムは原形をとどめていたものの、写真は水に濡れ、見ているあいだにぽこっと膨れ上がって色が滲《にじ》んだ。

妻の横に立ってメダルを掲げる写真もあれば、学校の同窓会でメダルを披露する写真もあった。すべての写真に陽気な老人の姿が写っていたが、私が会ったときほど元気で健康には見えないものもあった。それらの写真の多くは、四〇年以上前に撮られたものだった。

これこそ、一〇〇歳以上の高齢者をとりまく環境についてもっとも驚くべきことであり、同時にもっとも平凡な事実だった――彼らはとにかく高齢なのだ。下川原さんは第一次世界大戦の八年前に生まれ、同世代の仲間の誰よりも長く生き、六人の子どものうちふたりより長生きした。八人いるうちの最年少のひ孫と下川原さんは、一〇〇歳以上も歳が離れていた。にもかかわらず、下川原さんがそれほど長生きすることを予期させるものは何もなかった。

彼の両親はどちらも五〇代で亡くなった。下川原さんは高校の体育教師として活動的な日々を送ったが、結核《けっかく》や胆石《たんせき》など人並みに病気も経験してきた。さらに、若いころの彼は大酒飲みのヘビースモーカーで、一〇〇歳を超えてからも食事中に一杯程度の酒を愉しんだ。

インタビュー中にそう聞いた私は、「禁煙したのはいつですか?」と尋ねた。

「八〇歳のときかな」と彼は答えた。

当時聞いたその話を下川原さんの孫に伝えると、彼はにこりと笑って答えた。「そんなの嘘ですよ。よく一緒に飲みにいきましたが、一杯どころの話じゃない。それに、たばこをくれと私にせがんできたんですから」

下川原さんはその生涯にわたって、教師として、町の役員として、のちに地元の有名人として共同体のなかで活躍し、大勢の人に囲まれて日々を暮らした。しかし私は、ある悲しい事実にも気づいてしまった――下川原さんは、狂おしいほどの深い孤独のなかにいた。妻と死別したのは三五年前。ほとんどの教え子は、何年もまえに寿命を迎えて亡くなっていた。「きょうだいもみんな死んだ」と彼は言った。「私が最後です。いちばん年寄りの友人でも、二〇歳も年下。ある意味、この状況は恐ろしいものですよ。まわりで、あまりに多くの人が死にました。あまりに多くの葬式に参列しました。わざわざ泣くようなことではありませんが、それが私の最大の悲しみなんですよ。この孤独がね」

少し遅れて、もうひとつの悲しい事実が私の脳裏に浮かんできた――一〇二歳になっても、下川原さんは日々死の恐怖と闘っていた。

心穏やかな老後――そんな常套句に惑わされていた私は、人生への愛着は年齢とともに薄れるのだと考えていた。しかし下川原さんの人生は、まさにその正反対だった。一世紀以上もまえに生まれた男性が、槍と円盤を使って死から逃れようとしていたのだ。彼の運動能力を向上させたのは、〝どんな犠牲を払ってでも両脚で立ちつづける〟という衝動だった。「なによりも大切なのは、体のしなやかさと柔軟性を保つことなんです」と彼は語った。「人間の体がいちばん硬くなるのは、死んだとき。それより体が硬くなることはありません。だから、よく寝て、よく食べて、体を動かしつづけなければいけません」。そんな言葉のすべてが、彼の最期に関する事実をよりいっそう気の毒なものにした。

息子夫婦が下川原さんと同時に亡くなったため、友人や家族たちは〝車の謎〟を自分たちで解かなければならなかった。震災の数日後に発見された下川原家の車は、津波の被害を免れた高台の安全な場所に停まっていた。この発見に、関係者たちはにわかに希望を抱いた。なぜなら、自宅のまわりを繰り返し捜索したにもかかわらず、下川原さんたちの痕跡がまったく見つからなかったからだ。しかし震災の八日後、自宅から数百メートル離れた公民館で三人の遺体が見つかった。それは、ある悲しい真実を解き明かすものだった。

ほかの場所と同じように釜石市でも、地震の揺れそのものによる被害はほとんどなかった。さらに、町じゅうの防災無線のスピーカーを通して、津波警報の発令がすぐさま住人に伝えられた。避難する時間は充分にあった。下川原さんの七三歳になる息子は父親と妻を車に乗せ、一階建ての公民館へと車を走らせた。その建物は海からわずか数百メートルの場所にあり、海抜も自宅とほとんど変わらなかった。しかし、その事実がはっきりしたときには、もう手遅れだったにちがいない。

下川原さんの家も津波に襲われたものの、二階には浸水しなかった。しかし公民館は波に呑み込まれ、そこに避難した人々は溺死した。坂道が続く道路を三分ほど歩いて上がっていれば、津波の被害を免れていたかもしれなかった。「三人が車のなかにとどまるか、道路を歩いて上がるか、あるいは自宅の二階にいれば、きっと助かっていたでしょうね」と下川原さんと親交があった多田《ただ》慶二《けいぞう》さんは言う。その代わりに、訓練どおりに行動する良き市民として、下川原さんの息子は車を運転し、安全な場所に移動し、そこに車を停め、何を疑うこともなく冷静に坂道を歩いて下り、死ぬことになった。

下川原孝さんはその人生のなかで、一九三三年の昭和三陸地震の津波、一九六〇年のチリ地震の津波、そのほか数えきれないほどの小さな津波と誤報を経験してきた。友人の多田さんが最後に話をしたとき、下川原さんは一〇五歳以上のクラスで参加する次の陸上選手権についての夢を語ったという。十中八九、彼は世界記録を更新していたにちがいない。まさに、下川原さんは自分だけのためのクラスで競うことになっていたのだろう。

通常であれば、これほどの高齢者の葬儀は、つらく悲劇的な場となることはない。が、今回は例外だった。「正直、まだみんなが死んだという実感がないんです」と話したのは、同じ日に両親と祖父を見送ることになった穣さんだ。「もちろん、私が遺体の身元を確かめて、書類に署名をして、火葬を取り仕切りました。でも、悪夢のなかにいるような気がしてならないんですよ。ほんとうの痛みは、これから来るんじゃないかと」

東日本大震災によって発生した津波はとりわけ高齢者に大きな影響を与えた。死亡者の五四パーセントが六五歳以上で、高齢であればあるほど死亡率は高かった。(2) しかし、その反対の傾向はさらに顕著だった。つまり、若ければ若いほど生き残る可能性は高く、死亡した子どもの数は驚くほど少なかった。

二〇〇四年にインドネシア、スリランカ、タイなどを襲ったスマトラ島沖地震の津波では、子どもの死者数が不釣合なほどに多かった。(3) 子どもたちは泳ぐための身体能力が低く、安全な場所にたどり着くことができなかったからだ。日本では、その反対のことが起きた。約一万八五〇〇人の死者・行方不明者のうち、小中学生は全体の五〇分の一以下に当たる三五一人だけだった。(4) さらに、そのうち八割は学校以外の場所で亡くなった。たとえば病気で早退したり、心配になって迎えにきた親と一緒に帰ったりしたケースだ。言い換えれば、教師と学校に残るよりも、家族とともに逃げるほうがはるかに危険だったことになる。

もしあなたが激しい地震の揺れに襲われなければいけないとしたら、考えられるかぎりもっとも安全な場所は日本であり、なかでも日本の学校の室内にいれば助かったと思ってまちがいない。* 数十年におよぶ技術開発によって日本に生み出されたのは、世界でももっとも耐震性が高く、もっとも厳しく規制された建築物の数々だ。巨大な津波に襲われたにもかかわらず、日本の防波堤、警報システム、日ごろの避難訓練が数えきれない命を救った。

二〇一一年の大災害の規模がどれほどのものだったとしても、もしほかの国で起きたとしたら、被害は何倍にも膨れ上がっていたことは言うに及ばない。そんな日本のなかで、自然災害に対する備えがもっとも周到な建物こそが公立の学校だった。

日本の学校は、鉄筋コンクリート造りの鉄骨フレームに支えられている。丘や高台の上に位置することも多く、すべての学校で細かな防災計画の立案とその定期的な訓練が義務づけられている。その日の午後、日本の建築物と官僚主義は、子どもたちを護るためにほぼ完璧な仕事をした。

この地震の揺れによって倒壊したり、深刻な物理的損害を受けたりした学校はひとつもなかった。東北沿岸の九校が屋上まで津波に呑み込まれた。そのうちの南三陸町の一校で、集団で高台に避難中だった一三歳の男子生徒が溺死した。しかしその一例と大川小学校の一件をのぞいて、ほかのすべての学校では、子どもたち全員が安全な場所へと避難することができた。

＊言うまでもなく、最悪な場所のひとつは、福島第一原子力発電所に設置されていたような原子炉の近く。しかし福島での一連の原発事故は、地震と津波という自然災害を発端とした〝人災〟という側面が強く、日本の一般的な建築物の耐震性に対する私のここでの議論と矛盾するものではない。

二〇一一年三月一一日、日本では七五人の子どもたちが学校の教師の管理下で死亡した。そのうち七四人は大川小学校にいた。のちに保護者の多くは、急いでわが子を迎えにいかなかったという罪の意識に苦しめられることになった。ところが、彼らは不注意だったわけでも、怠けていたわけでもない。彼らがとった一連の行動は、ほかのあらゆる状況下であれば、子どもたちの安全と命を護るもっとも妥当なものだったのだ。

「いま何をしているのか、自分でもほとんどわかっていませんでした」と佐藤かつらさんは語る。「いろいろな感情が渦巻いていました。わたしにできるのは、命に一つひとつ向き合うことだけでした。わたしたちは最愛の娘、みずほを失いました。でも、それ以外は何も失いませんでした。ほかのふたりの子どもは無事でした。家も被害を受けませんでした。海沿いの人たちは、家族、家、共同体を失った。それに、まだ愛する家族を捜している人々がいました。みんな、わたしたちよりもずっとひどい状態でした。いったん水道と電気が戻ると、わたしたちの生活はふだんと同じに戻りました」

かつらさんは石巻市内の中学校に勤務する美術教師だった。夫、義父母、三人の子どもと住む福地地区の家は、紫桃家からわずか数百メートルの場所にあった。大川小学校に通う佐藤かつらさんの娘・みずほちゃん、紫桃さよみさんの娘・千聖ちゃんは親友同士で、ふたりは同じ日に火葬された。「その日まで——」とかつらさんは言う。「わたしは娘を見送ることだけに集中してきました。でも火葬が終わると……いつもは健康なほうなのですが、急に具合が悪くなりました。起き上がることができず、三日間寝込んでいました。そこであれこれと考えはじめ、娘を失った状況について大きな疑問を抱くようになったんです。これはひどい自然災害なんだ、とわかっていました。はじめは、似たようなケースがたくさんあって、ほかの学校でも同じことが起きていたんだろうと考えていました。でも、そんな話はまったく聞こえてこない。それはなぜだろう、と」

震災から数週がたち、落ち着きを取り戻しはじめた川沿いの集落では、ほかの親たちも同じ疑問を抱くようになった。

彼らの疑いは、おもにふたりの男性の行動に向けられた。ひとり目は、津波を生き延びた唯一の教師である遠藤純二教諭。震災翌日の早朝、入釜谷に行った今野ひとみさんは、ほぼ言葉を発することもできない茫然自失の体《てい》の遠藤教諭を目撃した。ふたり目は、大川小学校の柏葉《かしば》照幸《てるゆき》校長だった(5)。その金曜日の午後、柏葉校長は休暇をとり、何キロも内陸にある別の学校で自分の娘の卒業式に参加していた。大川小学校で何があったにせよ、このふたりの証言は明らかに重要なものだった。そのうちのひとりは、学校での出来事を目の当たりにし、生存した唯一の大人だった。もうひとりは学校のトップで、安全手順のすべてに対して責任のある男性だった。しかし震災翌日の恐怖と混乱の朝以降、遠藤教諭はどこかに消え、連絡がとれなくなった。奇妙にも、校長もほとんど表舞台に姿を現すことはなかった。

泥土や瓦礫のなかを日々捜索する人たちは、柏葉校長が学校の跡地に姿を見せないことに違和感を覚えていた。結局、津波から六日後、校長は記者やカメラマンの一団を引き連れて現場にやってきた。その二週間後、地元のテレビニュースに映る柏葉校長の顔に、佐藤かつらさんは愕然とする。その報道内容はさらに信じがたいものだった——大川小学校での登校式。生き残った三〇余人の児童たちは、新学年度の始まりを迎えようとしていた。大川小学校は、同じ地域のほかの学校の教室を間借りして授業を再開することになった。かつらさんは、そのときに校長が子どもたちに語りかけた言葉をいまでも鮮明に覚えていた——「たくさんの友だちが亡くなったり、行方不明になったりしていますが、いまこのみんなで力を合わせ、また笑顔がいっぱいの学校を作っていきましょう」。

「はじめは子どもたちも緊張気味でしたが」と柏葉校長はテレビの記者に向かって話した。「でも私がその言葉を語りかけると、みんなしっかりとうなずきました」

日本では、学校の儀式は幼い子どもにとっても大きな意味をもつイベントであり、家族全体が喜びと誇りを分かち合う貴重な機会でもある。五四組の家族が大川小学校で子どもを失った。ところが、本来であれば息子や娘たちが参加するはずだった儀式について、通知を受けた遺族はほぼゼロだった。その意図は充分に明らかなものだった――いつもどおりの生活を再開し、生存児童たちが普通の小学生として日々を送ることのできる場所を作り出すこと。しかし、悲しみに暮れる家族の多くにとって、それは腹にパンチを食らうような経験だった。

「登校式の知らせは、生き残った子どもの保護者だけに送られました」とかつらさん。「『子どもは亡くなってしまったけれど、わたしたちはまだ大川小学校の保護者なんじゃないの？』とわたしは感じていました。学校から説明はありません。なんの言葉もありません。この柏葉という校長は学校に一度か二度やってきましたが、自らの手を泥で汚すことすらありませんでした。そして、その校長が〝笑顔〟について話す姿をわたしたちはテレビで見たんです」

かつらさんはさらに続けた。「子どもたちが埋葬されるまえに、学校に見捨てられたようなものです。その夜、あまりの怒りに眠ることができませんでした。夫にも『こんなことを赦していいの？』と言いました。それで、不思議に思ったんです。こんなふうに考えているのは、わたしだけなんだろうかって」

説明

震災から四週間後、大川小学校の監督当局である石巻市教育委員会は、学校で亡くなった子どもたちの家族のための「説明会」を開いた。登校式のあとに教育委員会に殺到した怒りに満ちた非難の声を受けて、大慌てで手配されたかのような印象があった。土曜日の夜、大川小学校の間借り先である内陸の学校で説明会は開かれた。報道関係者の参加は認められなかったものの、保護者のひとりがその様子をビデオで撮影していた。映像のなかでは、緊急時の日本の公務員の制服である青い作業服を着た教育委員会の職員五名にくわえ、柏葉校長が横に並んで坐っている。向かい側には総勢九七人の保護者や親戚が椅子に坐り、その背中がビデオカメラの映像に映っていた。室内には暖房が効いておらず、映像内の誰もがコート、帽子、マフラーに身を包んでいた。

説明会はほぼ形式どおりに、教育委員会の今野事務局長による挨拶から始まった。「みなさん、おばんでございます(1)」と言うと、続けて彼は謝罪した〔以下、説明会内の発言は原文準拠〕。「たいへん申しわけございませんが、声が出なくなって聞きづらいと思います。最初のほうだけお話しさせていただきます」と事務局長はしわがれ声で言った。「被害を受けられたみなさまに心からお見舞い申し上げます。とくに、亡くなられた方々のご冥福を心からお祈り申し上げます。この四月に、希望に胸を膨らませて、春を迎えるはずだった子どもたち。しかし、この三月の一一日のあの大震災、大津波が私たちの日常のほんの小さな喜びを一瞬のうちに奪ってしまいました。大川小学校の子どもたち、多くの教職員のかけがえない尊い命が失われ、とてもつらい春になりました」

日本における公の場の集会は概して型どおりで退屈なことが多く、決まり文句ばかりが繰り返されるだけで、対立や激しい言葉の応酬はほとんどない。しかし、今野事務局長の次に柏葉校長が話し出すと、今回の集会がいつもどおりのものにはならないことがはっきりした。

悲しみと怒りは、学校の関係者全員の評判を悪化させた。多くの人にとって、柏葉照幸という人物を客観的に見ることはもはや不可能だった。背が低くぽっちゃりとした体型で、白髪頭の五〇代後半の男性、それが柏葉校長だった。楕円形の眼鏡をかけ、緊張したり熟考したりするときに唇を噛む癖があった。彼は教頭として別の学校に一〇年ほど勤めたのち、震災の二年前の四月に大川小学校に赴任した。震災前でさえも、柏葉校長の人物像を詳しく知る者は誰もいなかった。校長就任から二年たっても、彼が校長であることすら知らない保護者もいたほどだった。

その日の午後に学校を離れていたことについて、柏葉校長に落ち度はなかった。彼がどれほどの恐怖と苦悩を感じたのか、それは誰にもわからない。しかし、校長は深刻な判断ミスを犯した。まず、震災発生後に現地に戻るまでに時間がかかりすぎた。次に、実際に姿を現したときの行動がひどかった。柏葉校長は遺体を捜す手助けをしようともしなかったし、する素振りさえ見せなかった。それは決して赦されることではなかった。最初に学校にやってきたとき、彼はマスコミからの質問に答え、持参した高価なカメラで写真を何枚も撮った。別の日には、学校の金庫を心配そうに捜す姿を目撃されている。

説明会が開かれるまでの一ヵ月のあいだに、保護者たちの憤怒と悲嘆は募りに募っていた。その晩、柏葉校長こそが怒りの対象なのだと彼らは気がついた。

「三月一一日の午前中まではですね」と、発言の順番がやってくると柏葉校長はもごもごと話し出した。「子どもたちの笑顔と先生方の笑い声があったんですが、ほんとうにいまは七四名の子どもとですね、一〇名の先生方を失って、ほんとうに申しわけございません」

「聞こえません！　大きい声でしゃべってください」という声が保護者席から飛んだ。

「マイクでもあるといいんですけどね」と別の誰かが言った。

柏葉校長は続けた。「校庭に、校舎のまえに立ったときにですね、子どもたちの顔が浮かんできて、すごくつらかったです」

「いつ来たんですか？」と誰かが遮った。

「そうです。いつ来たんですか？」と誰かが加勢した。

動揺した様子で校長は答えた。「三月一七日です」

「うちの娘は一三日に死にました」

柏葉校長は頭を下げ、「申しわけございません」と言った。「対応の遅さ、不手際、いっぱいあってほんとうに申しわけございませんでした」

その瞬間、集まった保護者のあいだに戦慄が走った。室内の人々が、予期せぬ存在に気づいたのだ。その人物は黒い服に身を包み、いちばん左側に坐っていた。頭と肩を丸めて机に突っ伏すように坐り、その顔はほとんど見えなかった。

のちに彼に対して大きな不信感を抱くようになる人々でさえ、震災前の遠藤教諭は人気のある優秀な教師だったと認めた。眼鏡をかけた四〇代後半の遠藤教諭は控え目な性格の持ち主で、学校の小さな序列のなかで上から三番目にいた。教務主任だった彼は学級を受け持ってはいなかったものの、各学年にまたがって理科を教えた。「子どもたちは先生とても仲がよかったんです」と今野ひとみさんは教えてくれた。「大輔は自然科学クラブのメンバーで、遠藤先生は子どもたちにシカの角を見せてくれたり、釣り針の作り方を教えてくれたり……ワニやらピラニアやら、いろんな話を聞かせてくれたそうです。子どもたちにとっては、すばらしい先生だったんですよ」

大川小学校に赴任するまえ、彼は北東に一〇キロほど離れた相川《あいかわ》という漁村で教鞭を執っていた。相川小学校での彼の仕事のひとつに、災害準備があった。多くの教師はこれを日常業務の一環として扱い、避難訓練の実施と保護者の電話番号リストの更新だけで済ませた。ところが、遠藤教諭はさらにもう一歩踏み込んだ。相川小の既存の緊急マニュアルには、津波警報が発令された際、児童と職員は三階建ての校舎の屋上に避難するべきだと書いてあった。遠藤教諭はそれを不充分だと判断し、学校の裏山の急な斜面を登って神社に避難するべきだとマニュアルを書き換えたのだった。(2)

相川小学校は海からわずか二〇〇メートルほどの場所に位置し、海抜ゼロに近い平らな土地に建っていた。三月一一日に襲ってきた津波の高さは一五メートルにも及び、学校は屋上まで水没した。もし屋上に避難していれば、みんな死んでいたにちがいない。しかしながら、教師と子どもたちは改訂された手順に従ってすぐに裏山に登ったため、怪我人ひとり出ることはなかった。つまり、以前の勤務先である相川小学校では、遠藤純二教諭こそが何十人もの命を救ったといっても過言ではなかった。

ほかの状況下であれば、遠藤教諭は同情と賞賛の対象となっていたかもしれない。しかし震災翌日の朝以降、彼はどこかに雲隠れしてしまった。居場所が杳《よう》として知れず、彼の口から直接話を聞くことができなかったせいで、臆測が臆測を呼んでいた。しかしいま、その人物が眼のまえにいた。

教育委員会の加藤茂実《かとうしげみ》指導主事が口を開いた。「いまから説明します遠藤純二先生ですけれども……本人も怪我をしていますし、あのとき脱臼《だっきゅう》、凍傷《とうしょう》にかかって病院に行ったり、いまはもう精神的にもすごい病んだ状態になっていますので、そのへんも踏まえて考えていただいて、聞いてほしいと思います」

「親だって病んでんだよ」と誰かが言った。「ふざけんなよ」

見るからにひどく疲弊した苦しそうな様子で、遠藤教諭は口を開いた。彼の頭と上半身は、床とほぼ平行になるほど前のめりだった。たびたび感極まって言葉を詰まらせ、いまにも倒れてしまいそうに見えることが何度もあった。

「すいません」と彼は話し出した。「助けられなくて、ほんとうに申しわけありませんでした」

その瞬間、ヤジが収まった。

「私が、当日のことをこれからお話しさせていただきます。記憶が抜けているところもありますので、そういうところはお許しください」

「当日は金曜日でしたので、全校五時間授業でした」と遠藤教諭は具体的な説明を始めた。

「ちょうど揺れがあったとき、子どもたちは下校の準備をして、ほとんどが帰りの会をして教室にいたときだったと思います……すでに電気が落ちてマイクが使えない状態でしたので、二階に、それぞれの教室に走って、とにかく『机の下にもぐれ、ずっと机を押さえていろ』とそれぞれの教室に行きました。そのとき、子どもたちは、すごく怖がっていたんですが、それぞれ担任の先生たちは子どもたちに『大丈夫だから、しっかり机につかまって頭を入れろよ』と声をかけていました。それで、そのあと一度職員室に戻ってきて、いくらか揺れが収まったのを見て、すぐに校庭に避難ということで、もう一度それぞれの教室をまわって、外に出るように、避難をさせました」

遠藤教諭は校舎内に残り、教室とトイレをまわって残留者がいないか確かめた。彼が校舎の外に出るまでに点呼が終わり、子どもたちは校庭の地面に坐っていた。「なかにはパニックになって吐いているお子さん、それから泣きつづけているお子さんがいて」と遠藤教諭は言った。「先生たちは、その子たちをなんとか落ち着かせようとしていました。雪が降ってきて、なかには裸足で逃げた子もいたので、すごく寒がっていましたので、とくに一年生、二年生の教室からジャンパー、それから上靴を取りにいって履かせたりしました」

釜谷地区の住人も小学校に集まりはじめた。揺れが収まらないうちに逃げてきた彼らは、学校の体育館に避難することを望んだ。割れたガラスが散乱しているため、避難場所としてはふさわしくないと遠藤教諭は説明した。「そうこうしているうちに」と彼は続けた。「保護者の方が迎えにいらっしゃって、それを教頭中心になって名簿で引き渡しをしていました」

遺族から声が上がった。「なぜそういうことをすんの？　空いてる車にみんなつっこんで山さ逃げれば、みんな助かったんだぞ」

遠藤教諭は質問に答えずに続けた。「その後、津波が来るっていうことがわかって、ひとつはもちろん山にということもありました。でも、あまりに揺れが強いこと、ずっと断続的に揺れて、私が……」

声が次第に小さくなっていった。その後の話はまとまりがなく、出来事の順番も文法もめちゃくちゃだった。「それで津波が来たときに」と彼は再び話し出した。「いちばん学校のなかで、まさかあんな大きな津波が来るということは考えられなかったので、体育館のギャラリーか、校舎の二階の安全なところに避難できるかどうかというので、私が、建物の傷みが激しかったので、校舎に入って二階を見ていました。そこから、なんとか校舎のなか、いろいろ倒れてはいたんですけれども、入ることはできるというので中庭を通って戻ってきましたら、すでにそのとき、地域の方と一緒に間垣の堤防のいちばん高いところに避難するというので、移動を始めていました」

目的地は四〇〇メートルほど離れた橋のたもとの三角地帯で、県道を曲がったさきにあった。列になった子どもたちは、学校の裏から釜谷交流会館の駐車場へと抜けていった。遠藤教諭は最後尾についた。

駐車場を通り抜けるあいだ、彼は強力な風が押し寄せてくるのを感じた。

遠藤教諭は続けた。「ものすごい突風と、聞いたこともない音が聞こえてきて、最初、何が起こったかわからなかったんですが、学校のまえの道路のほう、釜谷の道路のほうを見たら、ものすごい高さの津波が道路に沿ってくるのが見えました」。子どもたちの列は、やってくる波のほうにまっすぐ進んでいた。遠藤教諭はとっさに「山だ、山だ、こっちだ！」と叫び、子どもたちに反対側の学校裏のほうに逃げるように促した。「山のところにたどり着いたときに」と彼は言った。「もう私も雪で滑って登れなくて、まわりに子どもたちもいました。

そして、山の斜面についたときに杉の木が二本倒れてきて、私は、右側の腕のところと左の肩のところにちょうど杉の木が倒れて、はさまる形になりました。その瞬間に波をかぶって、もう駄目だと思ったんですが、波が来たせいかちょっと体が、木が軽くなって、そのときに斜面の上を見たら、数メートル先のところに三年生の男の子が『助けて』と助けを求めて叫んでいました。私は、眼鏡がなくなって靴もなくなっていたので、とにかく『上に行け、行け』、絶対にこの子を助けなきゃいけないと思って、とにかく『死んだ気で上に行け』と叫びながら、その子を押し上げるようにして、斜面の上に必死で登っていきました」

そのころまでに、雪が降りはじめていた。少年は水をたくさん呑み込み、彼の服も遠藤教諭の服もずぶ濡れだった。「もう下に行くことは無理だと思ったので」と遠藤教諭は続けた。「なんとかこの子を一晩山のなかで過ごさせなきゃいけないと考え……」。ふたりは一本の木の根元に窪みを見つけ、松葉の上に坐って肩を寄せ合った。「でも、音がどんどん近づいてくるのと、それから、気のせいかもしれませんけれども、余震が来て揺れるたびにメキメキと木が倒れる音がしました。その子も、『まだ近寄って来る来る、こわいこわい、上に行こう行こう』と言うので、そこから外に出て、さらにいちばん高いところあたりまで行きました」

山の上の地面は厚い雪に覆われていた。そのとき遠藤教諭は、木にぶつかったほうの腕が動かないことに気がついた。肩に寄りかかった児童がうとうとしはじめると、濡れた服のまま眠る小さな体の少年のことが心配になった。「だんだん暗くなってきて、寒さも厳しくなってきました」と彼は証言した。「このままでは三年生の子も凍死してしまうのではないかと思いました」

あたりには漆黒が広がるだけで、眼鏡をなくした遠藤教諭にはほとんど何も見えなかった。それでも、山の反対側まで歩いて下りていけば、雄勝峠からつながる道路に逃げた車や運転者に出くわすかもしれないと考えた。「その子に眼の代わりになってくれと言って」と彼は説明を続けた。「ここは下りられそうかと訊きながら、少しずつ下りて……そして、歩いていったときに、雄勝に行く途中の道のところで車のライトが見えたので、少しずつそちらのほうに行って、ちょうど家の人がいましたので、『助けてください』ということで、助けてもらいました」

その後ふたりは入釜谷へとたどり着き、そこで今野ひとみさんに目撃されることになる。翌日、遠藤教諭は石巻市内の病院で治療を受けたのちに帰宅した。

彼は言った。「いま、記憶が抜け落ちている部分もあるんですが、私が当日こうだったということは、概ね以上です」

遠藤教諭はさらに言葉を継いだ。「ほんとうに、毎日、学校で中庭で元気に遊んでいる子どもたちの夢とか、直前まで卒業式の用意をしていた先生たち、教頭先生はじめ、その夢を毎日見ます。ほんとうにすみませんでした」

そこまで言うと、彼は頭と上半身をまえに投げ出して机の上に突っ伏した。途中、遠藤教諭が床に倒れ込みそうな姿勢になると、教育委員会の職員たちがさっと立ち上がって体を支えた。彼のむき出しの苦悩は、生傷のように痛々しかった。職員たちはこのとき、遠藤教諭が彼らの代わりにすべてを提供してくれたと考えたにちがいない。職員たちに提供できるのは、堅苦しいほどの丁寧さと、心の痼《しこ》りについての見せかけの美辞麗句だけだった。しかし、遠藤教諭の絶望的な痛み、生き残ったことへの苦しみは絶対的なものであり、そこに反論の余地はなかった。今野事務局長、柏葉校長、ほかの役人たちは、これで説明会が終わることを望んでいたのかもしれない。恐ろしい一件の終わりが始まるにちがいない、と。遠藤教諭の説明が終わったことに対して、参加者たちが頭を整理するあいだ、室内は沈黙に包まれた。説明会は分岐点に差しかかろうとしていた――どちらに転んでもおかしくはなかった。そのとき、保護者席の男性が口を開いた。

幼い息子と娘を大川小学校で亡くした父親だった。「先生、校長先生も、教育委員会もそうなんだげっども」と彼は少しばかり落ち着いた口調で話しはじめた。この呼びかけを聞いた職員たちは、これ以降は話し合いが安定的で予測可能な流れに乗って進むだろうと期待を高めたにちがいない。

「どうして次の日に早く来てくれなかったの？」と彼は柏葉校長に問いかけた。「なんで子どもの流れた方向教えてくれなかった？　なんで一七に来てんの？　いま、見つかっていない子ども、何人いっかわかる？　名前言える？　死んだ子ども、名前言える？　残っている遺族だってさ、みんな頭がおかしくなってるよ……一〇人まだ寝でんだぞ、あんなかさ」

父親が立ち上がって歩み出ると、テーブルのうしろに坐る関係者たちは床に視線を落とした。青いウィンドブレーカーを着た彼は、手に持った何かをかざし、下を向いたままの職員たちの顔のまえで振って見せた。

「わがっか、この靴？」と父親は声を荒らげた。「靴だけしか、けってこねよ。こんなめちゃめちゃに壊れて……」と言って彼がテーブルに靴を投げつけると、今野事務局長が体をぴくりとさせた。「おいの娘、靴があ？」と彼は絶叫した。「残りの一〇人、毎日、どんな思いであすこで親、探してっと思う？　見つかった親も、そうだべっちゃ。あそこに行がなきゃ、頭おかしくなるよ」

説明会は二時間半に及んだ。にもかかわらず、柏葉校長やほかの関係者が実際に言葉を発した時間は合わせて数分ほどだった。ときどき、情報を求める声が上がると、歯切れの悪い不完全な答えが返ってきた。津波警報の内容は？　情報はどのように伝わってきたのか？　柏葉校長は何をしたのか？　何をしなかったのか？　その行動はいつのことだったのか？　しかしほとんどの時間は、参加した保護者が順に叫び、怒鳴り、嘆願し、ささやき、泣くことに費やされた。彼らの怒りのほぼすべては、校長という人間ただひとりに向けられた。ビデオのなかの校長は床をじっと見据えて坐っていた。告発者たちの顔は見えなかった。しかし、校長を非難する彼らの背中は震えていた。

――この、タヌギおやず！

――おだづなよ、おめ。

――一生かげで、八〇人死んだがきどものかだぎとってやっからな、この。どごさも逃がさねど。

日本では、とくに公の場で教師や政府の役人に対して、人々がこのように話すことはめったにない。これらの言葉の荒々しさ、彼らがあらわにする感情の強烈さは、文字では表現できないほど激しいものだった。

ある女性が言った。「一二日に帰ってくるって信じでたんです。みんな信じでたんです。学校信じてたんです。学校だから大丈夫だって」

ある男性が言った。「毎日、息子、娘や、泣ぎ叫んでや、お父さん助けてって言ってんの、夢さ出てくんの。頭さ、脳裏さ離れねえんだよ」

「あんなぐ変わってさ、一ヵ月もたって」とある父親が言った。「腐ったものがあいず。人なんだど、人。あそごさ上げらいで、布かぶせらいで、たがいでが。おだづなよ、この、んめら。んめらの子ども、そいなぐなってから、もの語れ、この」

次から次へと発せられる言葉の多くは、質問という形態をとっていた。「校長先生、なんでさ、いま、行方不明のさ、一年生何人、二年生何人、三年生何人、四年生何人、五年生何人、六年生何人、なんでわがんねの？ ……そごでっさ。そこでそうやって紙開いで、読み上げ入るんだよね。何っしゃ、そいず。そいなぐなっぺっちゃ。わかりますって、紙開ぐのが。おらいのがぎども、残ってる一〇人、紙だげが？　顔も何も浮かんでくるわげねえべや、ほいで」

その悲しみを癒すものなどなかった。が、遺族は何か謎めいたものを求めていたわけではなかった。その場にいた職員がもっと繊細な心の持ち主であれば――形式にとらわれず、パニックに呑み込まれることもなければ――説明会は一八〇度ちがう方向に向かっていたかもしれない。保護者たちが望んだのは、自分たちの悲しみへの理解、喪失に対する小さな認識だけだった。〝役所の一部門〟ではなく、仲間の人間に接しているという感覚だけだった。熱がこもるにつれ、保護者たちは標準的な日本語の回りくどい表現を放棄し、より聞き取りにくい東北弁で単刀直入に感情を表現した。職員たちはそれに面と向かって対峙しようとはせず、逆の方向へとあとずさりし、より慎重で血の気の感じられない話し方に徹するようになった。

行方不明者の捜索について訊かれると、今野事務局長はこう答えた。「いま、あの、自衛隊の方、中央の方、警察の方も一生懸命、遺体の収容については、行なっていただいております。まだ、残念ながら見つかっていない方についても、今後はですね、瓦礫のなかとかってという形でですね、捜索は続けるということでございます」

子どもたちの共同葬儀の計画について追及されると、柏葉校長は答えた。「委員会の方と相談して、遺族の方と話をして、やるかということは決めていきたいと思いますけど」

「いまから考えるんですか？　いままで、そういう話してないの？」と誰かが叫んだ。

さらに保護者たちの発言は続き、止まることはなかった。

――校長先生、地震から津波までの一時間のあいだの子どもたちの気持ち、考えたことありますか？　どんなに怖かったか、考えたことありますか？　お母さん、お父さん、早く迎えにきてっていう叫びや、叫んで叫んで冷たい思いして、怖い思いして、その気持ち考えたことありますか？（山あんだど、山！）

――わがっか、あそご、初めて見たとき、松の木だらけで、希望もくそもねぐなって、どっから探したらいいべ。道路できでがらさ、来た人たち、何もわがんねべ。あそこ、水のなか、長靴はいで、長靴のなかさ、水入って、がっぽがっぽって歩いた人だちの気持ちなんて、わがんねべ。自分の子ども見っけでもさ。見つかっても、あそごさ、まだ来てけんだよ、ほかの人が、親なんか。ほかの子ども、見つけでけっぺって来てけんだよ、みんな。ほいづなのに、なんや校長、学校のもの（金庫）探すさ来たって。おだづなよ、この。んめ、探すの、学校の用が。

――校長先生は、捜索とかできないんですか？

――スコップねえなら、なんぼでも貸してけっから。

――長靴ねえごって、なんぼでもやっから。

――革靴しか、もってねえんだべがら。

――カメラが、もってんの。カメラもってだってな、子どももなんて探さいねんだ。

――田舎の父ちゃん母ちゃんだと思って甘く見ないでくださいね。

――こっちの田舎のほうだがら、そうなんでねえの。町なかだったらすぐやんでねえの？

――さっき、四年かがって子どもできたっつうけれども、私らもやっとできた子どもなんだ。これもたったひとりだ。なんとがしてけろ。

――返してください。

――毎晩、どうしたらいいの？

――ほんとうに、愉しみにしてたのに。

――ほんとうに返してけろ。

――そうだ！

――返せ！

説明会が終わったときには、すでに夜九時をまわっていた。柏葉校長は見るからに茫然としていた。参加した保護者のなかには、発言こそしなかったものの、校長に同情を感じた人も多くいた。彼らはただ、飛び交う怒号に圧倒されていた。いま、保護者たちの頭のなかにはさまざまな考えが駆け巡っていた。多くのことは未解決のままだった。しかし少なくとも、憔悴しきった遠藤教諭からついに話を聞くことはできた。空白の時間に校庭で何があったのか、説明を聞くことができた。それは、誰もが知りたくてたまらない情報だった。彼の説明によって、津波警報が発令されていたこと、その情報を知った教師たちが――遅すぎたとしても――きちんと対策をとろうとしていたことが明らかになった。

その説明会には、下平蓮人《しもだいられんと》くん（仮名）――遠藤教諭が津波のあとに一緒に山中で過ごし、その体を温めて助けたという九歳の少年――の母親も参加していた。説明会のあと、彼女は遠藤教諭のところに行って感謝の言葉を伝えた。ふたりが話していると、息子を亡くした別の母親がそばにやってきた。自分の息子について何か覚えていることがないか、遠藤教諭にどうしても訊きたかったのだ。多くの両親と同じように、彼女は息子の最期の瞬間について知りたかった。息子が発した言葉をひとつかふたつ、あるいはその表情についてでもよかった。ところが、教育委員会の職員が「遠藤教諭は体調がすぐれないので」と言い、その母親を遮った。

その後すぐに、説明会での遠藤教諭の証言のほとんどが真実ではなかったことが発覚する。その晩を境に、彼はまた姿を消した。

幽霊

私が東北で出会った金田《かねた》諦應《たいおう》住職は、津波に呑み込まれた死者の魂の除霊について教えてくれた。幽霊を見たという話が被災者のあいだでささやかれるようになったのは、震災の年の秋になってからのことだった。が、金田住職のもとに最初に〝憑依《ひょうい》〟についての相談が舞い込んだのは、地震から二週間もたたないある日のことだった。彼は、宮城県内陸部にある栗原《くりはら》市の禅寺・通大寺《つうだいじ》の住職だった。三月一一日の地震の揺れは、住職にとっても、彼の知り合いの誰にとっても、人生で経験したなかでもっとも激しいものだった。寺の本堂の太い木の梁《はり》が曲がり、ミシミシと音が鳴った。電気、水道、電話が数日にわたって止まった。電気を奪われた栗原市民たちは——津波に襲われた海岸から五〇キロほどの場所にいたにもかかわらず——実際に何が起きていたのか、地球の反対側のテレビ視聴者よりも漠然とした考えしかもっていなかった。しかし、やがて状況は明らかになった。まず、埋葬するべき遺体とともに数組の家族が金田住職の寺にやってきた。その後、遺体がひっきりなしに到着するようになった。

この地震では、いっときに一万八〇〇〇人以上の人々が亡くなった。わずか一カ月のあいだに、金田住職は二〇〇人の葬儀を執り行なった。その死の規模よりも悲惨だったのは、生き残った遺族たちの姿だった。「みんな泣いていませんでした」と金田住職は振り返る。

「まったく感情がないんです。失ったものはとても大きく、死はあまりに突然やってきました。遺族たちは自らが置かれた状況に関する事実を別々に理解していました——家を失い、生活を失い、家族を失った。みんなそれぞれのピースについては理解していましたが、全体像をとらえることができなかった。何をすべきか、ときに自分たちがどこにいるのかも理解していませんでした。正直、まともに会話をすることはできませんでした。私にできるのは、そばに寄り添い、経を唱え、葬儀を執り行なうことだけでした。それだけが、私にできることでした」

このような無感覚と恐怖のなかで、金田住職のもとにひとりの男性がやってきた。建設業を営む地元の知り合いだった。私はこの人物を小野《おの》武《たけし》さんと呼ぶことにする。

小野さんは自らの経験を恥じ、本名の公開を望まなかった。私ははじめ、何が恥ずかしいのか、その理由がよくわからなかった。彼はがっしりとした体軀の三〇代後半の男性で、青いつなぎの作業服がいかにも似合うタイプだった。若々しく豊かな髪の毛は、いつもぼさぼさだった。「小野さんはじつに純粋な人です」と金田住職は私に言った。「彼はすべての物事を額面どおりに受け取ります。あなたはイギリスのご出身ですよね？　あなたの国の人でたとえるなら、小野さんはミスター・ビーンのような人です」。私としては、小野さんについて滑稽な部分を感じたことはなかった。とはいえ、小野さんにはどこか夢見心地で天真爛漫《てんしんらんまん》なところがあり、それが彼の語る物語の信憑性をよりいっそう高めたのだった。

地震が起きたときに住宅の建築現場にいた小野さんは、揺れが続くあいだ地面にしがみついていた。現場に停めてあった大型トラックも激しく揺れ、いまにも転倒しそうなほどだった。自宅に戻る道路の信号が停電しており、小野さんはひどく不安になった。それでも、物理的な被害は驚くほど少なかった。電信柱が何本か斜めに傾いたり、いくつかの民家の庭の塀が崩れたりする程度だった。小さな建設会社を営む彼の家には、地震による不便に対処するための品々がすべてそろっていた。それから数日間の小野さんは、キャンプ用コンロ、発電機、ガソリンの携帯缶などの準備や設置に大わらわで、ニュースに注意を払う時間はほとんどなかった。

ところが、いったんテレビを見る余裕ができると、実際に起きたことについて意識せずにはいられなかった。小野さんはとめどない映像にさらされた。爆発した原子炉からもくもくと立ち昇る煙のリプレイ映像。港、家々、ショッピングセンター、車、人影にバリバリと音を立てて襲いかかる黒い波をとらえた携帯電話の動画。そんな映像に映るのは、生まれたときから見知った場所ばかりだった。丘と山を越え、一時間も車を走らせればたどり着くような漁師町や浜辺だった。破壊の光景は、小野さんのなかに無関心で冷淡な感覚を作り出した。その感覚は、当時、自宅や家族を失った直接的な被害者のあいだにも蔓延していたものだった。

「生活はすぐにふだんどおりに戻りました」と小野さんは私に語った。「私の家にはガソリンもありましたし、発電機もありました。知り合いで怪我をした人も死んだ人もいません。津波を自分の眼で見たわけでもないので、まるで夢のなかにいるような気分でした」

震災から一〇日後、小野さんは妻と母親とともに車で山を越え、被災地の様子を自ら確かめにいった。

朝、三人は軽快に出発し、途中でショッピングを愉しみつつ、昼食の時間までに海辺にたどり着いた。道中のほとんどのあいだ、車窓に映るのはいつもながらの景色だった——

茶色い田んぼ、瓦屋根の木造の家、流れの緩やかな幅広の川にかかる橋。しかし丘陵地帯の坂道を上ると、緊急車両の数がどんどん増えていった。警察や消防の車にくわえ、自衛隊の緑色の大型トラックも視界に入ってきた。道路が海岸沿いへと下るにつれて、三人ののんきな気分は消えていった。現在地がどこかを理解する間《ま》もなく、突如として車は津波の被災地に入っていた。

事前の警告もなければ、徐々に被害が増えるわけでもなかった。波は最大の力で押し寄せ、すべての力を放出し、再び引いていった。波がどの地点まで届いたのかは一目瞭然だった。その高さより上では、何も被害はなかった。その高さより下では、すべてが変わっていた。

この時点で、小野さんの物語に〝恥〟の要素が入り込んでくる。彼は、訪れた場所や自らの行動について細かく説明することを嫌がった。「瓦礫を見て、海を見ました」と小野さんは言った。「津波の被害を受けた建物を見ました。被害の様子そのものだけではなく、雰囲気に圧倒されました。そこは、かつて私がよく訪れたことのある場所でした。変わり果てた姿を見るのは、大きな衝撃でした。それに、大勢の警官や自衛隊員がいる。簡単には説明できません。危険な場所だと感じました。『これはひどい』というのが最初の印象で、次に感じたのは『これは現実なのか？』というものでした」

その晩、小野さんはいつものように妻と母親と一緒に夕食をとった。食事中、小さな缶ビールを二缶飲んだという。食後、特別な理由もなく、彼は携帯電話で友人に電話をかけはじめた。「ただ電話をかけて、『元気か？』などと訊いただけでした。とくに話すこともありませんでした。でも、なぜかとても人恋しく感じはじめていたんです」

翌朝、眼を覚ましたとき、妻はすでに家を出たあとだった。その日は仕事が休みだったため、自宅でだらだらと一日を過ごした。忙《せわ》しなく家を出入りする母親が、どこか取り乱しているように見えた。怒っているようにさえ見えた。仕事から戻ってきた妻も、同じようにピリピリとしていた。

「何かあったのか？」と小野さんは尋ねた。

「あなたとは離婚する！」と妻は答えた。

「離婚？　どうして？　なんで？」

妻と母親は昨晩の出来事について説明した。小野さんが、友人たちへの一方的な電話を終えたあとのことだった。はじめ、彼は飛び上がって四つん這いになり、畳と布団を舐め、獣《けもの》のように身をよじらせた。はじめ、この突飛な行動に妻と母は苦笑いしていたが、小野さんが発した言葉にふたりは声を失った――「死ね、死ね、おまえら死ね。みんな死んで消えてしまえ」。次に、彼は家のまえにある手つかずの畑へと走っていき、ぬかるんだ地面に倒れ込んだ。あたかも波に揉まれているかのように何度も転げまわり、「あっち、あっちだ！　みんなあっちにいるぞ。見ろ！」と絶叫した。それから立ち上がると、「あんた方のところに行きます。そちら側に行きます」と叫びながら、畑をさらに奥まで進んでいった。ほどなくして、妻が無理やり彼を家へと連れ戻した。その後も一晩じゅう、身悶《みもだ》えと叫び声は続いた。朝の五時ごろ、小野さんは「おれの上に何かいる」と喚《わめ》き、その場にくずおれて眠り込んだ。

「妻と母はとても不安そうで、動揺していました」と彼は言った。「もちろん、ほんとうにすまないと謝りました。でも私としては、自分の行動についても、その理由もまったく記憶にないんです」

同じことが三晩も続いた。

翌日の晩、夜の帳《とばり》が降りると、小野さんは家のまえを通り過ぎる人影を見つけた——親子連れ、友人同士の若者の集団、祖父と子ども。「みんな泥だらけでした」と彼は言った。「五メートルほどさきの場所から、こちらを見つめてくるんです。でも、怖くはありませんでした。私はただ考えていました。あの人たちはどうして泥だらけなんだろう？　どうして着替えないんだろう？　洗濯機が故障しているのかなと。昔の知り合い、あるいはどこかで見かけた人々のようにも思えました。映画のフィルムみたいに、その場面はちらついていました。だけど、私はまったく正常な感覚で、みんな普通の人間なんだと考えていました」

翌日の小野さんは、ぐったりとして抜け殻のような状態だった。夜になって横になると一〇分だけ深い眠りが訪れ、八時間の睡眠をとったかのように元気な気持ちで眼を覚ました。しかし歩き出すと、脚はふらふらだった。彼は妻と母親をにらみつけ、最後に包丁を手にとって唸った。「死ね！ みんな死んだんだよ。だから死ね！」

三日にわたって家族に説得され、小野さんはついに通大寺の金田住職のもとを訪れた。「その眼はうつろでした」と住職は言った。「薬を飲んだあとのうつ病患者のように。一目見ただけで、何かおかしいとわかりました」。小野さんは海辺への訪問について話し、妻と母はその日以降の彼の奇行について説明した。「話をするあいだ、住職が鋭い目つきでこちらを見てきました」と小野さんは言う。「私の一部がこう叫んでいました。『そんなふうにこっちを見るな、バカ野郎。おまえなんか大嫌いだ！ どうしてそんな眼でおれを見るんだ？』」

金田住職は小野さんの手をとり、おぼつかない足取りの彼を寺の本堂へと連れていった。「住職に坐るように言われました」と小野さんはそのときのことを振り返る。「私はいつものの自分ではありませんでした。強い抵抗感があったのをいまも覚えています。でも、どこか安心する気持ちもありました。私は助けられたかった。住職のことを信じたかった。自分のなかにまだ残っている自分の部分が、救われることを望んでいたんです」

金田住職は木魚《もくぎょ》を叩き、般若心経《はんにゃしんぎょう》を唱えはじめた。

無眼耳鼻舌身意(1)　［眼もなく、耳もなく、鼻もなく、舌もなく、身体もなく、
無色声香味触法　心もなく、かたちもなく、声もなく、香りもなく、味もなく、
無眼界乃至無意識界　触れられる対象もなく、心の対象もない。眼の領域から意識
無無明　の領域にいたるまでことごとくないのである。
亦無無明尽　（さとりもなければ、）迷いもなく、（さとりがなくなるこ
乃至無老死　ともなければ、）迷いがなくなることもない。こうして、つ
亦無老死尽　いに、老いも死もなく、老いと死がなくなることもないとい
無苦集滅道　うにいたるのである。苦しみも、苦しみの原因も、苦しみを
無智亦無得　制することも、苦しみを制する道もない。知ることもなく、
以無所得故　得るところもない。］

小野さんの妻は、そのときの様子をあとになって夫に伝えた。住職の読経《どきよう》が続くなか、小野さんが両手を合わせて祈っていると、その両手が何かに引っ張られるかのように頭上高くに上がった。

羯諦羯諦波羅羯諦
波羅僧羯諦
菩提薩婆呵

［ガテー ガテー パーラガテー パーラサンガテー ボーディ スヴァーハー（往ける者よ、往ける者よ、彼岸に往ける者よ、彼岸に全く往ける者よ、さとりよ、幸あれ。）］

住職がお清めの水を振りかけると、小野さんの髪とシャツが濡れた。ふと我に返った小野さんは、自分の心が静謐《せいひつ》と解放の感覚に包まれていることに気がついた。「頭が軽くなっていました」と彼はそのときのことを語った。「その瞬間、いままでそこにあったものが消えていました。肉体的には元気になりましたが、ひどい風邪で臥《ふ》せっているときのように鼻だけが詰まっていました」

その後、金田住職は小野さんに厳しい口調で語りかけた。ふたりとも、何が起きたのかを理解していた。「小野さんは、ひどい被害を受けた被災地の浜辺を、アイスクリームを食べながら歩いたと言っていました」と住職は私に語った。「制止されないように、車のフロントガラスに〝災害援助〟と書いた嘘の張り紙までしていた。深く考えることもなく、安易な気持ちで行ったんです。私は小野さんに言いました。『あなたはバカ者だ。多くの人が亡くなったような場所に行くなら、畏敬の念をもって行かなければいけません。そんなのは常識です。あなたは、自分の行動に対してある種の罰《ばつ》を受けたんです。何かがあなたに取り憑いた。おそらくは、死を受け容れることができない死者の霊でしょう。その人たちはあなたを通して、後悔や憤りを表現しようとしたのです』」

当時のことを話しながら、金田住職は急に思い出したように微笑んで「そう、ミスター・ビーン！」とやさしく言った。「小野さんはとても純粋で無防備な人です。それも、死者たちが彼に取り憑くことのできたもうひとつの理由でしょう」

小野さんはそのすべてを認識していた。いや、それ以上のことを理解していた。彼に取り憑いたのは、人間の男女の魂だけではなかった。そのときの彼には、動物たちの姿も見えていた――飼い主たちと一緒に波に呑み込まれた猫、犬、家畜。

彼は住職に礼を言い、車で家に戻った。その後、カタル性炎症のときのように、鼻水がとめどなく流れてきたという。しかし出てきたのは粘液ではなく、見たこともないピンク色のゼリー状のものだった。

津波が押し寄せたのは、海から数キロほどの内陸までだった。しかしその津波は、山を越えた栗原市に住む金田諦應住職の人生を変えた。彼が住職を務めるのは、家族が代々引き継いできた長い歴史をもつ寺だった。津波の被災者に対応するという仕事は、住職にかつてない大きな試練を与えた。東日本大震災は、日本における戦後最大の災害だった。しかも、その痛みの大きさは計り知れないものだった。痛みは地面に穴を掘り、地中深くまでもぐり込んでしまった。緊急事態への対応が落ち着くと――葬式が終わり、遺体が火葬され、家を追われた被災者の避難がひととおり終わると――金田住職は沈黙の地下牢への潜入を試みた。そこで彼は、数多くの生存者の疲弊した姿を目の当たりにすることになる。

彼はほかの僧侶たちと一緒に海岸沿いをまわり、「カフェ・デ・モンク」と名づけた移動式〝傾聴〟イベントを開催した。「モンク」というのは、「僧侶」を意味する英語の「monk」と日本語の「文句」の語呂合わせだった。「平穏な日常に戻るには長い時間がかかると思います」と金田住職が配ったチラシには書いてあった。「あれこれ〝文句〟の一つも言いながら、ちょっと一息つきませんか？　お坊さんもあなたの〝文句〟を聴きながら、一緒に〝悶苦〟します」

お茶を飲みながら気軽に会話する――そんな表向きの宣伝文句に惹かれ、カフェ・デ・モンクが開かれた寺や集会所にはたくさんの人が集まった。その多くは「仮設住宅」に住む人々だった。冬は凍えるほど寒く、夏はうだるように暑い殺風景なプレハブの仮設住宅は、ほかのどこにも住む余裕がない人々が最後にたどり着く場所だった。僧侶たちは親身になって相手の話に耳を傾け、必要以上の質問をしないようにした。「みんな泣きたがりません」と金田住職は言った。「泣くことを利己的だと考えているんです。仮設住宅の住人のほとんどは、家族の誰かを失った人々です。誰もが同じ船に乗っているからこそ、自己中心的だと思われたくないのです。ところが、いったん話しはじめると状況は一変します。その言葉に耳を傾ける私たちには、相手の食いしばった歯の奥にある苦しみが伝わってくるのです。表現することができない苦しみ、表現しようとしない苦しみのすべてを感じることができます。そのうち相手の眼から涙があふれ出し、それはとめどなく流れつづけるのです」

はじめは申しわけなさそうにぽつりぽつりと、次第に滔々《とうとう》と、被災者たちは津波の恐怖、家族を亡くした痛み、将来への不安を語った。さらに、超自然的な出来事について話す人も少なくなかった。

他人、友人、隣人、死んだ家族の幽霊のようなものを見た、と語る人がいた。多くの人々が、自宅、仕事の現場、オフィス、公共の場、海岸、瓦礫だらけの町で心霊現象を体験した。その経験は、不気味な夢や漠然とした不安感といったものから、小野武さんのケースのような明らかな〝憑依〟まで幅広いものだった。

ある若い男性は、就寝中、何かの生き物が体にまたがっているかのような圧迫感に襲われると訴えた。ある一〇代の女性は、家のなかに居座る恐ろしい人影について話した。ある中年男性は、雨の日に外出するのが嫌いだと語った。水たまりに映る死者の眼が見つめてくるのだという。

福島県相馬《そうま》市のある公務員の男性は、荒れ果てた海岸沿いを訪れたとき、緋色の服を着た女性がひとり佇《たたず》む姿を見た。道路や民家からは遠く離れた場所で、近くには車も自転車も見当たらなかった。彼が再び視線を向けると、女性の姿は消えていたという。

多賀城《たがじょう》市のある消防署は、津波によって崩壊した住宅地への出動を要請する通報を何度か受けた。署員たちはとりあえずその場所に行き、瓦礫のまえで亡くなった人々の魂に祈りを捧げた。すると、幽霊からの電話は来なくなった。

仙台のタクシーに乗り込んできた悲しげな表情の男性は、もう建物が存在しない住所を行き先として告げた。途中、運転手がバックミラーを見ると、後部座席は空《から》だった。それでも彼は運転を続け、倒壊した家の土台のまえに車を停めた。それから丁重にドアを開け、眼に見えない乗客がかつての家に向かって降りていくのを待った。

被災者が集まる女川のある共同体では、仮設住宅の居間に昔の隣人が現れ、驚いた住人たちと一緒に坐ってお茶を飲んだ。その女性に死んだ事実を伝える勇気がある人は誰もいなかった。彼女が坐った座布団は海水で濡れていたという。

そのような話の数々は、被災地のいたるところから聞こえてきた。キリスト教、神道、仏教の宗教者のもとには、不幸な魂を鎮《しず》めてほしいという依頼がひっきりなしに舞い込んできた。ある仏教の僧侶はこの「幽霊問題」についての記事を学術誌に寄稿し、東北大学の研究者たちは物語の収集・整理を始めた。(2) 京都で開かれた学術シンポジウムのなかで、この問題が取り上げられたこともあった。

「信心深い人たちは誰もが、それがほんとうに死者の魂なのかどうか議論しようとします」と金田住職は私に語った。「私はその議論には参加しません。重要なのは、実際問題として人々がそういうものを見ているということです。震災のあとのこの状況下では、まったくもって自然なことでしょう。あまりに多くの人たちがいっときに亡くなった。自宅に、職場に、学校に波が襲いかかり、みんないなくなった。死者たちには、気持ちを整理する時間がなかった。残された人々には、さよならを伝える時間がなかった。家族を失った人々、死んだ人々――両者には強い愛着心があるのです。死者は生者に愛着があり、家族を失った者は死者に愛着がある。幽霊が出るのも必定なのです」

住職は続けた。「あまりに多くの人がこういった経験をしています。それが具体的に誰なのか、どこにいるのかをすべて特定するのは不可能なことです。だとしても、そのような人は数えきれないほどいて、人数も増えつづけている。私たちにできるのは、その徴候一つひとつに対処することだけです」

「あなたは信仰心が強いと思いますか？」という世論調査が行なわれると、日本は決まって世界でもっとも信仰心が薄い国のひとつにランキングされる。東日本大震災という大きな災害を通して私は初めて、この日本人の自己評価がいかに紛らわしいものかを理解することになった。事実として、仏教や神道などの組織的な宗教団体は、日本の個人的生活や国民としての生活にほとんど影響を与えていない。しかし何世紀にもわたって、仏教と神道は日本の〝真の信仰〟の儀式――祖先崇拝――のなかに組み込まれてきた(3)。

いまだ多くの家には家庭用の祭壇（「仏壇」）があり、亡くなった祖先を記念する銘板（「位牌」）が置かれている。「仏壇」は黒塗りの木材や金箔が使われた戸棚で、表面に花や木の彫刻が施されていることが多い。「位牌」は黒塗りの木製の長方形の銘板で、金色の文字が縦に刻まれている。仏壇に置かれた位牌のまえには、花、線香、食べ物、果物、飲み物が供えられる。死者の冥福を祈る行事である夏のお盆《ぼん》の時期になると、家族は灯籠《とうろう》を灯して先祖の霊を家に迎え入れる。それらの美しい風習や行事は、象徴的な意味合いをもつものでしかなく、たんなる習慣の一部にすぎないのだと私はかつて考えていた。西欧諸国の多くの住人たちは、儀式で発せられる言葉にはほとんどなんの価値も見いだしていないとしても、キリスト教に則《のっと》った葬式に参加する。日本の行事も、それと同じようなものだと思っていた。しかし日本では、霊的信仰（霊を信じること）は信仰心の一表現というよりも、単純な常識としてとらえられることが多い。そんな考えが何気なく当たりまえのように蔓延しているため、多くの人がその存在をつい見逃してしまう。「欧米社会における死者と日本の死者は、同じように死んでいるわけではない」[4]と宗教学者のヘルマン・オームスは指摘する。「われわれよりも、死者を生きた人間に近いものとして扱うことが、日本でははるか昔から当たりまえだとされてきた……死は生の変形であって、生の反対ではない」

祖先崇拝の中心には、ある契約がある――子孫によって提供された食べ物、飲み物、祈り、儀式は死者を喜ばせ、その死者は生きる者に幸運を授ける。これらの儀式をどれほど真剣にとらえるかは家族によって異なるとしても、信仰心の薄い人にとってさえも、家庭生活において死者は継続的な役割を果たしている。多くの場合、死者の地位は〝みんなから愛される少しボケた耳の遠い老人〟の地位に似ている。家族の中心にいることは望まれないにしろ、大切な機会には家族の一員として扱われる存在だ。若者たちは仏壇のまえに正座し、入学試験の合格、就職、結婚を先祖に報告する。くわえて、大切な訴訟での勝敗なども同じように先祖に報告される。

悲しみが生々しいほど、死者の存在は圧倒的なものになる。津波で子どもを失った家庭を訪れると、三〇分ほどお茶を飲みながらおしゃべりしたあと、亡くなった息子や娘に〝会いたい〟かどうか決まって尋ねられた。「はい」と答えると、私は祭壇へと案内される。額入りの写真、おもちゃ、大好物の飲み物やお菓子、手紙、絵、学校のノートが所狭しと置かれた祭壇だ。ある母親は、子どもたちの成長した姿――生きていれば、そうなることが予想される姿――を写した合成写真を飾っていた。人に頼んで作ってもらったというその合成写真のなかでは、死んだ小学生の男の子が高校の制服を着て誇らしげに笑っていた。一八歳で亡くなった女の子は、成人式の振《ふ》り袖《そで》姿で佇《たたず》んでいた。別の家の祭壇には、化粧品とアクリル製のネイルが飾ってあった。娘が一〇代半ばになったら、使うことになるはずのものだった。この家では、亡くなった子どもたちに〝話しかける〟ことによって毎日が始まった。長距離電話の相手と話すように、彼らは人目もはばからず泣きながら愛と謝罪の言葉を死んだ子どもに投げかけた。

津波は、先祖崇拝の宗教にとてつもない被害を与えた。

壁、屋根、人間と一緒に、波は仏壇、位牌、家族の写真を持ち去った。墓は骨壺ごと引き抜かれ、死者の骨はあたりにばらまかれた。寺院は破壊され、何世代にもわたる先祖の名前が書かれた「過去帳」も消失した。「位牌――それがどれほど重要なものか、言葉で表現するのは簡単ではありません」と金田住職の友人である僧侶で、東北大学准教授の谷《たに》山洋三《やまようぞう》さんが教えてくれた。「火事や地震が起きたとき、多くの人が最初に護ろうとするのが、お金や書類ではなく位牌です。位牌をとりに家に戻り、津波に呑み込まれて死んだ人も少なくないと思いますよ。位牌は命そのものであり、先祖の命なんです。位牌を護ることは、亡き父親の命を救うことと同じなんです」

怒りと苦悩のうちに暴力的な死、あるいは早すぎる死を迎えた人々は「餓鬼《がき》」になる可能性があると言われている。生死の世界のあいだをさまよいながら呪詛《じゅそ》と悪戯《いたずら》に明け暮れる飢えた亡者、それが餓鬼だ。そのような不幸な魂を鎮めるための儀式はあるにしろ、震災後の混乱のなかでは、ほとんどの家族はそんな儀式を行なえる状況にはなかった。なかには、子孫全員の命が津波で奪われたケースもあった。死後の世界での幸せのすべては、残された家族による畏敬の念の量にかかっている。地震によって子孫が途絶えてしまった場合、そのような畏敬の念が永遠かつ不可逆的に失われてしまったことになる。彼らの状況は、孤児の子どもと同じくらい無力なものだった。

世界じゅうどこであれ、津波は建物を破壊し、生きている者たちの命を奪う。しかし日本の津波は、眼に見えない独特の方法で死者に危害を加える。この地震では、いっときに数千の霊が生から死へと追いやられた。そして無数の霊が、死後の世界の鎖から解き放たれた。それらすべての霊を尊《とうと》ぶことなどできるだろうか？　生者と死者のあいだの〝契約〟を誰が護るべきなのか？　こんな状況のなかで、幽霊の大群の発生を防ぐことなどできるだろうか？

平塚なおみさんが亡き娘・小晴ちゃんとの会話を始めたのは、震災の年の夏のことだった。当初、ほかの知り合いの多くとはちがい、彼女は躊躇していた。東北地方にはシャーマニズムや多種多様な〝霊媒〟が深く根づいており、多くの遺族はそのような霊的行為に心のよりどころを求めていた。なおみさんは、その種の霊的才能の存在にもともと懐疑的だったが、それ以上にこの話題の扱われ方を忌み嫌っていた。とくにマスコミでは、この悲劇を薄気味悪いエンターテインメントに仕立て上げようとする傾向があった。なかでも、雑誌に掲載されたある記事に彼女はうんざりしていた。その記事には、一〇代の子どもたちが夜な夜な肝試しと称し、幽霊を見るために大川小学校の跡地を訪問していると書いてあった。

そのころ、小晴ちゃんやほかの行方不明児童の捜索はひどく難航していた。地面に広がる泥沼のなかで、そして官僚主義の複雑さという泥沼のなかで、捜索は袋小路に迷い込んでいた。なおみさんは、現地で捜索を行なう警官隊と緊密な関係を保ち、その指揮官たちと親しくなった。ある日、警察の提案になおみさんは驚かされた。知り合いに占い師や霊能者がいれば、ぜひアドバイスをもらってほしいと警察はなおみさんに言った。捜索するべき場所に関する手がかりがあれば、ぜひとも教えてほしい、と。

なおみさんは、友人から二〇代の若い男性を紹介された。死者の姿や声を見聞きする能力をもつと評判の人物だった。最近、その霊能者は富士沼の脇にある竹藪《たけやぶ》のなかで死者の声を聞いたという。その場所を捜索してみると、実際に骨が見つかり、行方不明の女性のものだと特定された。なおみさんはある晩、その若い霊能者と大川小学校の跡地で会う約束をした。七夕《たなばた》の季節だった。この祭りでは、詩歌や願いごとを書いた短冊《たんざく》を笹に吊るし、そのまわりに吹き流し、巾着《きんちゃく》、千羽鶴、人形などの美しい紙の飾り物を取りつけるのが習わしだ。蒸し暑い暗闇のなか、学校の骨組みと裏山のあいだをふたりは並んで歩いていった。裏山の小さな神社にたどり着くと、なおみさんは用意しておいた短冊を竹に結びつけ、小晴ちゃんの発見を祈った。風のない暑い夜だった。しかし、色紙はひらひらと躍り、静止した空気のなかで不気味に震えた。「飾り物を動かしているのは子どもたちですよ」と霊能者は言った。「七夕飾りに喜んでいるんです」

ふたりは、無造作に積み上げられた瓦礫の山々の横を歩いた。この小さな区域だけで、何百人もの人々が死亡した。瓦礫の山のなかには、まだ遺体が残されている可能性もあった。「声が聞こえてきます。子どもではなく、女性の声だと思います」と霊能者は言った。神経を集中させると、なおみさんにもその声が聞こえてきた。しかし、あまりにかすかな声で、言葉を聞き取ることはできなかった。「ごく普通の声でした」と彼女は言った。「まるで普通の会話のように聞こえました。でも、まわりを見まわしても、そこには誰もいませんでした」

なおみさんは言った。「わたしは、そういうことを信じるタイプの人間ではなかったんです。霊的な体験をしたこともありません。でも、震災を生き抜いてきたこと、これまで経験したことを考えれば、そういった声が聞こえてくるのも当然なのかもしれません」

彼女はその若い霊能者と多くの時間を過ごし、小学校の周辺を広い範囲にわたって何時間も一緒に歩きまわった。富士沼のまわりはもちろん、反対側の長面浦まで足を延ばすこともあった。霊能者の男性は、なおみさんに紐のついた水晶を渡した。彼女はその水晶を縮尺の大きな地図の上に垂らし、小晴ちゃんの居場所を見つけ出そうとした。後日なおみさんは、瓦礫の山の近くで声が聞こえたことを警察に伝えた。警察が徹底的にそのあたりを調べたものの、遺体は見つからなかった。

長い散歩のあいだに若い霊能者は、あたりに広がる眼に見えない光景についてなおみさんに説明した。彼が描写したのは〝心穏やかな死後の世界〟などではなく、背筋の凍るようなものだった。なおみさんはその風景について、日本の有名なホラー映画に出てくる〝貞子《さだこ》〟と比較して説明した（貞子というキャラクターそのものも、日本の中世の地獄絵に想を得たものだった）。「あの映画に出てくる幽霊のような青白い人影が見える、と霊能者は言いました。何人も、何十人も地面を這っているって。水のなかにハマって泥まみれで、ひどく苦しみながら汚い水を呑み込んでいる人もいたそうです。どこかに閉じ込められて、そこから出ようとしている人もいた。でも彼としても、それがすでに見つかった人の霊なのか、わたしの娘のような行方不明者の霊なのかを判別することはできませんでした」

なおみさんは、遺体を見つけるためのほかのルートも模索しはじめた。大川小学校の児童の母親たちの多くが、さまざまな霊能者や占い師に相談を持ちかけていたため、新しい人を紹介してもらうのは簡単なことだった。はじめは懐疑的だったなおみさんも、いつしか自分が小晴ちゃん本人と会話していることに気づくようになった。

〝スミ〟という名の霊感の強い占い師は、町なかにある小さな喫茶店の店主だった。ときどき、なおみさんは夫の真一郎さんと一緒に彼女に会いにいった。ときに、小晴ちゃんの言葉が電話で伝えられることもあれば、パソコンや携帯電話のメール経由で送られてくることもあった。なおみさんは、その言葉が本物だとすぐに信じるようになった。スミさんの口から出てくる言葉のトーンや雰囲気は、家族が記憶する小晴ちゃんのものとまったく同じだった。女性へと変わりつつある年頃の、おしゃべりで小生意気でかわいらしい女の子の肉声がはっきりと聞こえてきた。スミさんを通して、小晴ちゃんは姉として弟妹に贈るプレゼントのリストを細かく指示した。弟には、あるキャラクターのお絵かき帳と鉛筆。幼い妹には、ピンク色のバッグ。あるとき小晴ちゃんは、自分が大好きだった抹茶味のお菓子を弟妹にもっと出してほしい、となおみさんにお願いした。そういった子どもらしい発言の中身は、じつに説得力のあるものだった。が、小晴ちゃんの話の大部分は驚くほど大人っぽいものだった。もしかすると、それは占い師自身の言葉だったのかもしれない。しかし、その大人っぽい言葉の響きはときどき、死を経験した人間が——死んだ年齢に関係なく死者の誰もが——獲得する〝威厳〟のようなものに感じられたこともあった。

小晴ちゃんは家族の健康、とりわけ弟妹の様子について詳しく質問し、母親の仕事に対して大きな懸念を示した。「小晴としては、幼い小瑛のことはそれほど心配していなかったようです」となおみさんは語った。「でも、少し年上の冬真のほうをもっとかまってあげてほしい、と言うんです。それに、育児休暇をそろそろ終わりにして、わたしに仕事に復帰してほしいなんて言うんですよ。そういったことすべてが心の支えになりました。その言葉のおかげで死を乗り越えて、わたしたちは普通の生活を続けることができました。わたしたちにとっては、とても喜ばしいことでした」

占い師も、小晴ちゃんの霊も、なおみさんがいちばん知りたいことを教えてはくれなかった――小晴ちゃんの体、あるいはその一部がどこにあるか。「スミさんは、遺体を見つけることがすべてではないと言いました。『子どもたちは両親に見つけてもらうことを望んでいる、とあなたは思っているかもしれません。子どもたちは家に戻りたくてたまらないって』とスミさんは言いました。『でも、子どもたちはもう家にいるんですよ。子どもたちは、すでに心地よい場所にいる。捜索にのめり込むほど、あなたはもっと絶望的になるだけです』って」

なおみさんの友だちの鈴木美穂さんは別の占い師を訪れ、行方不明の娘・巴那ちゃんとの会話からこの上ない慰めを得た。「ほんとうにあの子と話しているかのようでした」と美穂さんは教えてくれた。「巴那がすぐ隣に立っているみたいでした。自分はいま天国にいて、とても幸せだとあの子は言いました。占い師の女性は、わたしたちの日々の生活についてすべて知っていました。巴那の話し方も、あの子が使いそうな表現も全部。もしあの子が苦しいと訴えていたら、助けを求めて泣いていたら、『お母さん、あたしをここから出して！』と叫んでいたら、耐えられなかったと思います。でも、耳に入ってくる言葉は、いつもこちらの気持ちを落ち着かせてくれるものでした」

ときに、矛盾するメッセージが届くこともあった。巴那ちゃんははじめ、学校の先生方を咎《とが》めたり恨んだりしないでほしいと母親の美穂さんに伝えた。「先生たちは天国で泣いてるよ。それは、あたしたちにとってもつらいことなの」と巴那ちゃんは霊能者を通じて言った。「先生たちは苦しんでる。そんな先生たちを見ていると、あたしたち子どもも悲しくなってくるよ」。ところが、別の機会に相談した別の霊能者は、美穂さんに正反対のことを伝えた——子どもたちは、先生にひどく腹を立てている。確実に安全な場所があったにもかかわらず、そこに先生方が誘導しなかったせいで、子どもたちは意味もなく死んだのだと。

ほんとうに知りたいこと

平塚なおみさんに水晶を渡した若い男性——映画の世界のように、泥のなかで蠢《うごめ》く幽霊について説明した霊能者——は言った。「あなたのお子さんが夢のなかに現れ、自分が眠る場所のイメージを示してくれます。そのイメージは、あなたの心のなかでスライド写真のように展開していきます」。しかし、実際に見つかったときの状況はまったく異なるものだった。

子どもの捜索に対するなおみさんの考え方は、時間の経過とともに変化した。超自然の世界への彼女の信頼は次第に揺らぎはじめ、代わりに重機と泥まみれの黄色いアームに大きな信頼を寄せるようになった。娘との会話は慰めになった。しかし占い師のスミさんは、小晴ちゃんからの不気味なくらいはっきりしたメッセージを伝えてはくれたものの、遺体の場所について質問をすると逃げ腰になった。「かなりの数の親が、霊能者やそういった力をもつ人たちに相談していました」となおみさんは言った。「でも、みんな言うことはまちまちでした。よくよく考えてみれば、誰かが大儲けしていたんですよね」

ある日、なおみさんは小晴ちゃんのかつての教室を訪れた。自衛隊員たちは震災から数週のうちに、見事なまでに――恐ろしいほどに――原状を回復していた。窓とドアは壊れたままだったが、室内はぴかぴかだった。津波によって運ばれてきた泥の堆積物は消え、残るのは埃の染みだけ。歪んだ教科書は丁寧に積み重ねられ、棚にしまってあった。濡れた扮装用衣装は箱のなかに戻されていた――赤いウィッグ、妖精の羽。小晴ちゃんのロッカーには、漢字四文字の名前がまだ残っていた。なおみさんはそこにお菓子と飲み物を置き、娘を誘い出そうとした。教室がきれいであればあるほど、逆に彼女は悲しい気持ちになるのだった。

雄勝と追波湾のあいだには、海岸線が複雑に入り組む小さな半島がある。岩、松、カモメが占領するその半島の道路の終わりに名振《なぶり》という集落があり、里山に囲まれた三角形の土地に五〇軒ほどの民家が建ち並んでいた。コンクリート桟橋に護られた小さな港の奥には、岩だらけの無人島がいくつか見えた。この集落には一八〇人ほどが住んでおり、そのほとんどが七〇歳以上の高齢者だった。日本には、このように孤立した昔ながらの集落が無数にあった。厳しくも美しい自然に恵まれているが、若者たちの心をとらえるものは何ひとつなく、住人以外がここにとどまる理由はほとんどなかった。住民がこの場所を離れないのは、習慣、諦観、あるいは漁と海への圧倒的な愛のためだけだった。

名振では、津波が三五メートルの高さまで押し寄せた。[1] 一一階建てのビルに相当する高さで、ラジオから聞こえてきた予測より四倍近く高いものだった。しかし地震が起きた直後、高齢の漁師・神山勇一郎《かみやまゆういちろう》さんは漁船を港に係留すると、家々をまわって村人たちを険しい山の上へと駆り立てた。その高台から、住民たちは水がいったん港から引くのを眺めた。それから凄まじい勢いで戻ってきた水は、まず防波堤、次に道路、次に木造の家々を隔てる道路に襲いかかった。泡立った水面まで家が持ち上がり、ぐるぐるとまわった。水はみるみる高さを増し、山の斜面の松の木のあいだを進み、唖然とする村人たちがいる高台のほうに近づいてきた。彼らは地面にうずくまった。その数十センチ下で水は勢いを緩め、それから引いていった。

その光景は、神山さんにお盆を思い出させた。遠くの世界に戻る霊を見送るために、光に照らされた紙の灯籠が水面をただよう景色そのものだった。「家はすべて、海のなかに消えていきました」と彼は言った。「灯籠流しのように、きれいに一列に並んで防波堤の上を流されていったんです。電柱も、電線でつながれたまま流されていきました。電線は頑丈で、切れなかったんだ。だから原形をとどめたまま、海に呑み込まれていったんだね。不謹慎かもしれないが、きれいな光景でしたよ」

名振には何も残っていなかった。「時間が戻ったかのようでした」と神山さんは語った。「何もなくて、原始の世界に戻った感じでした」。にもかかわらず、集落全体でふたりしか死亡しなかった。両者とも、忘れた貴重品をとりに山を再び下ったあとに津波に巻き込まれて死んだ。「津波のような緊急事態が起きたときには、とにかく素早く決定を下さなくてはいけません」と神山さんは言う。「必要なのは、誰かが率先してすぐさま行動を起こすこと。話し合いをする時間なんてない。誰かが自信をもって躊躇なく『山に登れ！』と言えば、みんな従うものです」

震災から五ヵ月後の八月ごろになると、漁師たちは新しい網と船を購入し、再び漁に出はじめた。ある日の早朝、港から一〇メートルほど離れた場所にカモメが集まって何やら騒いでいた。鳥は鳴き声を上げながら一ヵ所を取り囲み、水中に嘴《くちばし》を入れて何かを突いている。一隻の船が近くに行って状況を確かめ、それから警察が呼ばれた。三人の警察官がパトカーに乗ってやってくると、漁師と一緒に海のなかの物体を回収した。「夏のあいだでも、いちばんの凪《なぎ》の日でした」と神山さんはそのときのことを回想する。「水はとても穏やかで透明だった。その水が遺体をこの岸壁まで連れてきたんですよ。その上に集まるカモメと一緒に。カモメのことを悪く言うもんじゃない。女の子の皮膚を嘴で突っつくところを想像してはいけません。遺体の場所を教えてくれたカモメには感謝しなくてはいけないくらいだよ。それで、女の子は両親とまた会えたんだから。その子は死んだが、海に護られていたんだね」

なおみさんは仙台の母親の家にいた。のちに、彼女は挫折感に苛まれた。そのニュースが舞い込んできたとき、どうして小学校で重機の運転席に坐って作業していなかったのだろう、となおみさんは自問した。警察からの知らせは、携帯電話にメールで届いた——名振で新たな遺体を発見。体は不完全な状態だったものの、二〇代から四〇代の女性の遺体だと警察は暫定的に判断した。なおみさんはすぐに、懇意だった地元の警察署長に電話をかけ、さらに詳しい情報を求めた。聞けば、ほとんどの服は消失していたものの、身元不明の女性は厚手の防寒下着を身につけていたという。それが白いハートの絵柄付きのピンク色の下着だと聞いた瞬間、小晴ちゃんが見つかったのだとなおみさんは確信した。三月一一日の天気予報は、気温が低く、降雪確率が高いというものだった。それを知ったなおみさんは、朝、娘のために暖かい下着を出しておいたのだ。

彼女は夫と一緒に警察署に行き、自分の眼で下着を調べた。「見た瞬間、あの子の下着だとわかりました」となおみさんは言った。「小晴は年齢のわりに背が高かったので、大人だと勘ちがいされたのも納得がいきました。それでも、警察は何度も何度も訊いてきました。『確かですか？　ほんとうにこれは娘さんのものですか？　似たような下着をほかの誰かが身につけていた可能性はありませんか？』。そう言われると、自信がなくなっていきました」

なおみさんは、遺体を自らの眼で確かめたいと頼んだ。警察官たちは互いに不安そうに顔を見合わせた。娘を捜して泥のなかで過ごした幾月ものあいだに、なおみさんはさまざまな状態の遺体を何度も目の当たりにしてきた。四月に見た最後の遺体は一二歳の女の子のもので、友人の娘だった。「その子はベルト付きのジーンズを穿《は》いていました」となおみさんは記憶をたどるように言った。「もちろん、体は正常な状態ではありませんし、髪の毛の一部はなくなっていました。それでも、その子であることはわかりました。だから、どんなことを覚悟するべきかはわかっていました。時がたつにつれて遺体の状態は変化して、人物の特定はむずかしくなる。感覚的にそうわかっていました。それでも、小晴の体を見たいと頼みました。わたしが望んでいたのは……気持ちのうえで理解することでした。遺体の一部をとおして、自分の娘を見ているという認識のようなものが欲しかったんです。

警察の人が何度も訊いてきました。『ほんとうですか？　ほんとうに大丈夫ですか？』。それでも、わたしは大丈夫だと答えました」。彼らはなおみさんを室内へと招き入れ、台に置かれた物体を覆うシートをめくった。彼女はシートの下にあるものに眼を向け、一心に見つめた。『でも、それは何かの塊でしかありませんでした』となおみさんは言った。

「腕も、脚も、頭もない。「それが、わたしの娘でした。小さなあの子でした。遺体を見たことは後悔していません。けれど、わたしが抱いていた希望、あの子を認識するという希望が叶うことはありませんでした」

その瞬間が来ることを、なおみさんは数ヵ月のあいだずっと祈りつづけてきた。娘と再会し、その姿を確かめる瞬間——。鳴き声を上げながら羽をばたつかせていた鳥が、急に静かになるときのように、死はいっとき彼女の掌《てのひら》の上にとどまるはずだった。しかし、そうはならなかった。平塚夫妻も警察も、この遺体が小晴ちゃんのものであることに疑いはなかった。しかし確実な身元特定には至らなかったため、数ヵ月かかるDNA検査の結果を待つ必要があった。

なおみさんと真一郎さんは放心状態のまま建物を出て車に向かった。車に乗り込むと、突然、なおみさんの背中に痛みが走った。脚は固まり、体を動かすことができなくなった。

「そんな経験は初めてでした」と彼女は言った。「小晴がわたしを引き留めようとしているにちがいない、そう思いました」

なおみさんは夫に「スミさんと電話で話したい」と伝えた。すぐに電話に出た占い師は、それまでの経緯《いきさつ》を聞くなり「それは小晴ちゃんですよ」と言った。駐車場でのなおみさんの金縛り、占い師の言葉――警察にとっては、それで充分だった。翌日、警察は遺体を家族に引き渡した。

二〇一一年八月一一日、小晴ちゃんは荼毘《だび》に付された。津波から一五三日目のことだった。それから一週間後、なおみさんは学校に戻って重機に乗り込み、まだ遺体が見つかっていない小晴ちゃんの四人の学友たち――永沼琴くん、鈴木巴那ちゃん、木村健一くん（仮名）、池田さおりちゃん（仮名）――の捜索を始めた。

「むかしは、親が子どもを育てるものだと思っていました」と紫桃さよみさんは言う。「でもしばらくすると、わたしたち親のほうが、子どもたちに育てられているのだと気づくようになりました。子どもたちは家族でいちばん弱い存在であり、親が子どもたちを護っているんだと考えていましたが、家族の要石《かなめいし》は子どもたちなんです。ほかのすべてのブロックは、子どもたち次第で変わってしまう。子どもを奪われたとき、わたしたちは初めてそのことに気づきました。親が子どもたちの世話をしているんだと思っていましたが、子どもたちのほうが親を支えてくれていたんですよね」

アーチ形の石橋が崩壊し、石のブロックが川に落ちる――さよみさんが思い浮かべたのはそんなイメージだった。私も、頭のなかで同じイメージを想像してみた。「状況を変えることができるものは何ひとつありません」と彼女は続けた。「時間の経過、やさしい言葉、心のサポート、お金の問題じゃないんです。そんなことでは何も変わりません。何もない空《から》の場所があって、そこは決して満たされることがないんです」

震災の生存者のために、政府や地方自治体は実用的および金銭的な支援をいくつも用意した。しかし、本格的なカウンセリングや心のケアが提供されることはほとんどなかった。人々が本能的に頼ろうとした多くの共同体――集落、家族、職場――は、津波によって散り散りになった。ところが同時に、バラバラに分裂した町や仮設住宅のなかから、淋しさ、悲しみ、実用的な必要性に支えられた新しい形の共同体が生まれようとしていた。福地地区では、紫桃さよみさんと隆洋さん夫妻を中心に、とりわけ強力で組織化された友人グループができあがっていった。

ある夜、さよみさんに招かれ、私は彼らに会いにいった。そこに集まるのはみな、大川小学校で子どもを亡くした保護者たちのうち、説明会で校長や教育委員会の職員たちを罵《のの》り、怒声を上げていた人々だった。つまり、日本における儀礼や慣習を無視した人たちだった。しかし実際に会ってみると、彼らは心やさしく、礼儀正しく、忍耐強い人々だった。見たところ、自分勝手なところも敵意もまったく感じられなかった。中心メンバーには、紫桃夫妻とその隣人の佐藤かつらさん・敏郎《としろう》さん夫妻がいた。佐藤さんの娘・みずほちゃんは紫桃千聖ちゃんの遊び仲間だった。今野ひとみさんと佐藤和隆さんもグループの一員だった。六年生だったふたりの子ども、大輔くんと雄樹くんは親友同士だった。さらに、三組目の佐藤夫妻がいた――とも子さんと美広《みつひろ》さんは、一〇歳のひとり息子・健太《けんた》くんを亡くした。グループの友人たちは週に一、二度集まるだけでなく、毎日のように電話、Eメール、携帯メールで連絡を取り合った。彼らは悲しみを通して互いに出会ったものの、グループの結束を強めたのは悲しみそのものではなかった。悲しみに力を与えたのは、激しい怒りだった。その力は具体的な形となり、川沿いの土手のように水の流れを作っていった。

私はノートとデジタルレコーダーを持参し、何日にもわたって津波の遺族たちを取材した。私の質問に、あるいはそれに対する自身の答えに、しばしば相手は涙を流した。私はたびたび自問した。私はいったいここで何をやっているのだろう？　どうしてこの人たちは私に話をしなければいけないのだろう？　さよみさんと彼女の友人たちも泣いた。しかし彼らの憤怒に鑑みれば、涙は当たりまえのものだった。会話は行ったり来たりを繰り返し、同じ話にたびたび戻り、延々と続いた。私が口を挟んで質問する必要はほとんどなかった。

今野ひとみさんは言う。「毎日、子どもたちのことを考えています。いまここにいたら、どんな様子だったんだろうって。たとえば、今日は誕生日だった、とか。今月は子どものひとりが入学試験を受けていただろうな、とか。わたしの心のなかでは、子どもたちはまだ成長しています。でも実際には、その成長を見ることができないんです」

佐藤美広さんは言う。「息子が生きていたら、こんなことやあんなことをしているんだろう――そう考えると、さらに絶望的な気持ちになります。息子は私たちの夢だった。いまとなっては、その夢は決して叶うことがないんです」

妻のとも子さんは言う。「あの子にどうしても会いたい、でももう会うことはできない。その気持ちがどんどん強くなっていきます。あの子たちがいる場所がわかったら、少しの時間だけ会うことができたら……ほんの少しの時間でいい。それだけでいいんです。あの子に会いたい、抱きしめたい、触れたいという気持ちが、日に日に増していくんです」

部屋は沈黙に包まれ、聞こえてくるのはため息だけになった。しばらくすると、佐藤和隆さんが口を開いた。彼は四〇代半ばの色白の男性で、どこか疲れた表情をしていた。同じテーブルを囲んでいたものの、ときどきうなずきながら静かに話を聞くだけだった和隆さんが、沈黙を破って話し出した。「子どもたちがどのように死んだのかということが問題なんです」

怒りや苦しみをあらわにすることなく冷静に、ほとんど感情を交えずに彼は言った。

「調べれば調べるほど、いろいろなことが明らかになってきます。救うことのできた命だったのではないか、とますます思えてくる。津波は巨大な災害でした。けれど、こんなふうに大勢の子どもたちの命が奪われたのは、一校しかないんです。全国で一校だけ。大川小学校だけです。これが事実です。この事実を説明することができるのは〝失敗〟の二文字だけです。子どもたちの命を救うことができなかった、という学校の失敗。教師たちは失敗した。なのに謝罪もなければ、きちんとした説明もありません。津波……その被害は甚大で、みんな苦しんでいます。でもそれにくわえて、われわれは子どもをこのように失うという苦悩を経験しなくてはいけない。それがすべてなんです。そのことだけなんです。子どもたちがどう死んだのか、それだけなんです」

津波のなかで起きたこととの真実は、津波そのものの性格とは正反対のものだった。壮大なクライマックスも、激しく打ちつける波も、地響きもなかった。事実はぽつりぽつりと一滴ずつ染み出してきた。自然に落ちてきた事実の滴《しずく》もあれば、手で絞り出された滴もあった。生存したある児童の断片的な言葉は、それまで認識されてこなかった失敗を明らかにした。ある文書が、公式な説明のなかの矛盾を浮き彫りにした。公式な説明そのものが二転三転した。数ヵ月に一度、新たな「説明会」が開かれ、石巻市教育委員会の役人たちは保護者たちの熾烈な怒りにさらされた。ほんとうは陰にとどまることを望みながらも、真実を伝えるために不安を抱きつつ立ち上がる人々もいた。粘り強い活動を続けたフリー・ジャーナリストの池上正樹《いけがみまさき》氏は、資料の情報公開を市に要求し、その矛盾を徹底的に追及した。

生き残った遠藤教諭による説明は、明確で信用に足るものかに思われた。教室から避難した児童たちは校庭に並ばされ、そこで点呼がとられた。何人かの親が学校にやってきて、子どもたちを引き取っていった。統制のとれた避難が始まったが、すぐに津波が襲ってきた。遠藤教諭の証言は、教師たちが危機意識をもって迅速に行動していたかのような印象を与えるものだった。資格をもった男女がしっかりと手順に従って行動したものの、どうすることもできず——なんの過失もなく——想像を絶する災害に襲われた。これが一五分か二〇分、あるいは三〇分のあいだに起きた出来事であれば、納得できていたかもしれない。しかし、地震が起きたのは午後二時四六分。学校の時計の針は、上昇する水に建物の電気系統が呑み込まれた午後三時三七分で止まっていた。これこそが、大川小学校の悲劇の中心にある問題だった。最初の出来事と二番目の出来事のあいだに、いったい何があったのか？　その存在が消えるまでの五一分のあいだに、大川小学校では何が起きていたのか？

第3部

大川小学校で何があったのか

古い世界の最後の時間

只野《ただの》哲也《てつや》くんは体格のいい一一歳の坊主頭の少年で、少し茶目《ちゃめ》っ気のある穏やかな性格の持ち主だった。田んぼの真んなかに建つ彼の家は、釜谷地区の外れの集落にあった。毎朝、哲也くんは九歳の妹・未捺《みな》ちゃんと川の土手沿いを二〇分歩いて登校した。三月一一日は母・しろえさんの誕生日で、夜にはささやかなお祝いが計画されていた。しかしそれをのぞけば、なんの変哲もない金曜日の午後だった。

その日の昼休み、子どもたちは中庭で一輪車に乗ったり、グラウンドの端で四葉のクローバーを探しまわったりして遊んだ。気温は低く、身を切るような冷たい風が川から吹きつけてきた。哲也くんと友人たちはポケットに手を突っ込み、顔が冷えないように風に背中を向けて一列に並んで佇《たたず》んだ。通りの向こうでは、中学三年生とその家族による卒業パーティが開かれていた。建物から出てきた紫桃さよみさんは、静けさと不安が入り混じった例の不気味な空気を感じた。午後二時四五分、大川小学校のスクールバスはエンジンをかけたまま駐車場に待機し(1)、低学年の児童数人はすでにバスに乗っていた。しかし、ほとんどの子どもたちはまだ教室にいて、一週間の最後の用事を済ませようとしていた。

一分後、四年生の児童たちが、クラスメートの七海《ななみ》ちゃん（仮名）に向けて「ハッピーバースデー」を歌い出した。地震が襲ってきたのは、この歌の途中でのことだった。「横にゆっくり揺れているような感じだった」(2)と四年生の山川優太《やまかわゆうた》くん（仮名）は証言した。「速く細かくではなくて、横だったから、すごいでっかく感じた」。別の児童は次のように言った。「先生方もずっと廊下を走って、『机を押さえろ』とか言っていた」

学校の図書室には鈴木新一《しんいち》さんという保護者がいて、その日の早いうちに体調を崩して保健室で寝《やす》んでいた息子が来るのを待っていた。彼によれば、魚の水槽の水面が波打ち、横から水がこぼれていたという。そのころ、哲也くんの所属する五年生のクラスの児童たちは下校準備の真っ最中だった。「最初に地震が起きたとき、みんな机の下に隠れました」と彼は言った。「揺れがどんどん大きくなると、全員が『すごい、これは大きいぞ。大丈夫か？』などと言っていました。揺れが止まるとすぐ『先生について外に出てください』と先生が言ったので、みんなでヘルメットをかぶって外に出ました」

校舎からの避難は模範的な速さで完了した。机の下から這い出てからわずか五分後、子どもたちは学年ごとに校庭に並んでいた。多くの児童が、各自のロッカーにしまってある頑丈なプラスティック製のヘルメットをかぶっていた。二日前の水曜日にも子どもたちは同じ手順で避難したものの、そのときの地震と比べると、この日の揺れは何倍も恐ろしいものだった。震災後しばらくたってから、市当局はその午後の進展を分刻みでまとめた記録を作成することになる。[3] 生存した目撃者へのインタビュー調査に基づくその記録は、大地震直後の学校の雰囲気——興奮とあきらめ、のんきさと恐怖——を伝えるものだった〔以下、記録文書からの引用は原文準拠〕。

児童　全員がしゃがんで点呼。6年の〇〇が泣いていた。6年男子は、「家のゲームだいじょうぶかな」と話していた。低学年女子は泣いていて、教諭たちが「だいじょうぶだよ」と頭をなでたりしていた。

児童　下の学年で、ふざけて？　走り回っている子がいたのを見た。

児童　「地震酔い」なのか、吐いている低学年の子がいた。

児童　友だちに「津波が来るかな」と話しかけた。

余震が繰り返し起きるたび、幼い子どもたちの恐怖は増した。午後二時五一分、二時五四分、二時五五分、二時五八分に余震があった。本震の揺れがまだ日本全土に広がっていた二時四九分の段階で、気象庁は津波警報を発令。津波の高さは六メートルと予想され、東北の海岸沿いの全住民に高台への避難が呼びかけられた。

校庭には一一人の大人がいた。六人の担任のほか、特別支援学級の担当教諭、養護教諭、事務員、教務主任の遠藤純二教諭がいた。柏葉照幸校長が不在のため、現場のトップは五〇代前半の石坂《いしざか》俊哉《としや》教頭だった。石坂教頭は、電池式ラジオから繰り返し流れてくる津波警報を聞いていた。校庭で待つ人々の運命は、彼の手に委ねられた。

石坂教頭自身も亡くなったが、多くの人は彼を赦すことができなかった。しかし、石坂先生のことをよく知る人々のなかで、彼のことを悪く言う人はひとりもいない。石坂先生は内陸で生まれ育った。チリ地震の津波に東北が襲われたのはまだ幼いときのことで、彼にとっては遠いむかしの物語でしかなかったにちがいない。彼は柔和で繊細な男性で、歳の離れた児童たちと親交を深め、その親交は児童たちが成長してからもずっと続いた。「見かけがかっこいいという感じではありません」と話すのは、二五年前に内陸の別の学校で石坂先生の教え子だったという女性だ。「背は低めで、肥《ふと》っているというほどではありませんが、ぽっちゃりとした体型です。いっつも笑っているんです。先生の笑顔がいちばん印象的ですね。石坂先生はお酒も飲まないし、タバコも吸わない。当時の男の人としては珍しかったと思います」

その女性はいろいろな思い出について語った。ある夏の夜、石坂先生と一緒に児童みんなで野外学習に出かけ、空を見上げて星座の名前を学んだことがあった。別の週末には、クラスの児童三〇人全員で石坂先生の母親の家に遊びにいったこともあった。「わたしたちを列車に乗せてから、先生は車で追いかけてきました」と女性は言った。「列車と並走しながら、わたしたちに向かって手を振ってくれました。みんな大興奮でした！　先生はクラスの連帯感をとても大切にするんです。みんなで協力し合って一緒に行動することを重視しました。わたしのすべての学校生活のなかで、石坂先生に教わった二年間がいちばん印象に残っていますし、なによりも大切な思い出です」

大川小学校の保護者のなかには、異なる印象を抱いた人たちもいた。石坂先生がやさしく穏やかで、人当たりがいいことはみんなが認めるところだった。話を聞いた誰もが、石坂先生のお辞儀の深さとその回数、丁寧な言葉づかいについて言及した。ところが陰では、教頭の丁寧さを過剰に感じる人もいた。形式的な礼儀を尊重する日本社会のなかでさえも、彼の言動はあまりに丁寧すぎて、一部の人には慇懃無礼《いんぎんぶれい》にすら思えた。

午後三時三分、三時六分、三時一二分にも余震があった。三時一四分、気象庁が警報を更新し、津波の高さは最大で一〇メートルに達すると発表した。

校庭にいた教師たちは桜の木の下に集まり、声をひそめて話し合いを続けた。

多くの日本の組織と同じように、大川小学校の運営はマニュアルによって管理されていた。その日の午後、学校の事務員が校庭に持ち出した書類のなかには、マニュアルのコピーも含まれていたにちがいない。一年に一度見直される「教育計画」と呼ばれるマニュアルには、道徳的・倫理的な信条から、運動会、保護者会、卒業式の手順にいたるまで多種多様なことが書いてあった。火災、洪水、感染症などの緊急事態の対応に関するセクションのなかには、各家庭が記入して学校に提出する書類のフォーマットが含まれていた。両親、保護者、子どもの引き渡しを許可する人物の名前、電話番号、住所を記入するための書類で、この情報は毎年更新されるべきものだった。ところが、柏葉校長はその更新を怠っていた。これは少なくとも、災害準備に対して若干の気の緩みがあったことを示すものだといっていい。

教育計画は定型文書に沿って作成され、それぞれの学校の状況に応じて内容が調整される。たとえば、災害の多い日本においても、火山噴火のための対策を講じる必要がある学校は少ない。また、内陸に位置する学校では、津波に関する項目が迷いなく削除されるはずだ。柏葉校長の指示のもとマニュアルを更新した石坂教頭は、津波に関する項目を残すことを選んだ。しかし、定型文書に書かれた一般的な言いまわしがそのまま使われていた。

第一次避難場所——校庭等(4)
第二次避難場所——近隣の空き地・公園等
津波の発生の有無を確認し、第一次避難場所に移動する

この言葉の曖昧さが事態を厄介にした。「公園等」という言葉は、大川小学校のある田園地帯ではほとんど意味をもたなかった。あたりには田畑や里山が広がり、そのような公園はなかった。「空き地」については、あまりにも候補が多すぎた。いったい、どこの空き地に行けばいいのか？

地震発生時、スクールバスが駐車場で待機していた。座席数は四五。詰めて坐れば、二往復で全児童と職員が雄勝峠の高台まで移動できたはずだ。集落の東端には、山につながる二本の道路があった。そのうち一本は、森のなかの開けた小高い土地にある神社につながっていた。しかし、明らかに安全な避難場所がもっと近くにあった。

三角形に近い形に広がる釜谷地区は、北西は川、東は田畑、南は名前のない里山に接していた。そこから連なる山の山頂の標高は二二〇メートル。場所によっては木々が密生して傾斜がきつく、登るのはむずかしく危険だった。しかし、ある地点には歩きやすいなだらかな小道があり、学校の児童や教師は誰もがその道について知っていた。数年前まで、子どもたちは理科の授業の一環として裏山に登り、シイタケを栽培していた。それは、もっとも年少の子どもたちでも簡単に登れるような小道だった。わずか五分以内に――教室から校庭に避難するのにかかったのと同じ時間で――全員が海抜数十メートルの場所に移動することができたはずだった。その場所に行けば、どんな津波が来ても安全なはずだった。

大川小学校の「教育計画」には、学校生活のありとあらゆる要素について細かな記載があるにもかかわらず、避難場所についての明確な規定がなかった。そのころ、遠藤純二教諭がかつて勤めていた相川地区を含めた海沿いの集落では、教師と子どもたちは躊躇することなく険しい小道を進み、崖のあいだの階段を上っていた。一方の大川小学校では、石坂教頭が校庭に突っ立ち、マニュアルの紙面に書かれた文字に頭を悩ませていた——近隣の空き地・公園等。

学校の建物は大きな被害を受けていないように見えた。しかし余震が続いていたため、室内に戻ることは賢明ではないと判断された。現場で二番目に上職の立場だった遠藤純二教諭は、さまざまなことを確認するために校舎と校庭を行ったり来たりしていた。そのあいだ、クラスの担任教師たちは自分が受け持つ児童に眼を光らせながら、今後の動きについて話し合った。点呼をとると、三年生の女子児童がひとりいないことがわかった。遠藤教諭は校舎に戻り、トイレの個室でうずくまる児童を見つけた。子どもの多くは寒さに震えていた。遠藤教諭は教室に戻って子どもたちのコートや手袋をかき集めたり、尿意を催した児童を校庭の片隅に連れていったりした。そのようなことに忙殺されていた遠藤教諭には、ほかの教師たちと意見交換する時間がほとんどなかった。とはいえ、そのときに彼が最善だと考えた避難経路についてははっきりとしている。もし彼がその場の責任者だったら、ちがう結末が待っていたかもしれない。

「避難後、教頭は本部長として指揮をとっており、担任はそれぞれのクラスの子供たちのそばについていました」と遠藤教諭はのちに手紙に綴った。「そのため、私は周囲のいろいろなことに走り回っており、どんなことが話し合われたのか、直接その場にいられなかったのでよく分からないのです」。彼の記憶によれば、校舎内に残留者がいないか確かめたあと、石坂教頭らと短い会話を交わしたという。「私が『どうしますか、山へ逃げますか？』と聞くと、この揺れの中ではだめだよという答えが返ってきました（どなたが言ったか覚えていません）」

しかし、六年生の生存児童のひとりである浮津天音ちゃんは、もっと決定的な場面について覚えていた。彼女によると、学校から再び出てきた遠藤教諭は「山だ！　山だ！　山に逃げろ！」と叫んだというのだ。

遠藤教諭の警告に呼応するように、今野ひとみさんの息子の大輔くんと友人の佐藤雄樹くんも六年生の担任・佐々木孝先生に訴えた。

なんで山に逃げないの？

ここにいたら地割れして地面の底に落ちていく。

おれたち、ここにいたら死ぬべや！

天音ちゃんの証言によれば、ふたりの少年たちはかつてシイタケ栽培をしていた裏山のほうに向かって駆け出したという。しかし遠藤教諭の意見は却下され、ふたりの少年たちも戻って静かにするように命じられた。大輔くんと雄樹くんはおとなしく従い、再びクラスの列に加わった。

ふたつの異なるグループの人々が学校に集まりはじめた。ひとつ目は、子どもたちを引き取りにきた児童の両親や祖父母で、彼らは車や徒歩でやってきた。ふたつ目のグループは、地元の住人たちだった。大川小学校が釜谷地区の正式な避難場所として指定されていたことによって、事態はさらに複雑になった。極端な意見のちがいが、ときにあからさまな対立を生み、ふたつの集団の態度を変化させていった。

大方の保護者たちは、子どもたちをできるだけ早く引き取って安全な場所に移動させたいと考えていた。「ずっと車を見て、『お母さんが来るかな』って……」[5]と山川優太くんの双子のきょうだいの美咲《みさき》ちゃん（仮名）は言った。「不安で不安でしょうがなくて、来た瞬間ずっと泣いていて、お母さんもずっと泣いていました……」。少なくともひとりの教師、佐々木孝先生は学校から離れないほうがいいと家族に訴えた。「（先生に）ここにいたほうが安全だと言われたけど……」と優太くんは振り返る。「お母さんが『ここにいるより、家に帰ったほうが、高いから安全だ』って言って……」

教育委員会の記録には次のように記されている。

児童　お母さんが迎えに来て、孝教諭に帰ると伝えた。「今、帰ると危ないので学校にいた方がいいですよ」と言われた……

保護者　担任の孝教諭に「10ｍの津波が来るとラジオで言っていた」、山を指差して「山に逃げて」と言ったら、「お母さん落ち着いて」と言われた……

地元の住民たちも、津波の危険を軽く見ていた。釜谷の地区長は、話し合いの中心的人物だったようだ。議論に積極的に参加していた人は、全員が死亡した。しかし生存者による断片的な証言から、地域住民から教頭に対して、子どもたちを学校の校庭にとどまらせるべきだという働きかけがあったことがわかった。

児童　「山へ逃げよう」と言った教員もいたが、「学校にいた方が安全」だという教員や地区の人もいた。

保護者　……教頭が、70歳以上？　の地区住民（男女）4～5人にやさしい口調で次のような確認をしていた。「裏の山はくずれるんですか」「子どもたちを登らせたいんだけど……」「無理がありますか」

児童　教頭は山に逃げた方が良いと言っていたが、釜谷の人は「ここまで来ないから大丈夫」と言って、けんかみたいにもめていた。

児童　教頭と釜谷の区長が言い争いをしていた。「山に上がらせてくれ」（と教頭は言ったが）、「ここまで来ることがないから三角地帯へ行こう」と区長は言っていた。

「先生方はパニックになっていました」とある保護者は言った。別の親は、ひどい寒さにもかかわらず石坂教頭が汗だくになり、髪の毛と服が頭と体に貼りついていたと証言した。しかし別の保護者は「先生方は冷静沈着とまではいえなかったけれど、パニックになっていたわけではないと思います」と語った。決断力不足と緊張に満ちたこの雰囲気は、その場に来た人々を混乱させた。只野哲也くんと妹の未捺ちゃんは、母親のしろえさんの姿を見てほっと安心した。「お母さんは、ぼくたちを連れて高台に逃げたかったようでした」と哲也くんは言った。「でも、大人たちはみんなそこに突っ立っているだけでした。すると、お母さんが『家に取りにいかないといけないものがあるの。すぐ戻るから』と言ったので、鞄だけお母さんに渡して、ぼくは学校にとどまりました」

地震が起きたのは平日の午後で、釜谷地区の住人の多くは地元を離れて勤め先の店舗、工場、事務所にいた。学校に来た保護者のほとんどは専業主婦だった。意見を言う住人のほとんどは、退職した高齢の男性たちだった。それは古くから続く対話の再現であり、その台詞は何百年もまえに書かれたものだった。女性たちは懇願するような声で話し、高齢の男性たちは威圧的で素っ気ない声で議論した。

グレーのスーツに白いワイシャツを着た五〇代後半の男性、及川利信《おいかわとしのぶ》さんは石巻市北上総合支所の職員だった。地震が起きたとき彼は、大川小学校とは反対側の川の北岸にある事務所にいた。発生から五分もたたないうちに、気象庁から最初の津波警報が届いた。予想される津波の高さは六メートル。支所には補助発電機があったものの、地域全体が停電となり、防災無線のスピーカーの多くが使えなくなっていた。それから一五分以内に及川さんと同僚五人は、屋根に拡声器がついた広報車三台に分乗し、地域の住民たちに警報を伝えてまわった。

道路には亀裂が走り、山から落ちてきた石や土砂がところどころに散らばっていた。職員たちは新北上大橋を渡って釜谷地区を抜け、津波に襲われる可能性がもっとも高い地域――海に近い長面浦周辺の集落――に向かった。釜谷地区から出ようとしたそのとき、及川さんは、三キロ先の海と陸地の境界線のあたりで異様なことが起きているのを眼にする。

松原《まつばら》と呼ばれるその場所には、畑と砂地が広がる岬の海岸沿いに松林が帯状に伸びていた。松林には樹齢一〇〇年ほどの木が二万本あまり生え、その多くは二〇メートルほどの高さがあった。及川さんの視線のさきにある波は、松林を覆い、尖った緑色の先端を呑み込み、ぶくぶくと泡立ちながら林を引き裂いていった。「波頭の白い部分が見えて、林の上で泡立っているのがわかりました」と彼は語った。「まるで滝のように襲いかかっていました。この眼でそれを見たんです。すれちがう車のドライバーたちが『津波が来る。逃げろ！　逃げろ！』とこちらに向かって叫んでくれたので、すぐにUターンして来た道を戻りました」

再び、車は釜谷地区を走り抜けていった。余震が頻発していたにもかかわらず、集落全体が魔法にかかったかのような不思議な雰囲気に包まれていた。

及川さんの同僚の佐藤さんは車の拡声器越しに訴えた。「大津波が松原を越えました！

避難してください！　高台へ避難してください！」。一般的に、日本の地方自治体による呼びかけは機械的で穏やかな口調で行なわれる。しかし津波の生存者たちは、そのときの職員の哀願するような口調は鬼気迫る絶叫に近かったと証言した。「七、八人が通りに立って、おしゃべりしていました」と及川さんは振り返る。「こちらの呼びかけには誰も注意を払っていませんでした。集落の駐在所のまえにパトカーが見えましたが、警官はまわりに津波の注意喚起をするわけでもなく、自分も逃げようとしていませんでした。そのあと学校の横を過ぎましたが、かなりのスピードで素通りしただけだったので、校庭の様子をはっきりと見ることはできませんでした。ただ、こちらの呼びかけは聞こえていたと思いますよ。スクールバスは駐車場に停まったままでしたね」

釜谷地区の老人たちは、自分が海のそばに住んでいるとは考えていなかった。彼らにとって津波は海の災害であり、砂浜、港、漁村といった海に面した場所を苦しめるものだった。しかし釜谷は農村であり、別のカテゴリーに属する土地だった。大川小学校から松原の海岸までは、直線距離で約三・五キロ。家や商店が目隠しとなって海を見渡すことはできず、波の音も聞こえなかった。この地域の住人だったある女性は、人工の建造物が流されたあとに、かつて釜谷だった場所から眺めた光景がなによりも驚きだったと私に語った。「気づいたのは、家がなくなったあとのことでした」と彼女は言った。「わたしたちはいつも、川沿いの内陸部に住んでいるんだと考えていました。でも家がなくなると突然、眼のまえに海があったんです」

津波が内陸に流れ込む入口になったのは、北上川だった。川は津波を一ヵ所に集め、流れを与え、さらなる力を授け、脆い堤防の外側にその水を放った。

釜谷地区の住民たちは、地震後のいつもどおりの行動をとっていた――片づけ。そのひとりに、農家を営む六〇代の永野《ながの》和一《わいち》さんがいた。彼の住む大きな家は、釜谷の目抜き通りを過ぎたあたりの田畑に囲まれた場所にあった。「警告はすべて聞こえていましたよ」と永野さんは言った。「役場の広報車が通りを行ったり来たりして、『大津波が来ます、避難、避難！』としきりに言っていました。サイレンもたくさん聞こえていました。集落のみんなが聞いていたはずです。それでも、私たちは真剣には受け止めませんでした」

永野さんは五世代にわたってこの地に住み、農業を営んできた。そのような長い歴史をもつ家族には、個人的な記憶、歴史的な逸話、民間伝承からなる先祖代々の〝意識〟があった。しかし、その代々の経験が詰まった倉庫のどこを探しても、津波の記憶はなかった。「そのときまで、釜谷が津波の被害を受けたことはありません」と永野さんは言う。「かつて雄勝の一部が津波に襲われたこともありましたし、チリ地震の津波が沿岸に押し寄せたことも知っていました。それでも、この集落にはなんの影響もなかった。だから、津波がここまで来るわけがないと誰もが考えていました。みんな安全だと思っていたんですよ」

何世代にもわたる経験、先祖に護られているという安心感——それが血管のなかでより大きく脈動した。その脈音は、「避難してください！　避難してください！」という広報車の拡声器の声よりも大きかった。

永野さんが倉庫で農機具を片づけていると、家のまえから彼を呼ぶ妻の声が聞こえた。そのときだった。五〇〇メートルほどさきの堤防を津波が越え、すぐ横の建物を呑み込むのが見えた。彼は大急ぎで家に戻り、娘と孫娘に向かって叫んだ。四人は二台の車に飛び乗り、道路に車を出そうとした。と、永野さんの妻が「バッグ……ハンドバッグを忘れた」と言って不意にドアを開けた。「だめだ！　だめだ！」と永野さんは声を張り上げた。「車に戻れ」。山へと続く道路が上り坂になる地点まで、家から二〇〇メートル。車が上り坂に着いてから数秒後、坂のすぐ手前まで水が迫ってきた。

永野さんは山の坂道から集落を眺めた。田んぼに囲まれた自宅、その奥の釜谷が波に呑み込まれていた。二、三秒のうちに、家が倒壊して消えた。最初に津波をちらりと見てからそのときまで、わずか一分ほど。彼は息を切らしながら、眼下の景色を見つめた。自宅、田んぼ、集落、五世代にわたって受け継がれたものが破壊されていった。「地獄の光景ですよ」と永野さんは言った。「まさに地獄ですよ。まるで夢のなかにいるようでした。眼のまえの出来事を信じることができませんでした」

校庭では、子どもたちが落ち着きをなくしていった。あたりを包み込んでいたのは、退屈とあきらめの空気だった。はじめは学年ごとに並んで立っていた児童たちも、いまでは地面に輪になって坐っていた。集落から集まってきた住人たちは、家から持参したマットやクッションの上に坐っていた。空気は冷たく、みんなが毛布やカイロを譲り合って使った。教師たちはドラム缶をふたつ倉庫から校庭に運び出し、たき火の準備を進めた。何かが起きているという感覚はなかった。あるいは、何かがすぐに起きそうな感覚もなかった。

何人かの親が立てつづけにやってくると、子どもたちは友だちや教師たちに別れを告げて学校を去った。放課後の活動はすべて中止された。四年生の友だち同士で七海ちゃんの誕生日のお祝いを続ける計画も延期された。「七海ちゃんも近くにいて……(6)」と、親が迎えにきて助かった少女は言った。「プレゼントはバスケの（練習の）帰りに渡す約束をしていたんだけど、『渡せなくなってごめんね』と言いました。そうしたら、七海ちゃんが『いいんだよ』って言ってくれました」

釜谷にいた全員が警告に無関心だったわけではなかった。教育委員会によって制作された時系列の記録を見ると、数人の住民が繰り返し避難するべきだと訴えていたことがわかる。この公式記録では、そういった住民はアルファベットの大文字で表記され、彼らがその後どうなったのかはわからない。

保護者　Fさん（地域住民）が「津波が来るから逃げろ」と走ってきた。誰が話したか分からないが「なんだいね、おっかないね」と話すのを聞いた。

保護者　Dさんから「30分に津波が来る」と言われ、携帯を見て「後、20分しかない」と言った。

保護者　自転車小屋付近のタイヤそばで男性が山を指差し大声で「津波だから高い所に登れ」と言っていた。教員に聞こえていたかどうかは分からない。

三時二五分、及川さんらが乗った三台の広報車が、拡声器越しに津波の到来を必死に訴えながら学校の横を通った。校庭では、凍える子どもたちのために、教師たちがドラム缶に薪を入れて燃やす準備を進めていた。

三時三〇分、川沿いの家に住む高橋和夫《たかはしかずお》さんという高齢の男性が自宅から避難を始めた(7)。彼も警告をずっと無視していたが、家の横の堤防を越えてくる波を眼にした瞬間、危険に気づいたのだった。水は地面の下から噴き上げ、さらに地面を横切って近づいてくるかのように見えた。上昇する水によって金属製のマンホールの蓋が上に持ち上がり、地震で生じた道路の亀裂から泥がにじみ出てきた。高橋さんは、もっとも近くの避難場所である学校の裏山へと車を走らせた。釜谷の県道では、友人や知人たちが立ち話をしていた。彼は窓を開け「津波が来るから、逃げろ！」と呼ばわった。いとこ夫婦とすれちがうと、同じように伝えた。しかし、彼らはみな手を振って笑みを浮かべ、警告の言葉を歯牙にもかけなかった。

高橋さんは、学校の隣にある釜谷交流会館の横に車を停めた。大川小学校の児童の山への避難に反対した釜谷地区の区長が、通りで車を誘導していた。高橋さんが車から出て裏山に駆け寄ると、たくさんの子どもたちが学校から飛び出してくるのが見えた。

そのなかに只野哲也くんがいた。彼は同級生と校庭に残っていた。母親のしろえさんは何かを取りにいくと言って自宅に向かったきり、まだ戻っていなかった。そのとき、しばらく姿を見せていなかった石坂教頭が、意外な言葉を発しながら再び校庭に現れた。「津波が来ているようです」と彼は大声で言った。「急いでください。三角地帯へ逃げるから、走らず、列を作っていきましょう」。子どもたちは素直に立ち上がって学年ごとに列になり、六年生を先頭に校庭を出ていった。しかし一部の子どもたちが小走りになったり走り出したりしたため、すぐに列は崩れて学年もばらばらになった。

哲也くんと友人の今野大輔くんは集団の先頭あたりにいた。三角地帯までの距離はわずか三〇〇メートルほど。集落のすぐ外、県道と新北上大橋が交差するところに目的地はあった。子どもたちは学校正面の校門からではなく、校庭の脇から裏山の麓に沿って進み、狭い路地を抜けて県道に向かった。哲也くんが県道に近づいていくと、黒い水の塊が眼のまえの道路を押し寄せてくるのが見えた。

校庭を離れて、まだ一分ほどしかたっていなかった。哲也くんの耳に轟音が届き、黒い波の上の白い水しぶきが視界に入ってきた。波は右側の海のほうからではなく、左側の川のほうから——子どもたちが走っていくように命じられた方向から——襲ってきた。

先頭近くにいた子どもや教師のなかには、津波を見てその場に凍りつく者もいた。一方、哲也くんや大輔くんたちはすぐに振り返り、来た道を走って戻った。それ以外の子どもたちは、引きつづき県道のほうへと急いでいた。集団のうしろのほうにいた低学年の子どもたちは、上級生たちが大慌てで引き返してくる姿に見るからに戸惑っていた。

ふたりの少年は路地をひた走り、裏山の麓へと急いだ。そこは裏山でもっとも傾斜がきつく、木々がうっそうと茂る場所だった。最高の条件下であっても、登るのがむずかしいところだった。哲也くんは途中で友だちの大輔くんが転んだことに気づき、体を引っ張り上げようとした。が、できなかった。それから彼は斜面をよじ登っていった。一心不乱に登りながら肩越しに振り返ると、黒い津波が足元まで迫ってくるのが見えた。すぐに、足、ふくらはぎ、尻、背中へと水位が上がっていった。「波をかぶったとき、巨大な重力のようなものを感じました」と彼は言った。「まるで、すごい力で誰かに押されているみたいでした。息をすることができなくて、とても苦しかったのを覚えています」。気づくと、哲也くんの体は岩と木のあいだに挟まっていた。しかし、水はさらに上昇していく。それから、暗闇が彼を包み込んだ。

津波のなか

津波の経験者が見たもの、聞いた音、かいだにおいについての説明は、人によって微妙に異なっていた。その差の多くは、本人がいた場所、水が何を越えて近づいてきたかによるものだった。防波堤と堤防を越えて落ちてくる滝のようだった、と説明する人がいた。あるいは、家々のあいだで急激に水位が上がる洪水のようだったと言う人もいた。はじめはわずかな上昇にしか見えず、足や足首を軽く引っ張るくらいだった。しかしすぐに水位は上がり、脚、胸、肩が一気に水に呑み込まれた。津波の色について尋ねると、茶色、灰色、黒、白と答えはさまざまだった。しかし、従来の海の波とは似ても似つかないものだった。葛飾北斎《かつしかほくさい》の有名な木版画に描かれる波とはちがった。泡の触手を伸ばしながら、優雅にうねる青緑色の波ではなかった。津波は異なる次元のものであり、より暗く、より異様で、とてつもなく強力で暴力的だった。やさしさも残虐性も、美しさも醜さもなく、どこまでも異質なものだった。それは陸に迫ってくる海だった。海そのものが立ち上がり、咆哮しながら突撃してくるようなものだった。

塩水、泥、海藻のにおいがした。なかでも人々をもっとも動揺させたのは、津波が立てる音だった。人間世界のものとぶつかり、それを呑み込むときに発生する音だ。木やコンクリート、金属やタイルがバリバリと砕け、キーキーと軋む音があたりに響きわたった。場所によっては、波の上に異様な埃が渦巻いていることもあった。それは、破壊されたビルの上に浮かぶ粉砕物の雲に似ていた。あたかも、地区、集落、町全体が、巨大な圧縮機のなかに置かれ、押しつぶされているかのようだった。

間一髪で安全な斜面へと逃れた永野和一さんと妻の秀子《ひでこ》さんは、眼下で繰り広げられる光景のすべてをその眼で眺めていた。水は脈打つように勢いよく堤防を越え、集落と田畑を覆っていった。「巨大な黒い山のような波がいっせいに押し寄せてきて、家を壊していきました」と和一さんは言う。「まるで固体みたいだった。妙な音もして……なかなか説明するのがむずかしい音ですよ。海の音という感じではなく、地響きに近かった。それが、家が壊れるグシャグシャ、ミシミシというような音と一緒に聞こえてくるんです」

別の音もかすかに聞こえてきた。「子どもたちの声でした」と秀子さんは語った。

『助けて！　助けて！』と叫んでいました」

別の山肌にいた高橋和夫さんもその声を聞いた。学校の裏山の斜面を命がけでよじ登った彼は、途中で水の流れに体をとられたものの、運よく安全な場所へと流されたのだった。「子どもの声は聞こえるんだけど」と高橋さんは言った。「水が渦巻いて、バリバリバリという瓦礫の音と水の音がぶつかって……子どもの声はだんだん遠くなっていった」

津波のなかで死ぬのはどんな気持ちなのか？　最期の瞬間に何を考え、何を感じるのか？　この震災について熟考したすべての人が、そんな問いを自分に投げかけたにちがいない。その問いについて考えると、炎のまわりで羽ばたきする昆虫のように心が騒《ざわ》めいた。ある日、私はためらいながらも、そのことを地元の住人に打ち明けてみた。「ほんとうにその質問の答えを知りたいんですか？」とその男性は訊いてきた。「話をしてくれる友だちがいるけど」

翌日の夜、その人物にインタビューできることになった。彼の名前は今野照夫《てるお》さん。及川利信さんと同じ石巻市北上総合支所に勤める公務員だった。及川さんは典型的な地方公務員というタイプで、物静かで、勤勉で、忍耐強い性格の持ち主だった。一方の今野さんは、想像力豊かで行動的な性格だった。少年時代、彼は東北を離れて世界を旅してまわることを夢見ていた。そんな息子の衝動をなんとか抑えようとした両親は、今野さんが大学に進学することを快く思わなかったという。かくして彼は、自分が生まれ育った場所でずっと人生を過ごし、地方自治体でキャリアを築くことになった。二〇一一年三月、課長補佐として支所地域振興課に所属していた今野さんは、〝危機管理〟の責任者でもあった。地震の恐ろしさ、地震が北上地区に与える脅威について、今野さん以上に知識のある人はほとんどいない。「また大きな地震が来ることは想定していました」と今野さんは語った。「一八九六年と一九三三年の地震以来、しばらく津波も起きていなかったので、津波の発生も想定済みでした」。支所の建つ小さな集落は、釜谷から四キロほど離れた北上川下流の河口近くに位置し、津波の通り道になることは容易に予想がついた。そのため今野さんと同僚たちは、津波の被害を抑える種々の努力を重ねてきた。

二階建ての支所は、海抜四・五メートルほどの土地に建設され、一階は地面よりもさらに三メートルほど高くなるように設計されていた。電気や通信などのライフラインは二階に集められ、地震発生時に震度を記録するデジタル表示装置が壁に設置してあった。*（二三一頁）前年の八月には石巻市による訓練が行なわれ、警察、消防、市職員が地震と津波の際のそれぞれの動きを確認していた。

ついにその瞬間が訪れたとき、今野さんは危機管理のプロとして冷静沈着に行動した。

「地震は三段階に分かれていました」と彼は教えてくれた。「最初に始まったときには、大きな揺れではありましたが、動きはゆっくりとしたものでした。モニターを見ると〝震度5強〟と表示されていて、ついに怖れていたことが起きたのだとわかりました」。揺れが続くなか今野さんは職員に声をかけ、地域への呼びかけの準備を進めるように指示した。津波警報がすぐに発令される、と彼にはわかっていた。「でも、揺れが止まらないんです」と今野さんは続けた。「それどころか、どんどん強くなりました。パソコンのモニターや書類の束やらがすべて机から床に落ちました。それから三段階目に入ると、揺れはさらにひどくなりました」

あらゆる音が鳴り響く喧騒のなか、今野さんは机にしがみついた。部屋じゅうの家具がガタガタと音を立てて互いにぶつかり、床の上を移動した。書類整理棚は大量の書類を吐き出していた。再び、彼は壁のモニターの表示を見た――エラーメッセージ。その後、心臓の鼓動が遅くなるように、少しずつ揺れとパニックが収まっていった。すぐさま、石巻市北上総合支所の職員たちは決められた任務を実行していった。

非常用発電機が音を立てて動き出すと、倒れたテレビが床から持ち上げられ、再び電源やアンテナが接続された。即座に、防災無線のスピーカーを通して津波警報が地域各所に伝えられた。スピーカーが壊れた地域には、及川さんと部下たちがただちに派遣された。

計画どおり、警察と消防の代表者が支所に移動してきた。「すべてがうまく機能していました」と今野さんは言う。「怪我人もいませんでしたし、みんなが冷静で、建物への被害もほんのわずかでした。いままで、このために訓練をしてきたんです。誰が何をするべきか、次に何をするべきか、全員がきちんと把握していました」

地震後まもなく、支所内の人の数が五七人に増えた。そのうち三一人は地元住民で、堅牢で近代的なビルの安全を求め、壊れやすい建物から避難してきた人々だった。そのなかには、大川小学校とは反対側の北上川北岸に建つ小学校の児童六人、地元のディサービス・センターの高齢者八人が含まれていた。うち三人は車椅子で、四人は体を抱えて二階まで運び上げる必要があった。まわりの人々が手伝い、高齢者たちは二階の避難場所まで安全かつスムーズに移動した。

＊ここでいう「震度」とは、地震が地面に与える影響の大きさを指す日本独自の基準で、震源からの距離や地形によって震度は各地で異なる（一方、世界共通の一定の数字で表される「マグニチュード」は、地震によって放出されるエネルギーの大きさを測ったもの）。日本の気象庁は、震度を0〜7に分類。震度0は、ほとんど体では感じられない程度の微震である。震度7の揺れでは、人や物は床に叩きつけられ、地滑りが発生し、多くの建物が損傷・倒壊する。

三時一四分、気象庁は予想される津波の高さを六メートルから一〇メートルに修正。ところが、非常用電源が故障したため、今野さんや同僚たちに新たな津波警報が届くことはなかった。届いていたとしても、何も変わっていなかったにちがいない。

高台に建つ支所の建物は正面が山側、うしろが川側を向いていた。正面玄関の眼下には小さな集落があり、その奥に里山が見えた。今野さんがいた部屋は山側に面しており、窓から海や北上川を見渡すことはできなかった。その窓から見える〝水〟は、穏やかな流れの茶色い小川だけだった。排水溝のようなその小川の水が、北上川にちょろちょろと流れていた。「最初に気づいたのは、その小川の流れの変化でした」と彼は言う。「水が白くなっていたんです。渦を巻くように泡立って、逆流していました。それから水があふれ出し、奥の川からさらに水が流れ込んでくると、まわりの家にまで押し寄せました。郵便局の建物が持ち上げられて、水のなかで回転していました。水に倒される家もあれば、持ち上げられて浮かぶ家もありました」。その破壊の光景には、神秘的な音がともなっていた。「それまで聞いたこともないような音です」と今野さんは続けた。「水が迫ってくる音だけではなく、木材がねじれて裂ける音も聞こえてきました」。五分という短い時間のあいだに、八〇軒の家々が並ぶ地域全体が物理的に根こそぎにされ、ぷかぷかと流され、山際へと押しやられた。

　今野さんが想定したシミュレーションやハザードマップのなかには、これに対応できるものはひとつもなかった。「事務所の職員たちは、その景色を見下ろして仰天していました」と彼は言う。「信じられない光景でした。どこか別の場所で起きているかのようでした。でも、そのときの私は『これだ、これが六メートルの津波なんだ』と考えていました。でも、そこで終わるものだと思っていたんです」

　窓の向こう側では、下の駐車場が黒い水で覆われていた。その瞬間、建物全体にどしんと震えが伝わってきた。実際には見えなくても、今野さんは何事かを理解していた。波の圧力によって一階の大きな板ガラスの窓が割れ、室内に水が入り込んできたのだ。

「ダムが決壊したかのようでした」と彼は言った。「机、椅子、書類が部屋の反対側からどっと押し寄せてきました。また地震が起きたみたいに建物全体が揺れて、天井の照明とパネルも落ちてきました」

　市の職員、警察官、消防士、児童、高齢者、介護者は、猛威を振るう波をなすすべもなく見つめるしかなかった。今野さんは災害訓練のことを思い出し、建物内で構造的にもっとも強い角の部屋に移動するように全員に命じた。その部屋のドアを閉めた瞬間、また強い衝撃が伝わってきた。部下のひとりが駆け寄ってきて、今野さんに報告した――公民館棟の屋根が持ち上がり、支所の事務室棟に激突した。

今野さんは自分の机に戻った。あまりの展開の速さに、なかなか頭が追いつかなかった。直前まで、彼は訓練されたチームを率いて、周到に準備された合理的な計画を遂行していた。しかしいま、彼を含めたまわりの全員が死に直面していた。押し寄せる水は、もちこたえられる限界まで建物を押しつづけた。すでに水没した一階から、波が二階までみるみる上がってきた。今野さんが机の上に逃げるのとほぼ同時に、暴力的な黒い水が机を丸ごと呑み込んだ。凄まじい衝撃がまた襲ってくると、突然、彼の体は戸外へと投げ出された。

外は寒かった。ゆっくりと宙を舞って落ちるような感覚が今野さんを包んだ。途中、投げ出される直前までいた建物が視界に入ってくると、そのすべての窓から水が噴き出しているのが見えた。近くには同僚の阿部さんという男性がいて、同時に落下していた。眼鏡をかけたまま驚きの表情を浮かべる阿部さんの顔を、今野さんの眼はしっかりととらえていた。次の瞬間、彼は水のなかにいた。

波のなかでは、水が猛烈な勢いで渦巻いていた。「洗濯機のなかにいるみたいでした」と今野さんは表現した。水に手足をとられ、体を動かすことはできなかった。体は下にぐいぐい引っ張られ、アスファルトに触れるほど深くまで沈み込んだ。駐車場のアスファルトが、いまでは海の底へと変わっていた。そのとき、今野さんは自分の人生が終わりに近づきつつあることを悟った。「あの話はほんとうなんですよ。家族や友だちの顔が見えるんです。ほんとうに……はっきりと覚えています。みんなの顔が見えました。最後に頭のなかで言ったのは、『もう終わりだ、ごめん』という言葉でした。恐怖とはちがう感情でした。どこまでも悲しい気持ち、それと後悔ですね」

過去の思い出が走馬《そうま》灯《とう》のように頭のなかを駆け巡るさなか、今野さんは首が動くことに気がついた。それから腕と脚が動くようになると、手足をバタバタさせて体を上へと押し上げ、なんとか水面から顔を出すことができた。

何かつかめるものがないか周囲を探した。木の枝を見つけたが、小さすぎた。次に太い丸太を見つけ、必死でしがみついた。水面に、眼鏡を失くした阿部さんが見えた。太い木の幹につかまる阿部さんは、川から離れて北側の山のほうに流されていった。しかし今野さんは、反対方向に向かって水面をぐるぐるまわっていた。かつて南側にあった川は、いまや海と化していた。

それまで恐れを感じることなく死を覚悟していた今野さんは、いまでは恐怖に駆られていた。「渦巻きに吸い込まれるような感覚でした」と彼は言った。「また水のなかに沈んでしまい、今度こそ終わりだと思いました。でも、どういうわけか渦巻きから解放されて、ゆっくりと静かな流れに乗って川の真んなかまで来ていました」

家の外壁の一部と思われる幅広の木製パネルを見つけると、体をそちらに移動させた。回転する木の幹よりも、体をずっと安定的に支えてくれた。パネルにしがみついた彼の体は、再び川岸のほうに勢いよく流され、麓が水没した里山のほうに近づいていった。水の下のどのあたりに堤防と道路があるのか、今野さんはだいたいの位置を把握していた。水深が浅いところに足を下ろし、安全な場所へと水のなかを移動すればいいのではないか――。ところが希望がよみがえってきたその瞬間、津波が引きはじめ、陸に押し寄せていた水がまた反対方向に流れ出した。

今野さんの体は、再び流れに乗って川の河口のほうに運ばれていった。ふだん見ていた建物が、瞬く間に視界を過ぎていった。勤務先の支所の輪郭が見え、全壊は免れているのがわかった。今野さんがしがみついた外壁パネルは下流に向かう引き波に乗り、ぽっかりと口を開けた北上川の河口を越え、太平洋の水平線のほうにさらに流されていった。

時間が経過する感覚はすべて失われていた。眼でも耳でも、ほかの生き物の存在はまったく感じられなかった。全世界が洪水によって崩壊し、自分が唯一の生存者になった気分だった。今野さんのノアの方舟は木製の外壁パネルの一部で、二×一メートルの大きさだった。彼はパネルに半分体を乗せ、死に物狂いでしがみついた。そのパネルが彼の命を救った。より小さく安定性のないものにしがみついていたら、すぐに体力が奪われて途中で体が投げ出されていたにちがいない。今野さんは川の領域を越えて海へと流されたものの、幅の広い追波湾の内側にとどまり、一度も陸《おか》を見失うことはなかった。津波の最初の大きなうねりに引き戻されたあと、次のうねりが来ると、体は再び川のほうへと押し流されていった。

体は旅の出発点である支所を越え、かつて小さな公園があった方向に流されていった。その公園は堤防の高い部分のすぐ下にあるため、水が黒い滝となって注ぎ込んでいた。今野さんはちょうどその上のあたりに浮かび、滝に落ちる瀬戸際にいた。このまま呑み込まれれば、意識を失ってしまう。そう怖れていた刹那、実際に呑み込まれ、意識を失った。意識が戻ると、瓦礫の塊に体が引っかかっていた。塊のなかに赤瓦の屋根があり、木枠の上に並ぶ瓦は頑丈で無傷のままだった。彼はその上に体を引っ張り上げた。事務所から投げ出されて以来、水の上に出たのはそれが初めてだった。

そこから、この試練のなかで今野さんがもっとも恐ろしかったと語る部分が始まる。突然、彼は猛烈な寒さに気がついた。

「風が吹きはじめました」と彼は説明を続けた。「雪交じりの激しい風です。とにかく寒かった。上半身は濡れたシャツだけで、ジャケットも着ていなかったし、靴も履いていませんでした。体が震えはじめました。それほど遠くないところに山が見えました。私は泳ぎが得意でしたが、とても寒くて、たどり着けそうにはありません。そのうち、また意識が遠のいていきました。私は数を数えはじめました。津波の流れが逆転して、次に海に引き戻されるまでにどれくらいの時間があるか知りたかったんです。一六〇まで数えました。その数ははっきり覚えています。それから、横たわっていた屋根が動きはじめたんです」

屋根が水のうえで回転すると、今野さんはまた気を失いはじめた。ぼやけていく視界のなかに、見知った場所の景色が入り込んできた。鈴木光子《みつこ》さんという名の年配の女性の家だった。今野さんが通っていた保育園の保育士だった女性だ。山あいの斜面に建つその家は、一階こそ水浸しだったものの、二階には水が及んでいなかった。そこから大きな声が聞こえてきた。「がんばって！」

鈴木さんの声だった。水面に浮かぶ屋根の存在に気がついた彼女は、その上でうつ伏せになってしがみつく人間の姿を見つけたのだった。鈴木さんの声に導かれるように屋根が家のほうに少しずつ近づいていき、家の正面の玄関に楔《くさび》を打つようにくっついて止まった。

老婦人の顔が、下にいる今野さんのほうに向けられた。「照夫くん！」と彼女は言った。「何してるの？　上がって。早く上がって！」

「先生、無理だ」と今野さんは声を絞り出した。「もう力がないんです」

「何を言ってるの？　力がない？　いいから上がってきて」

波の流れが入れ替わり、屋根は再び家から離れようとしていた。今野さんにとって、それが最後のチャンスだった。なんとか立ち上がったものの、次の瞬間、垂れ下がった電線が体に引っかかった。「もつれた電線が体に絡まっていました」と彼は言った。「電線を手でつかんだまま、泳いで正面の玄関から家に入りました。室内は真っ暗でした。鈴木先生は二階にいて、私の名前を呼びながら懐中電灯でこちらを照らしてくれました。そこから、いったいどうやって二階にたどり着いたのかはわかりません。記憶がまったくないんです。でも、どうにか二階に上がっていました」

時間はすでに五時過ぎ。つまり今野さんは、二時間半以上のあいだ水のなかで過ごしたことになる。溺死はなんとか免れたものの、今度は低体温症で死にかけていた。この症状特有の躁《そう》状態も現れはじめた。のちの鈴木さんの説明によると、疲労困憊の体《てい》だった今野さんは、突如として常軌を逸した行動に出たという。彼は引き出しや食器棚の扉を開け、なかのものを床に放り投げ、血眼になって乾いた服を見つけようとした。かつて保育士だった鈴木さんは彼を宥《なだ》め、服を脱がせ、自分のベッドに寝かせ、皮膚をこすって体を温めた。今野さんは何ひとつ覚えていなかった。彼の意識にあったのは、〝黄金の手〟だけだった。「鈴木先生の手のことです」と彼は言った。「でも、それは菩薩《ぼさつ》さまの手でもあったんです。丸くて、柔らかく、温かかった。実際には、鈴木先生を見ていたわけではないと思います。眼を開けることができませんでしたから。でも、黄金の手をもった、柔らかくて丸い菩薩さまみたいなものが見えたんです」

翌朝、今野さんは不安に駆られて急に眼を覚ました。窓の外を眺めると、水がすでに引いているのがわかった。心配して止める鈴木さんを無視して、彼は支所に向かった。そこに避難していたほかの人たち――彼自身が安全な部屋へと誘導した人たち――を見つけたかった。鈴木さんの家から支所までは、わずか数百メートルほどの道のりだった。しかし、スリッパを履いた足で雪と瓦礫をかき分けながら進まなければいけなかったせいで、結局一時間もかかった。坂道を上がって支所を見渡せる場所までやってきた今野さんは、最悪の事態が起きたことを一瞬のうちに理解した。

支所の建物は、ぱっくり口を開けた貝殻のようだった。あたり一帯に死体が散乱していた。泥の水たまりに半分沈んだ死体、柵に覆いかぶさった死体。なにより恐ろしかったのは、水を打ったような静けさだった。「音のない世界でした。まったく音がしないんです」と今野さんは言った。「怖くて体の震えが止まりませんでした」

支所にいた人間のなかで、助かったのはふたりだけだった。もうひとりの生存者は山のほうに流され、安全な場所へと救助された。ほかの全員が亡くなった。警察官、消防士、子どもたち、杖をついた高齢者、車椅子の高齢者……。今野さんと一緒に戸外に投げ出され、逆方向に流された阿部さんは、生きたまま山にたどり着いた。が、そこで力尽き、夜の寒さのなかで死んだ。

それほど多くの人が犠牲になったなかで、今野さんの命を救ったものはなんだったのか？　体力や精神力だろうか？　あるいは、水のなかに突入する直前に、運のいいタイミングで最後の一息を吸い込んだだけだったのか？　水中の漂流物にぶつかったせいで体は痣《あざ》だらけだったものの、顔に傷はなかった。もっとも大きな怪我は、指三本の骨折だった。今野さんはすぐに仕事に復帰し、避難者への支援活動を取り仕切り、遺体の特定を手伝い、悲しみに暮れる遺族を慰めた。

通常であれば、今野さんのような経験をした人にとっては、とりわけつらく過酷な仕事だったにちがいない。しかし彼はその経験を乗り越えたからこそ、精神的な苦しみに無関心でいられたし、いかなる種類の不安に襲われることもなかった。生に対しても、死に対しても恐れを感じなかった。いわば、重い病気に苦しんだ末に助かり、将来の感染への完全な免疫力を獲得した人間のようなものだった。自身の命が消失する可能性——ただちに、あるいは近いうちに、あるいは遠い将来に死ぬ可能性——は、彼にとってまったく関心がないことだった。

三途の川

山にたどり着いた只野哲也くんは、泥で眼が見えなくなり、津波の轟音のせいで耳が聞こえなくなった。瓦礫の丸太に引っかかって手足は動かなかった。同時に、動けないのには別の理由もあった。もぞもぞと動く何かが、体の上に重くのしかかっていたのだ。その正体は、哲也くんと同じ五年生の日下部蒼佑くんだった。蒼佑くんは家庭用の冷蔵庫に命を救われていた。波に呑み込まれて水中で手足をばたつかせていた蒼佑くんの近くに、扉が開いたままの冷蔵庫が流されてきた。彼は身をよじらせてなかに入り、ボートのように乗ってバランスをとった。が、すぐに投げ出され、同級生の背中の上に落ちたのだった。

「助けて！　下だよ！」と哲也くんは叫んだ。その声を聞いた蒼佑くんは、哲也くんの体のまわりの土を必死で掘った。命からがら助かったふたりの少年は急な斜面に立ち、眼下の光景を眺めた。

哲也くんの頭に最初に浮かんだのは、自分と友人はすでに死んだという考えだった。荒れ狂う水の流れは、三途《さんず》の川（欧米でいうところのステュクス河）なのではないか——。善良な人生を送ってきた者は、橋を通って安全に三途の川を渡ることができるといわれている。悪事を働いた者たちは、龍の棲む川の水のなかを危険覚悟で横切らなくてはいけない。罪深いわけでも高潔でもない無垢な子どもたちは、親切な地蔵菩薩《じぞうぼさつ》の助けを借りて渡河することになる。この菩薩は同時に、鬼による略奪から子どもたちを護ってくれる。

「死んだと思った」と哲也くんは言った。「死んで、三途の川が見えているのかって……でも（新北上）大橋もあるし、三角地帯もあった。だから、ここは釜谷かなと思って……」

いったん引いた水が、再び山肌に押し寄せてきた。ふたりの少年はふらつきながら斜面をよじ登っていった。哲也くんの顔は黒く汚れ、痣ができていた。激しい津波の水流のなかで、サイズの合わないプラスティック製のヘルメットのストラップがねじれ、眼が深くえぐられてしまったのだ。そのあと何週ものあいだ、視力が完全に戻ることはなかった。眼下の水のなかで何が起きているのか、彼にはぼんやりとしか見えなかった。

蒼佑くんは左手首の骨が折れ、肌には棘《とげ》が刺さっていた。しかし、視力には問題がなかった。学校の運命、友だちの運命……見えるものはすべて視界に入ってきた。その後、彼がそのときの出来事について公の場で話すことは一度もなかった。

蒼佑くんは眠気に襲われていた。「ちょっと待ってよ、やばいなと思った」と哲也くんは振り返る。「助けてもらったのに、死なれては困るし」——ところが蒼佑くんの意識は、ますます眼のまえのことから切り離されていった。哲也くんの意識も別の場所をさまよい、ぼんやりとしはじめた。今日が何日なのか思い出すのも苦労するようになった。直前まで、彼の妹も校庭にいた。何かを取りに家に戻った母親も、どこか近くにいたはずだ。不意に、自衛隊のことが頭をよぎった。いまごろ、こちらに助けに向かっているにちがいない。哲也くんは隊員たちに向かって叫んだ——助けて！　助けて！「……だけど、来なくて」と彼はそのときの様子を語った。「そういうことを考えているうちに、蒼佑が眠ってしまった」

石巻市北上総合支所の及川利信さんと同僚たちは、拡声器越しに避難を呼びかけながら大急ぎで釜谷を抜け、新北上大橋のたもとにある三角地帯にたどり着いた。彼らは愕然とした。いまだ何台もの車が反対側から集落へと進み、迫りくる津波のほうに向かおうとしていたのだ。及川さんら職員たちは道路脇に車を停め、運転者たちを強制的に戻らせるチェックポイントを作ろうとした。しかし車を停めてまもなく、水が堤防を越えて押し寄せてきた。

「滝のように迫ってきました」と及川さんは言った。「とにかく走りました。考えている時間なんてありませんでした」。唯一の安全な場所は、小学校の裏山のちょうど反対側にある急勾配のコンクリートの法面《のりめん》だった。職員六人のうち四人が法面にたどり着いてよじ登り、すんでのところで命拾いした。五人目の佐藤さんという男性職員は水をかぶったものの、同僚たちに体を引っ張り上げられて九死に一生を得た。六人目の菅原秀幸《すがわらひでゆき》さんは車に閉じ込められ、車ごと水にさらわれてしまった。それが彼の最期だった。

その斜面から、職員たちは津波が眼のまえの道路と三角地帯を呑み込んでいくのを眺めた。そこは、石坂教頭が最終的な避難先として選んだ場所だった。たとえ教師や子どもたちの誰かがたどり着いたとしても、一〇メートル近い高さの津波に巻き込まれて死んでいたことはまちがいない。津波が松林をなぎ倒してから移動してきた距離、それにかかった時間を計算し、及川さんはそのスピードを割り出した——時速六〇キロ以上だった。水に運ばれてきた松の木は、津波の破壊力を大きく押し上げた。破城槌《はじようつい》と化した二〇メートルほどの木々は、近寄ってくるものすべてを打ち砕いた。新北上大橋まで流れ着いた松の木の幹は、橋にぶつかって互いに絡み合い、即席のダムへと姿を変えた。そして津波の流れを堤防の外側に、つまり釜谷の集落のほうへと迂回させた。「そのせいで状況がさらに悪くなりました」と及川さんは言う。「もちろん、橋の下にも水はまだ流れていました。だけど、木が障害物になって水の一部が押し戻されて、集落と学校のほうに流れ込んでいったんです」

堤防の強度は一定とはいえなかった。場所によっては砂の城のごとく堤防が破壊され、むき出しになった家々が津波の水に襲われた。そんな運命の犠牲になったのが、間垣の集落だった。「一緒にいた佐藤さんは間垣に住んでいました」と及川さんは当時について語る。「佐藤さんは自分の家が流される瞬間を見ていました。家にはご両親、娘さん、お孫さんがいたそうです。この津波で、その全員が亡くなりました。『おれの家、おれの家が！』と佐藤さんは叫んでいました」

ビデオカメラを携帯していた職員のひとりが、ある時点から撮影を始めた。この一分五八秒の映像は、大津波に襲われた直後の大川地区の姿を映した唯一の映像記録となった。[1]動揺した職員が撮影する映像は大きくぶれ、黒い川、橋の緑色の鉄骨、住宅が一軒しか残っていない間垣集落のあいだを行き来する。不意に、カメラを持つ男性の声が聞こえてくる。「学校、大丈夫か？　学校！」。するとカメラは木々と空のほうに向けられ、それから乾いた草や茎のあいだの地面に放置される。

水浸しの服に体を震わせていた佐藤さんは、もうひとりの同僚と一緒に山の反対側の麓にある集落を目指すことになった。及川さん率いる残り三人のグループは、生存者を探すために山のなかを進んでいった。手をこすり合わせて温めながら、彼らは木々のあいだをのぞき込み、誰かいないかと大声で呼びかけた。やがて、三人の叫びに呼応する力強い声が聞こえてきた。高橋和夫さんの声だった。裏山へと駆け寄るさなか、児童たちが学校から飛び出してくるのを目撃した人物だ。

高橋さんは威厳ただよう昔気質《かたぎ》の年配の男性だった。その日の経験について聞こうと彼のもとを訪れた記者たちは、みな門前払いを食らった。自分の功績にはまったく興味を示さなかったものの、彼はその日の英雄のひとりだった。陸と波の狭間で、六人の命が高橋さんによって救われた。

高橋さんが裏山の斜面を登りはじめると、ちょうど津波が押し寄せてきた。が、幸いにも足をとられることなく、ぎりぎりのところで逃げ切ることができた。まわりのいたるところから叫び声が上がっていたが、ひとりの声がとりわけ近くから聞こえてきた。声の方向に走っていくと、ひとりの女性がいて、浮かんだ瓦礫に引っかかった幼い女の子を救い出そうとしていた。高橋さんはあえて危険を冒し、水のなかに入って女の子の体を引っ張り上げた。大川小学校一年生の川添莉央《かわぞえりお》ちゃん（仮名）だった。津波から生還した四人の児童のうち、最年少の少女だ。高橋さんは水際に沿って山中を進み、さらに五人を安全な場所に引き上げた。そのほとんどは高齢者だった。

高橋さんに導かれ、山のなかの開けた場所へとたどり着いた生存者たちは、震える体のまま地面に坐った。誰かが持っていたライターを使い、小枝と竹の切れ端に火がつけられた。ときおり林の奥から人の声が聞こえると、高橋さんが誰かいないか探しにいった。その後、及川さんのチームが合流した。さらに哲也くんと蒼佑くんも近くにいるところを発見され、パチパチと音を立てるたき火の輪に加わった。

合計で一四人がその場所に集まっていた。凍てつく寒さだった。あたりは闇に包まれ、雪が降っていた。多くの生存者の服は濡れ、高齢の男性のひとりは裸足だった。会話はほとんどなかった。霜が降りた小枝をたき火に投げ入れ、火を絶やさないようにした。炎の近くに枝を立てかけ、濡れた衣服を干した。涙を流す人も、感情をあらわにする人もいなかった。励まし合うわけでも、互いを元気づけるために歌を歌うわけでもなかった。山中にいた生存者の心は、そこにいない人々に向けられていた――両親や祖父母、子どもや孫、きょうだいや配偶者。みんな、まだ山の下のどこかにいるはずだった。

生存者のなかに、津波でずぶ濡れになった六〇代の夫婦がいた。妻のほうが何かを抱きしめていた。近くにいた及川さんの眼にははじめ、光沢のある黒い人形に見えたという。ところが少したつと、人形が弱々しく動くのが見えた。小さな犬だった。もともとは白い毛の犬が水に呑み込まれ、汚臭を放つ泥で真っ黒に染められて戻ってきたのだ。「私たちが着ていたシャツと同じでした」と及川さんは言う。「津波のなかでは、白いものがすべて黒くなったんです」

女性の夫はまったく話すことができず、その呼吸は浅く苦しそうだった。目立った外傷はなかったものの、内臓に大きな損傷を受けていることは明らかだった。緊急の助けが必要だった。が、誰も医学的な知識などもっていなかった。幹線道路まで数百メートル、入釜谷の集落まで一キロ半もない場所だった。しかし、あたりは真っ暗だった。森の地面は障害物だらけで、氷が張って滑りやすかった。山のなかにいた男女の思考は、寒さとの個人的な闘いに支配されていた。たとえ重傷を負った男性を助けるためだとしても、火から離れるという考えは耐えがたいものだった。まわりの人々は男性を火の近くに寝かせ、体が冷えないようにした。午前三時ごろ、突然、彼の苦しそうな呼吸が止まった。「動揺する人はいませんでした」と及川さんは言った。「奥さんでさえあまり悲しみを見せませんでした。みんながたいへんな思いをして生き残っていたその状況では、そのことは——つまり、死は——恐ろしいものではありませんでした」。激しい雪が降りつづけ、地面はひどく冷たかった。哲也くんとほかのふたりの子どもたちは、冷たい地面の上で眠っていた。

「ほんとうは止めるべきなんでしょうけど」と及川さんは言った。「そういう寒さのなかでは、子どもが眠ってしまうのを止めなくちゃいけないとわかっていました。でも、そのまま眠らせました」

朝六時ごろ、太陽が昇った。三人の子どもたち、一匹の犬、一〇人の生き残った男女は最後の力を振り絞り、なんとか地面から立ち上がった。水没した山の麓でミカン一個とカスタードクリームのパックが見つかると、子どもたち三人が分け合って食べた。遺体を運ぶ体力は誰にもなく、亡くなった男性は山中に置いたままにされた。彼らは道路へとつながる坂を下り、それから入釜谷のほうに向かった。入釜谷には、地域全体から避難者が集まっていた。そこに、もうひとりの生存者がいた。唯一生き残った教員である遠藤純二教諭だ。彼ならば、学校で何があったのかを知っているはずだった。

第4部　見えない魔物

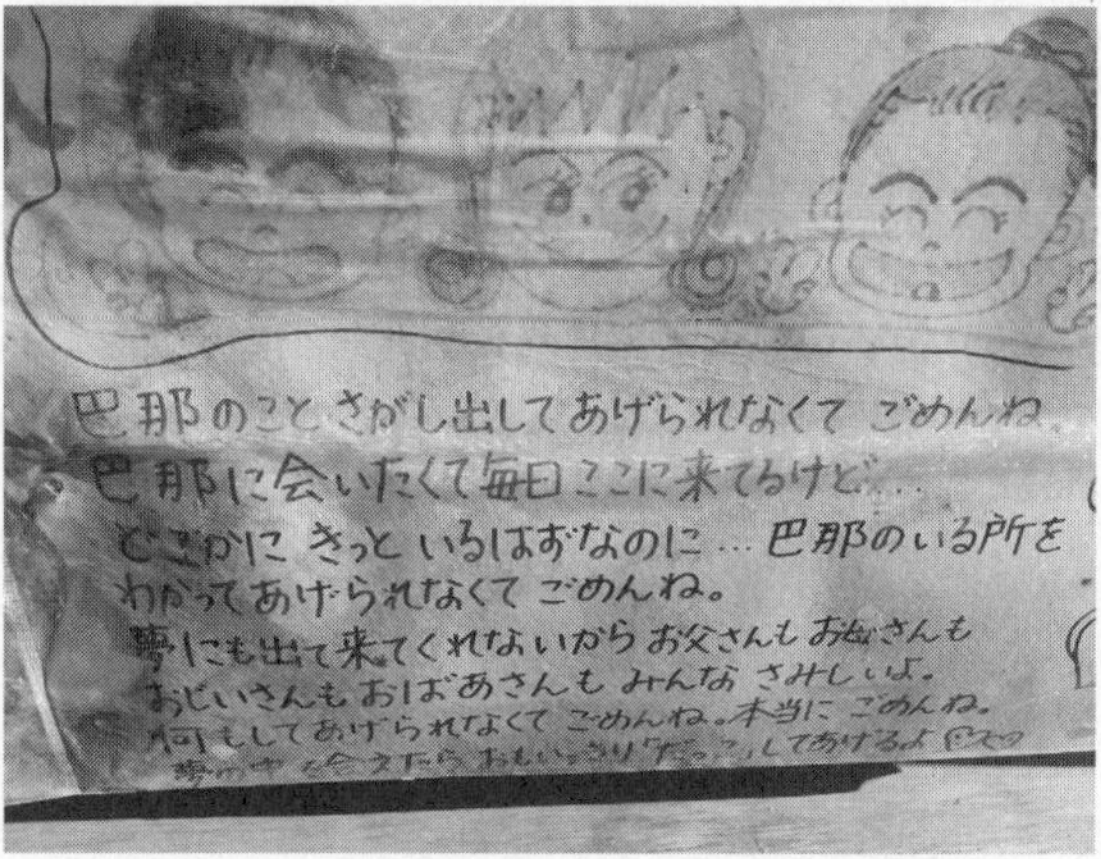
巴那のこと さがし出してあげられなくて ごめんね。
巴那に会いたくて毎日ここに来てるけど……
どこかに きっと いるはずなのに…巴那のいる所を
わかってあげられなくて ごめんね。
夢にも出て来てくれないから お父さんも お母さんも
おじいさんも おばあさんも みんな さみしいよ。
何もしてあげられなくて ごめんね。本当に ごめんね。
夢の中で会えたら おもいっきり「だっこ」してあげるよ

蜘蛛の巣都市

私が東京で初めて住んだ場所は、東京湾の近くにある埋立地の島だった。住みはじめて二週間もたたないうちに、最初の地震が起きた。寝ているあいだに揺れは収まったものの、それは私の意識のなかにかすかな徴《しるし》を残した。人生で初めての地震を体験した私は、不意に覚醒状態になり、とらえどころのない不安に駆られ、吐き出された煙のような曖昧模糊とした感覚を味わった。理由もわからないまま、私は眼を覚ました。明かりをつけ、起き上がりたいという必要性を体のなかでぐいぐいと感じた。見知らぬ都市にいる、たったひとりの外国人になったような気がしてならなかった。

翌日の朝食のとき、ホームステイ先の日本人家族が地震について教えてくれた。昨晩の揺れは小さかったものの、揺れがどしんと一気に来たのは珍しいことだった。通常、揺れは一定の時間続くという。昨日のような突然の揺れは、地殻変動が落ち着いておらず、さらに動きが続くことを示すものだった。家族の話によれば、地震は頻繁に起きるものであり、少なくとも数週間に一度はあるとのことだった。見逃しようのない大きな揺れもあれば、街の日常的な喧騒――建設工事、トラックの通過、地下鉄の振動――と区別するのがむずかしい小さな揺れもあるという。大きな地震が最後に起きたのは、半年前のことだった。そのときはマンション全体の継ぎ目から軋むような音が聞こえ、天井から吊るされた照明が激しく揺れ、隣人たちが驚いて叫び声を上げた。さらに、一九二三年の関東大震災の再現となるような巨大地震がまたいつか起きることはまちがいなかった。戦前、東京と横浜の周辺を襲った関東大震災では、地震とそのあとに起きた大火事によって十数万人の命が奪われた。関東地方ではそのような大地震が周期的に発生しており、次の地震がいつ起きてもおかしくない状況だった。

私はそのことを知っていた。日本に来る人は誰もが、到着して数日もしないうちにこの情報を手に入れることになる。東京に着いて外国人が最初に知るのは、「東京がもうすぐなくなるかもしれない」ということだ。

私の友人たちは、噂話をするかのごとく愉しそうに大地震について話した。新たに来日した友人たちにこの恐ろしい情報を伝えることには、いたずら心をくすぐる喜びがあった。

それは趣味の悪いお遊びでしかなく、警戒心や恐怖心からの行動ではなかった。大量の人命を奪い取り、都市を全滅させるかもしれない地震の話は、朝食時にぴったりのたわいもない話題でしかなかった。土砂降りのにわか雨、あるいは季節外れの雪くらいの心配事でしかなかった。

遠くない将来、東京ではかなりの高確率で大地震――街の広い範囲を破壊し、何万人もの命を奪う火災や津波を惹き起こす地震――が発生すると予想されている。(1)その理由は簡単だ。東京、横浜、川崎がひとつの巨大都市として合体する関東平野では、これまで何世紀にもわたって、六〇年から七〇年の周期で破壊的な大地震が起きてきた。一四万人の犠牲者が出た最後の巨大地震が起きたのは一九二三年。だとすれば、そろそろ地震が起きてもおかしくはなかった。しかし地震学者たちによれば、実際にはそれほど単純な話ではないという。(2)たとえば、過去の東京の人地震は異なる断層において、それぞれ別々のサイクルで起きてきた。さらに、数百年単位でパターンを見いだそうとするのは、どんなケースであれ期間があまりに短すぎる。だとしても、（学者によって見解は微妙に異なるもの）全員が導き出した結論は同じだ――地震による広範囲の破壊は不可避であり、地質学的に見てもその時期は差し迫っている。

自然災害の話をするとき、予想される犠牲者の数があまりに多いと、現実感を薄めてしまうことがある。より大局的に見るために、ここではふたつの原子爆弾の被害者数と比較してみたい。一九四五年八月の広島ではいっときに七万人が死に、年末までにさらに六万人が怪我や放射性疾患によって亡くなった。長崎に投下された原子爆弾の被害はより小さく、合計で七万四〇〇〇人が犠牲になった。日本政府は二〇〇四年、東京での直下型地震によって一万三〇〇〇人ほどの犠牲者が出る可能性があると発表した(3)(広島の原爆の犠牲者数の一〇分の一)。その六年後の二〇一〇年、特定の断層に起因する揺れが、さらにふたつの断層での地震を誘発するというシナリオについて検討した日本政府は、全国で二万四七〇〇人あまりが死亡すると結論づけた(4)(長崎の原爆の犠牲者数の三分の一)。東日本大震災後の予測は、より悲観的(あるいは現実的)なものだった。二〇一二年に新たに発表された研究結果によれば、南海トラフを震源とする地震と津波によって、太平洋沿岸で三二万三〇〇〇人が死亡し、六二万三〇〇〇人が負傷するおそれがあるという(5)。

これは、変わり者や活動家による臆測ではなく、日本の内閣府——必要以上に物事を騒ぎ立てることを本能的に避けようとする、どこまでも注意深い組織——が慎重に調査した結果だった。もちろん、日本がこれまで採ってきた数多くの対策や予防措置を考慮したうえでの予測だった。頑丈な建築物、防波堤、定期的な避難訓練……。にもかかわらず、その結論は身の毛がよだつものだった――いつ起きてもおかしくはない南海トラフ巨大地震によって、原子爆弾四つ分以上の死者が出るかもしれないというのだ。

そのような知識をもちながら日々の生活を送るのはどんな気分なのだろう？　地震の宣告を受けて生活する人々の頭のなかはどうなっているのか？

同じ質問の数々が、数日おきに、ときに数時間おきに頭に入り込んでくる。とくに、初めて行く場所やなじみのない地域にいるときはその頻度が高くなる。高架式の高速道路を走る車の座席に坐りながら、あるいは地下街を歩きながら、警戒心というよりも好奇心から多くの人が自問する。いま例の巨人地震が起きたら？　あの高架道路の支柱には充分な強度があるだろうか？　あの板ガラスは外れないだろうか？　あの古いビルの屋上にある、錆びた巨大な水タンクはどうなる？　このような心理状況に陥るもっともわかりやすい例が、住む場所を選ぶときだ。物件探しの最中、日本では多くの人がふたつの質問を頭に思い浮かべているにちがいない。質問1――このマンションは便利な場所にあり、管理状態がよく、家賃は妥当だろうか？　質問2――地震が起きたとき、この建物は倒壊し、私は死ぬのだろうか？

ほぼすべての近代的な建物についていえば、二番目の質問への答えは「いいえ」となる。

二〇一一年三月の東日本大震災の予期せぬ影響のひとつに、地震に対する人々の不安を軽減したという一面がある。震源地にいちばん近い大都市の仙台でさえも、揺れそのものによる被害は驚くほど少なかった。建物の壁に亀裂が入り、窓が割れ、駅の天井パネルの一部が落下した。とりわけ郊外の丘陵地では、古い家屋が倒壊したり、土台からずれたりしたケースもあった。しかし、大規模な火災は起きなかった。近代的なビルは崩壊するどころか、ほとんど被害を受けなかった。

実際、地震の揺れによる犠牲者の割合はきわめて少なかった[6]。九九パーセント以上——一〇〇人ほどをのぞく残りの全員——が津波に呑み込まれて亡くなった。津波から生き残るためには、頑丈な建物にいるだけでは充分ではなく、それが高い建物でなくてはいけなかった。地震のときには、障害物のない浜辺といった開けた土地にいることがもっとも安全になる。しかし津波のときには、そのような開けた場所にいることは致命傷になる。ある脅威が去り、別の脅威が出現すると、人々は頭のなかで再調整を行なった。結果的には、全体的な〝安心感〟について変化はみられなかった。3・11を経験した人々は、たんに頭のなかにある〝地震像〟を交換しただけだった。火災と鈍い衝撃という古いイメージを、溺死という新しいイメージに交換しただけだった。

この国に住む私は、頑丈な建物の二階より上のフロアで働き、生活している。私の家、オフィス、子どもたちの学校は激しく揺れたり、構造的な損傷を受けたり、さらには住めない状態になったりするかもしれない。だとしても、倒壊あるいは水没する可能性はきわめて低い。日本の富と高度な技術は、世界のほかのどこよりも災害に強いシステムを築き上げてきた。しかし個人個人の安全については、その瞬間にその人物がどこにいるかにすべてがかかっているといっていい。

ある晩、東京で友人たちと夕食を愉しんでいるあいだ、「大地震のときにいちばんいたくない場所は？」という話題になった。友人のひとりは、東京モノレールの車内がいやだと言った。金属とコンクリートでできた東京モノレールの細長いレールは、東京南西部の羽田空港から化学薬品や石油のタンクの上を抜けて都心へとつながっている。別の知り合いは、亀裂の入ったトンネルの暗闇のなかで地下鉄の車内に閉じ込められるのが最悪だと言った。私が思い浮かべたのは、いかにも脆そうな歩道橋を渡っている最中に地震に襲われるというシチュエーションだった。幅の広い道路に渡された歩道橋は、下の六車線の幹線道路と頭上の高速道路に挟まれていることも多い。そんな会話をしながら私は、いま自分たちがいるレストランのことが気になりはじめた。その暗く細長い空間は、老朽化した狭苦しい雑居ビルの八階にあった。カウンター奥のシェフがフライパンに油を勢いよく注ぎ入れると、数十センチの炎が上がった。パーティション、ドア、マットは木材、紙、イグサでできていた。

ジャーナリストのピーター・ポパムはこんな疑問を投げかけた。「いつなんどき生きながら火にあぶられ、有毒ガスを吸って死に、地滑りや自分の家の崩壊で生き埋めになるかもしれないというのに、都民はどうしてその程度の動揺しか感じないのだろうか？　それは現代の東京にまつわる謎のひとつである」[7]。東京の住民たちは、世界じゅうのほかの人々と同じ理由によって、ときに街を去り、正気を失い、自ら命を絶つことがある。が、地震への不安を理由に取り乱す人はいない。なぜだろう？　そんな不確かさと共存することは、人々の無意識に、さらには魂にどんな影響を与えるのだろう？

初めて日本に来たとき、私は一八歳だった。冒険と不思議を求めて、まさに地震のような興奮を求めて私はこの異国の地にやってきた。同時に地震は、私が衝撃を感じながら日々生活する街について、何かを説明しているかのようにも思えた。日本語をまったく話すことができず、日本に知り合いもほとんどいなかった。広大で不可思議な東京は、私の孤独のなかにある何かに答えを与えてくれた。しばらくすると埋立地の島にあったホームステイ先を離れ、郊外に部屋を借り、英会話教室での仕事を見つけた。朝の電車のなかで、私は日本語の教科書に書かれた表意文字を見つめた。夜になると、店先に赤ちょうちんを下げた飲み屋で友人たちと一緒に過ごした。友人の多くは、私と同じような悠々自適な短期滞在の外国人だった。家に向かう最終電車のなかで、その短いあいだ東京は世界でもっとも裕福な都市になった。ちょうどバブル経済の絶頂期のころで、私は日本人の女の子たちと笑みを交わした。ちょうどバブル経済の絶頂期のころで、昔ながらの地域は金の力によって引き裂かれ、そこに鋼鉄とガラスのビルが急ごしらえで建設された。私の居住していた街は、フィラメントのように眩《まばゆ》く、ティッシュペーパーのように薄っぺらだった。そんな高揚感に浸っていた私は、この場所が物理的に震えているかのように感じた。そして、いつ崩壊してもおかしくないと感じた。それが文字どおりの真実だったとのちに知ったのは、まったく妥当なことに思われた。

「東京人は危険に鈍感であるどころか、それを鋭く感じ取ることによって、生活にリズムと張りを見いだしているのだと言えるかもしれない」[8]と、同じころに東京にいたピーター・ポパムは綴った。「世界史上類をみないほど精巧でよく整備された機械の歯車であるという満足感に、その機械が底なしの深みにいまにも落ちそうな位置にあるという認識によって、エロティックなひねりが加えられるのだ」。東京という都市について、彼はこう結論づけた——「みずからを救うことのできない都市、破壊と生命の喪失をどこか深層のレベルで甘受している都市」。

「ただ今より、オッタヴィア、蜘蛛の巣都市の作られている様を申し上げましょう」(9)。イタリアの現代作家イタロ・カルヴィーノの小説『見えない都市』のなかで、マルコ・ポーロはフビライ汗に言う。

峨々たる二つの山のあいだに懸崖がございます。その都市《まち》は虚空のただ中にございます、粗索や鎖や吊橋で両方の頂きに結わえつけられているのでございます。その街をゆくには横板の上を渡り、隙間に足を入れないように気をつけねばならず、あるいは大麻《カナパ》の網にしがみついてゆくのでございます。下には、何百メートルもの深さにわたって何もございません。時おり雲が流れ、そのさらに下には渓谷の水さえ垣間見えるのでございます。

これがこの都市の土台なのでございます。すなわち通路とも、また支えともなる網でございます。その余のものいっさいは、その上にそびえ立つかわりに、その下に吊りさがっているのでございます。縄梯子、ハンモック、袋のようにできている家、吊籠式のテラス、貯水嚢、ガス燈、焼き肉用の鉄串まわし、紐で吊した籠、貨物用の昇降機、シャワー、遊戯用のぶらんこと吊環、空中ケーブル、シャンデリア、葉を垂らしている植木の鉢などと。

奈落の底の上に宙吊りになっているとは申しながら、オッタヴィアの住民の生活は、他の都市に較べてさほど不安なものでもございません。彼らは、時が来ればこの網も保《も》たないことを承知しているのでございます。

地震は夢のなかにも出てくる。が、その意味は歳とともに変化する。若いころの私は、東京を包み込む〝無常〟の空気が、避けられない運命によるものだという考えに興奮を覚えた。しかし、物事が崩壊していくという感覚、中心を保てないという確信は、若者特有の考え方にすぎない。言うまでもなく、私が感じた緊張と不安定さは、街によってもたらされたのではなく、自分のなかから生まれたものだったのだ。

地震はすべての人間が直面するものである。それは、死が避けられないという平凡な事実と同じだ。いつ訪れるかは予想できなくても、いつか必ず訪れることは誰もが知っている。入念かつ巧妙な対策を講じて抗《あらが》おうとはするものの、結局のところすべて無に帰する。私たちはそのことを考えていないとさえも、それについて考えているのだ。そのうち、それが私たちという人間を定義するようにさえ感じられてくる。多くの場合、その影響は老人に訪れる。しかし私たちの心をもっとも乱暴に揺り動かすのは、若者が犠牲になったときだ。

「なかには、掛ける言葉を見つけられない人もいます」と平塚なおみさんは言う。『たいへんだったでしょうね……』とつぶやいて終わりです。そういう人たちが同情していないというわけではなくて、それを表現する方法がないだけなんです。でも、同じフレーズを何度も繰り返し聞いていると、こちらがうんざりすることもあります。それから、何も知らないふりをする人がいます。ただ無視して時が過ぎ去るのを待つほうが楽だからです。そういう人たちとは、あまり話をしたいとは思いません」

彼女は間《ま》を置き、内輪の冗談を聞いたときのように微笑んだ。「何も訊いてこない人がいると、『なぜ？』と思ってしまう。でも、あまりに同情的だと、こちらがいやになってしまう。わたしはその日その日を生きています。いつも泣いているわけでも、つねに自分を憐れんでいるわけでもありません。現場に出て土を掘り起こしているあいだに、仲間とおしゃべりをして笑ったりすることもありますよ。けれどそんなとき、わたしたちが笑っているのを周囲の人はどう考えるんだろうと意識してしまう。きっと、そんなことを心配するべきではないんですよね？　でも、とてもむずかしい問題です」

悲しみという感情が人を成長させ、心を浄化させる。些細で一過性のものを心から取り除き、本質的なものを照らし出してくれる——。そう想像するのは容易なことだ。もちろん現実的には、悲しみは何も解決してくれない。頭への一撃や深刻な病気が何も解決してくれないように、悲しみはストレスと混乱を組み合わせ、不安と緊張を倍増させる。悲しみはひびを裂け目に変え、その裂け目を大きな割れ目に変える。

津波の生存者たちから、全員の悲しみが異なるということを私は学んだ。愛する者を失った状況によって、悲しみは小さく微妙に異なるのだと。「まず、なによりも」となおみさんは言った。「子どもを失ったのか、子どもは生き残ったのかということです。生き残った子どもたちと、死んだ子どもたち——それがただちに人々を分けました」。大川小学校に在籍していた一〇八人の児童のうち、生き残ったのは三四人。地震時に学校にいて助かったのは、早い時間に親に引き取られたか、奇跡的に津波から生還した児童たちだった。生き残ることとの恐怖——共同体の崩壊、数多くの友人たちの死を目の当たりにする恐怖——を軽視すべきではないと誰もが知っていた。ところが、わが子の命を奪われた親たちの眼には、生存児童は耐えがたいほどの幸運の受益者に見えた。

「子どもを失った親たちのなかには、子どもが生き残った親と話をすることができない人もいました」となおみさんは語る。「ある意味、仲のよかった人同士のほうが問題は深刻でした」。なおみさんの知り合いのある母親は、学校に子どもたちを迎えにいき、安全な場所へと避難させた。彼女の隣人は学校に行かなかったため、子どもたちは死んだ。「それで、近所のお母さんのほうが言ったんです。『どうして？　どうしてわたしの子どもたちも連れてきてくれなかったの？』って。もちろん、そんなことはそもそも不可能でした。学校にはルールがありますから、連れていきたいと言っても許可されなかったはずです。でも、いったんそういうことを口に出してしまうと、友情は終わりです」

　遺族のあいだでさえも、悲しみの色合いには差があった。その黒さの濃淡は、外の世界の人々には見分けがつかなかった。すべては、ある残酷な質問に収斂《しゅうれん》された——津波が引いたあと、どのくらい残ったのか？　紫桃さよみさんは、最愛の娘・千聖ちゃんを失った。しかし、残りのふたりの子ども、夫、夫の家族は無事で、自宅も被害を受けなかった。当時、彼女にそう指摘するのは、想像できないほど無神経なことだったにちがいない。だとしても、まわりの人々はさよみさんの状況を強く意識していた。自分たちの状況とどのくらい異なるのか、正確に把握していた。たとえば、平塚なおみさんも三人の子どものうちひとりを亡くしたものの、自宅、夫、残りの家族は無事だった。そこまでは同じだった。

　けれど、さよみさんはすぐに千聖ちゃんの遺体を見つけ、埋葬することができた。一方でなおみさんは、長期にわたって苦悩の日々を過ごしながら、小晴ちゃんの亡骸を捜さなくてはならなかった。

　もっとつらい状況の人々もいた。たとえば、子どもの一部を亡くし、さらに家を失った人。もっと悲惨なことに、自宅と家族全員を失った人々もいた。被災者のうちもっとも大きな悲劇に見舞われたこのグループのなかでさえも、そこには残酷な区別があった。たとえば、今野ひとみさんは息子とふたりの娘の全員を失ったが、三人の遺体はすぐに発見されて荼毘に付された。この点で言えば、彼女は鈴木美穂さんよりも運がよかったことになる。鈴木さんは息子の遺体を見つけたものの、五年たっても娘の巴那ちゃんを捜しつづけていた。

大災害によって人々の〝絆が深まる〟ことはよくある話で、これを慰めとして受け容れるのはじつに人間的なことにちがいない。ところが、震災の影響は決して肯定的なものばかりではなかった。津波のあとに新たに人間同士の絆が生まれたり、古くからの信頼関係がさらに深まったりすることもあった。無私無欲と自己犠牲に基づく卓越した行動が数えきれないほどあった。私たちはこのような行為を記憶にとどめ、賞賛する。その一方で、同じように頻発する別のことから私たちは眼を背けようとする――友情や信頼関係の破綻、隣人同士の諍《いさか》い、友人や親戚のあいだの憎しみ。道路、橋、家屋に影響を与えるように、津波は人間同士のつながりにも影響を与える。大川小学校のまわりで、そして津波の被災地のいたるところで、人々は口論し、非難し、不公平さと嫉妬に満ちた苦々しさを感じていた。そして、多くの愛が引き裂かれたのだった。

った。震災前、平塚なおみさんと紫桃さよみさんは、すれちがったときに会釈する程度の仲だった。震災後、ふたりはお互いを避け合うようになった。大川小学校の児童の母親のうち、私がもっとも親密になったのはこのふたりだったが、お互いに対する反感がひしひしと伝わってきた。ときどき、さよみさんの家を訪ねた直後になおみさんに会うこともあれば、その逆もあった。二番目に会った女性はうっすらと笑みを浮かべ、大げさなほど何気ない口調で一番目の女性のことを尋ねた。その瞬間、部屋はぴりりとした雰囲気に包まれた。

ふたりの対立は、それぞれが心血を注ぐ行動のちがいが生み出したものだった。なおみさんが重機の運転席に坐って土を掘り起こすあいだ、さよみさん夫妻と友人たち——あの夜に私が会った人々——は、学校で起きたことの真実を追及するための体系的な調査を進めようとしていた。彼らは石巻市役所に調査を依頼する手紙を送り、目撃者を捜し出して証言を集めた。紫桃さん夫妻のグループは記者会見を開き、遠藤純二教諭との再度の話し合いを求め、証言の矛盾について自らの口で説明するよう訴えた。同時に、弁護士との協議も着々と進めていた。

さよみさんにとっては、彼女自身の行動も平塚なおみさんの行動も、官僚的な泥と物理的な泥を浚渫《しゅんせつ》するという意味において相補い合うものだった。だからこそ、なおみさんが抱く反感は彼女を困惑させた。「何が起きたのかという疑問を追及すること、役所に責任をとらせることは、遺体の捜索をさらに推し進めることにもつながると思います」とさよみさんは言った。「わたしたちはプレッシャーをかけつづけるためにマスコミに出て、世間の関心が薄れないように努めました。平塚さんが重機の免許をとることについて、わたしは干渉したことなどありません。批判したこともありません。だから平塚さんのような方々が、どうして自分たちのやり方を押しつけようとするのか、不思議に感じているんです」

一方のなおみさんにとって、彼女が「福地の人たち」と呼ぶ人々の活動は実質的な妨害行為であり、社会的な恥でもあった。福地のグループがあまりに積極的に活動するため、外部の人々はさよみさんとその仲間たちを大川小学校の保護者たちのリーダーであると考え、全体の代表者だととらえた。しかし彼らの大胆なまでの率直さは、日本の基準ではあからさまな攻撃行為とみなされ、多くの人が怒りや屈辱を感じた。公の集会で市の役人を罵倒することは、度を超えたマナー違反だと考えられた。彼らの教育委員会に対する糾弾は、なおみさんがこれまで築いてきた繊細な関係のバランスを脅かすものだった。重機を使用し、ガソリンの提供を受け、捜索を続けるために必要な許可を得ることができたのは、市当局の善意によるものだった。「わたしとしても、教育委員会の対応にはまったく満足していません」となおみさんは語った。「でも、わたしたちがやるべきことを進めるためには、教育委員会が必要なんです。どうしても協力が必要なんです」

なおみさんが指摘したように、積極的に活動する福地の保護者たちの多くには別の共通点もあった――彼らの子どもたちの遺体は（遅くとも震災から数週のうちに）見つかった。

「どんなことよりも、子どもが見つかったかどうかが問題なんです」となおみさんは言う。「子どもが家に戻ってきて、お葬式を済ませれば、自然と思考は次の疑問へと移っていく――どうしてこんなことが起きたのか？　それから、怒りが生まれる。でも、まだ子どもが見つかっていなかったら、考えられるのはその子の顔だけです。頭のなかにあるのは、子どもを見つけ出すという考えだけです。それだけなんです」

なおみさんは続けた。「問題は、真実を追及する目的は何かということです。真実からいったい何を期待しているのか？『なぜあんなことが起きたのか？ほかの学校では起きなかったのに、どうして大川小学校だけで起きたのか？』とあの人たちは言います」。〝あの人たち〟には〝さよみさん〟という意味が含まれていた。「でも、そのすべてがわかったところで、いったいどうなるんでしょうか？『未来のためになる。ほかの子どもたちのためになる。大川小の子どもたちの死が無駄にならないように、これを教訓にしたい』と彼らは訴えます。でも、ほんとうにそれが全部なのでしょうか？　それとも、ただ責任を押しつけたいのでしょうか？　何が起きたか正確にわかったら、気が晴れるのでしょうか？　真実を手にしたら、それをどうするというのでしょうか？」

真実がなんの役に立つ？

大川小学校の児童の遺族とのやり取りのすべてにおいて、石巻市教育委員会の役人たちは冷静かつ丁寧すぎるほどの態度を貫いた。年に数回開かれた「説明会」では、彼らは濃い色のスーツに身を包み、うつむき加減で並んで椅子に坐り、取り乱した母親や父親の話に辛抱強く耳を傾けた。ゆっくりと深くお辞儀し、もっとも堅苦しい言葉を使って心からの深い哀悼の意を表明した。しかし、大川小学校の悲劇への市側の対処には、どこかお粗末でいかがわしいところがあった。舞台裏での混乱、ぎこちない隠蔽のにおいがただよっていた。ときにそれは意図的な陰謀のようにも、ただの無能さの表れのようにも見えた。

そして数週おきに、愚かでうさんくさい新事実が浮かび上がってくるのだった。

ある段階で、教育委員会は柏葉照幸校長に聞き取り調査を行なった。このときの会話の覚え書きには、説明のつかない明らかな矛盾がいくつも含まれていた。たとえば、震災直後に柏葉校長は、内陸部の自宅から北上川沿いの追波川運動公園まで二時間で到着したと証言したが、それは物理的にありえない早さだった[1]。校長はある人物と会ったと主張したが、その人物のほうには校長に会った記憶はなかった。校長が訪れたと主張する場所は、そのとき一・五メートルもの高さの水に覆われていた。

生存した子どもたちへの聞き取り調査も行なわれた。彼らは恐ろしい経験を乗り越えたばかりで、精神状態が不安定であることは想像に難くなかった。にもかかわらず、聞き取り調査のときに保護者が同席していなかったり、事前の通告がなかったりしたケースもあった。只野哲也くんが事情を聞かれたとき、聴取者はいきなり新しい学校の教室に現れ、父親の許可も得ずに聞き取りを始めようとしたという。

同席した保護者は、のちに教育委員会によって発表された「事情聴取の記録」のなかで、いくつかの詳細がなぜか抜け落ちていることに気がついた。抜け落ちた部分のうちもっとも重要なのは、佐藤雄樹くんと今野人輔くんの発言内容に関する証言だった。六年生だったふたりの少年たちは、担任に山へ逃げることを懇願したものの拒否され、津波に呑み込まれた。複数の生存児童がこのやり取りについて詳しく証言した。教育委員会の加藤茂実指導主事も、早い段階の説明会でこの証言について言及した。しかしその言及は、加藤主事のうっかりミスだったことがのちに発覚する。以降の説明会のなかでは、教育委員会の関係者たちは、生存した児童がそのような発言をしたことをなかなか認めようとしなかった。「聞き取りのときに、友だちやまわりが『山に逃げよう』と言っていたという話も聞いています」とある母親は説明会で訴えた。「でも、そういうのは（記録に）いっさい書かれていない」

聞き取り調査の中身を要約した記録には、あたかもコピー&ペーストされたかのように同じ文言ばかりが並んでいた。聞き取りの様子は録音もされておらず、調査を行なった人物の名前さえ記録されていないこともあった。それどころか、調査の際のメモの開示を求めた保護者たちは、驚きの事実を知らされることになる――加藤茂実指導主事が、メモをすべて廃棄したというのだ。

のちの説明会で、山に逃げようと提案した男子児童について加藤主事はさらなる追及を受けた。このやり取りのあいだ、彼の上司である山田元郎《やまだもとお》学校教育課長は加藤主事のほうを見やり、何も言うなと指示するかのように口元に指を当てて合図を送った。説明会を撮影した映像には、山田課長がこの合図を三度も繰り返す様子がはっきりと映っている。

そして、生き残った遠藤純二教諭の問題があった。

遠藤教諭の証言内のさまざまな虚偽のなかで、もっとも不可解なのが〝木〟についての主張だった。地震直後の出来事について話すとき、学校の裏山の松の木が地震と余震によって倒れていたと彼は一貫して主張した。逃げる途中で二本の杉に体が挟まれて動けなくなったものの、水位を増す津波によって体が持ち上がり、奇跡的に解放された。そして間一髪で溺死を免れ、危険な倒木によって揺れる山肌でうずくまった――。彼のその説明は、パニックに陥った生存者の状況を鮮明に描くものだった。

しかし、倒木はなかった。震災から数週のうちに多くの人が学校の裏山を歩きまわったが、倒れた木は一本も見つからなかった。樹木の幹と枝には柔軟性があり、地震のエネルギーを効率的に分散させることができる。地震によって揺れたり曲がったりすることはあるとしても、倒れることはめったにない。震災直後の釜谷地区にはいたるところに松の木が散乱していたが、それらは海岸沿いの松林から運ばれてきたもので、地震ではなく津波によって根元からもぎ取られた松だった。

「木がバタバタ倒れるくらいの揺れなら、家なんてすべて倒壊ですよ」(2)と佐藤和隆さんは言う。「自然が大好きで、山登りが得意だった遠藤先生が、そのことをわからないはずがない」

この遠藤教諭の不審な証言についての噂は、遺族のグループから地域全体へと伝わっていった。最初に疑問を投げかけたのは、自動車整備工場を経営する千葉正彦《ちばまさひこ》さんだった。学校の裏山の反対側の高台に建つ千葉さんの家は、津波の被害を免れていた。川にほど近いこの付近のほかの家はすべて倒壊したため、すぐに生存者たち——多くがずぶ濡れで、怪我をした人もいた——が千葉さん宅に集まりはじめた。そのなかには遠藤純二教諭に加え、一緒に逃げてきた三年生の下平蓮人くんもいた。

ふたりは午後遅くに到着した。彼らを最初に見つけたのは千葉さんの妻だった。スーツ姿の男性と白いプラスティックのヘルメットをかぶったままの小さな少年が、ふらふらと坂道を下っていた。「スーツの男の人が『ひとりしか助けられなかった』と言っていました」と千葉さんの妻は振り返る。「それが最初の言葉でした。大川小学校のことについて何か言っていたと思うけど、わたしは頭がいっぱいで、あまり話を聞いていませんでした」(3)

彼女の記憶によると、少年の靴と靴下は濡れていたものの、遠藤教諭の服は濡れていなかった。靴も履いたままで、きちんと靴を脱いでから家に上がったという。「四本格子のチェックの茶っこいようなグレーな感じの、はっきりしたような色ではありません。先生らしい、くたびれた上下でした」と千葉さんは語る。「濡れてなくて、きれいでしたね……こうやってしゃべれるくらいに、覚えていますよ」

避難した人のなかに、ほとんど歩くことのできない高齢の男性がいた。翌朝、遠藤教諭はその老人を背負って家から外の車まで移動させた。健康な大人でなければ、そんなことをできるはずがない。つまり、遠藤教諭が怪我をしていた様子はまったくなかったということになる。

千葉夫妻はその後、三月一一日の午後の行動について遠藤教諭自身が説明した内容が書かれた文書を読むことになる。その文書には、彼が津波に呑み込まれ、溺死しかけ、肩を脱臼し、靴をなくし、暗闇のなか山の坂道をふらふらと下ったと書かれていた。夫妻は驚きのあまり言葉を失った。「遠藤先生の報告書は、最初から全部嘘なんです」と千葉正彦さんは言う。「だいたい九割方は嘘だから。なんで嘘ついたのかは、わかりませんが……」

津波から三カ月たった六月、遠藤教諭は二通の手紙を認《したた》めた。(4)一通は柏葉校長宛て、もう一通は遺族全体に宛てたものだった。教育委員会による家族への説明会の前日、手紙はファックスで送られてきた。しかし、ここでも教育委員会は不可解で疑わしい判断を下し、半年以上ものあいだ手紙の存在を公表しなかった。手紙の内容は、説明会での遠藤教諭本人による証言とほとんど変わらないものだったが、そこには彼自身の心の苦悶も少なからず描かれていた。「……当時の状況を思い出して恐ろしく〔原文ママ〕」と彼は綴った。「思い出そうとすると全身の血の気が引いて倒れそうになります。今、文章を打っていても手が震えます……今体調も精神状態もおかしいです。わがままだとは十分承知しておりますが、すみません、当分の間、そっとしておいていただけますでしょうか。携帯の着信にも怯えてしまっております」

遺族が遠藤教諭との面会を希望するたび、いつも同じ答えが返ってきた——心的外傷後ストレス障害《PTSD》のため遠藤教諭は当時について証言する精神状態にはない、と書かれた医師の診断書だ。そのような専門家の診断をくつがえすことは容易ではなかった。しかし何カ月たっても何年たっても、答えの中身は変わらなかった。「言いわけだと思いますよ」と語るのは、遺族を支援する吉岡和弘《よしおかかずひろ》弁護士だ。「医者の診断書はどれも、以前のものをコピーしたかのような内容です。いつも、あと三カ月は治療が必要だと書かれているんです。でも彼が飲んでいる薬は、不眠症に処方される程度の強さの薬でしかありません。もしかしたら、遠藤先生は表舞台に出てきたくないのかもしれません。だとしても、教育委員会が責任逃れのために事実を企めていることは確かです。きっと、彼のところに行って『きみは表に出てこなくていい。何も言うな。この問題にはわれわれが対応する』とでも伝えたんでしょう」

石巻市教育委員会の職員たちは悪人だったわけではない。(5)多くの面において、彼らは勇敢に行動した。彼らは小さな地方都市の役人だった。理屈の上では自然災害の脅威について熟知していたものの、これほどの規模と脅威をともなう出来事に対応できるほどの個人的・職業的な経験を持ち合わせていなかった。さらに、彼ら自身も犠牲者だった。津波によって、多くの職員の家が浸水・水没した。友人や親戚を亡くした人もいた。誰もがたじろぎ、混乱していた。しかし決して公共心を放棄することなく、数々の現実的な問題にぶち当たりながらも、行政機関としてのモーターを回しつづけた。

電話回線は遮断され、電気もガソリンもなかった。市庁舎そのものが津波に襲われ、一・五メートルの高さまで浸水した。駐車場の車両も動かすことができなかった。泥まみれの一階は放置され、職員たちは階上の事務所で懐中電灯の明かりだけで仕事を進めた。休暇を返上して働くどころの騒ぎではなく、二四時間体制で勤務しつづける必要があった。地域全体の学校の被害情報を把握するため、職員たちは各地に向かった。まずは崩壊した市の中心部、次に郊外の集落に行った。自転車で、徒歩で、ゴムボートで田畑を越え、山を越えた。市内の一五の小中学校とひとつの幼稚園が浸水や火災などの被害を受けた。ほかの学校は、家を追われた数万人の家族のための避難所として使われた。日々、教育委員会の職員たちは、学校、児童・生徒、教師の状況についての情報を集め、避難者たちのための食料の調達に奔走した。

個人としては、教育委員会の職員たちは不屈の忍耐力と自己犠牲の精神をもつ人々だった。彼らがいなければ、絶望的な状況がさらに何倍にも悪化していたにちがいない。ところが大川小学校のケースのような失敗に直面したとき、個人的な親切心と共感は、共同体としての本能――外部の攻撃から組織を護ろうとする本能――に凌駕された。反論の余地のない批判にさらされると、堅苦しい形式という鱗《うろこ》のなかに身を隠し、お役所言葉という鉤爪を武器にして、組織はもとの萎縮した姿に戻ってしまった。その瞬間、教育委員会に勤める親切で勤勉な地元の男女の顔はどこかに消えてしまった。彼らの忠誠心は、公共心や良識よりも高い次元にある大義へと向けられた。それは、組織の評判がさらに傷つけられることを防ぎ、なによりも裁判所での法的攻撃から自分たちを護るという大義だった。

教育委員会の役人たちはどこまでも鈍感で、遺族の悲しみに対する人間的な反応を見せることをことごとく拒否した。それは当初、組織としての性格とリーダーシップの破綻を意味するかに思われた。ところが時間がたつにつれて、紫桃さよみさんと隆洋さんを含めた福地の親たちは、別の要因について疑うようになった――責任の認定とみなされる可能性のあるものを、なにがなんでも避けようとする執念。役人の発言の多くには、弁護士のアドバイスを得たような金属的な響きがただよっていた。彼らは自ら進んで悲しみと哀悼の意を表し、へりくだって自分たちのふがいなさを曖昧な言葉で認めようとした。しかし、個人による過失、体系的・組織的な失敗を認めることはなかった。誰ひとり、その一線を越えようとする人間はいなかった。

そして震災後の冬、教育委員会は犠牲のようなものを提示した。大川小学校の柏葉照幸校長が、保護者に向けた署名付きの謝罪声明を出したのだ[6]。「今回の取り返しのつかない事態は、校長としての至らなさに原因があります」と彼は綴った。「マニュアルの不備や職員の危機意識を高めてこなかったことなど、いくら謝罪しても、決して許されるものではありません」。この謝罪文を出した二カ月後、柏葉校長は早期退職した。

一見、それは大きな譲歩のようにも見えた。しかし、謝罪の細かなニュアンスに敏感な福地の保護者たちは、それを額面どおりに受け取ることはできなかった。この「至らなさ」という言葉や、校長が説明会でたびたび使う「怠慢」という単語のなかに、責任を回避するような含みが感じられた。数カ月後、柏葉元校長が出席した説明会の場で、保護者たちは言葉の真意を確かめることにした（以下、説明会内の発言は原文準拠）。

さよみさんの夫・紫桃隆洋さんは保護者席の最前列に坐り、退職したばかりの校長に語りかけた。隆洋さんは、柏葉元校長が謝罪文のなかで不充分だったと認めた学校の緊急マニュアルについて問いただした。「校長先生」と紫桃さんは切り出した。「今考えて、その〝怠慢〟の意味、もう一度聞かせてもらいたいんですけれども」

「要するに」と柏葉元校長は言った。「しっかりと確かめていなかったということでの怠慢です」

「至らなさ」と「怠慢」は同じ程度の強さをもつ単語だ。紫桃さんは、さらに強い意味をもつ「過失」という言葉を元校長から引き出そうとした。

「その怠慢が」と彼は訊いた。「今回のことを踏まえて過失とは思えませんでしょうか」

柏葉元校長のすぐ左側には、教育委員会の宍戸《ししど》健悦《けんえつ》副参事が坐っていた。議論が白熱した室内の温度のせいだろうか、あるいは何かの病気の症状によるものかもしれない——原因はなんであれ、柏葉元校長と紫桃隆洋さんとのやり取りのあいだ、宍戸副参事は身体的な不快感をあらわにした。彼は椅子の上でもぞもぞと体を動かし、ハンドタオルで顔や手をたびたび拭った。「過失」という言葉が出た瞬間、宍戸副参事は体を前後に揺らし、何かを指さすように机の上の書類に片手を置いた。周囲にはほとんど聞こえない小さな声で、彼は口の端から柏葉元校長に何かささやいた。それから再びタオルで手と顔をこすり、首のうしろ側を拭き、右眼を痒そうに擦った。

空虚な沈黙が続いたあと、「前校長」と紫桃さんが発言を促した。

柏葉元校長は横目で宍戸副参事をちらりと見やった。「それは、私のほうは……」と彼は言い、眼のまえに置かれた紙に視線を落とした。「そうは思っておりません」

「どういう面で思っていないとお答えでしょうか？」

「自分では、見逃しはあったものの見ている、やっていたことはやっていたので、それは自分では過失とは思いませんので、私ではそれは判断できかねます」

　宍戸副参事は再び顔を拭いた。今度は汗を抑えるためではなく、柏葉元校長にさらにこっそりとささやくためだった。

「宍戸先生、何か音が聞こえなかったんだけれども……」と紫桃さんは言った。自分の名前が出た瞬間、宍戸副参事は不意に顔を上げ、困り果てたような無邪気な表情を浮かべた。

「（校長から）ちょっと離れて」と誰かが要求した。宍戸副参事は仏頂面を浮かべ、椅子を数センチ左にずらした。

　次に、紫桃さん夫妻の隣人の佐藤かつらさんが立ち上がって口を開いた。石巻市の中学校の美術教師だったかつらさんは自らの経験から、教師たちが行なうべき災害準備について詳しく知っていた。「何も周知徹底されていない、引き渡し訓練もやられていない」と彼女は柏葉元校長に言った。「でも、これはやるというふうに、教育委員会にあなた提出しているわけですよ、学校長名で……（状況を知っていたら）みんな迎えに行きましたよ。みんな迎えに行って、もっともっと多くの児童が助かったはずです……あなたの怠慢でこんなに大量の子どもが死んだんですか？　過失ですよ、過失！　いつまでそうやってのらりくらりと責任逃れしようと思っているんですか？　子ども七四人死んだことに対して、まだわからないんですか？」

宍戸副参事が再び口の端から柏葉元校長に何かささやいた。いっとき間《ま》を置いてから、「本当に……」と元校長は口を開いた。「七四名の児童と一〇名の先生方の命を守れなかったことに、本当に申しわけないと思っております」

「守るための取り組みしなかったんですよ。そうでしょう？　過失ですよ、過失」とかつらさんは泣き叫んだ。「やるべきことはやっていたなんて、もう二度とおっしゃらないでください。いいかげんにしてください！　何で……何で死ななきゃならなかったんですか？　認めてください……」

宍戸副参事はハンドタオルを口に当て、まわりには聞こえないように再びささやいた。

「本当に七四名の児童と一〇名の先生方を救えなかったこと」と柏葉元校長は言った。「申しわけございませんでした」

嗚咽を止めることのできないかつらさんに代わって、別の女性が言葉を継いだ。「校長先生、業務上の過失を認めますか？」

宍戸副参事は口を拭い、横方向へのつぶやきを続けた。

「申しわけないとは思いますけれども……」と柏葉元校長は答えた。

女性は畳みかけるように言った。「過失を認めますか？」

「私では判断できません」

「だれが判断するんですか？」

柏葉元校長は横を見た。宍戸副参事は例のささやきを続ける。

「本当に申しわけないと思っておりますけれども……」と元校長は繰り返した。「私は本当に自分では申しわけないと、それしか言えません。本当に申しわけございませんでした」

津波から一年一ヵ月後、石巻市は「大川小学校事故検証委員会」を設置することを発表した。弁護士をはじめ、社会学、心理学、行動科学を専門とする大学教授ら一〇人の有識者からなるグループだった。それから一年にわたって、委員会は資料の精査や聞き取り調査を実施。二〇一四年二月、その成果が二〇〇ページに及ぶ報告書として発表された。(7)

委員会には市から五七〇〇万円の費用が割り当てられた。(8)結局、その使命である「検証」という言葉には、具体的かつ限定的な〝範囲〟があることが判明した──出来事についての事実や要因については特定するが、個人的な責任は特定しない。校庭からの避難が遅れ、津波が押し寄せてくるほうに逃げてしまったことが死を招いた原因だった、と検証委員会は断定した。

学校、教育委員会、自治体による自然災害のための準備が不充分だった、と報告書は指摘した。津波の被害が予想される沿岸地域を示した市の「ハザードマップ」にも、釜谷地区は含まれていなかった。学校の危機管理マニュアルを更新する際、津波の可能性についてほとんど考慮されず、津波のための避難訓練も行なわれていなかった。自治体側も、学校の準備状況をまったくチェックしていなかった。そのため学校の教師たちは、差し迫った危機に直面しているという事実に気がつくことができなかった、と報告書は結論づけた。

これらの失敗のいずれかが起きていなければ悲劇は避けられた、と委員会は断定した。「この事故は決して大川小学校のみの特殊なものではなく」と報告書は続く。「このままでは日本国内のどの学校でもまた起こり得る事故である」。一見、これは警鐘的で説得力のある結論のように思われた。それは、国全体に対する警告だった。ところがその裏には、個人の過ちや責任を分散させて吹き飛ばしてしまおうという狙いが隠れていた。悲惨なことが起きた、と委員会は認めた。しかし、それはどこの誰にでも起こりえることだと結論づけられたのだった。

事故についてもっとも重要な側面――たとえば、山に逃げたいという少年たちの訴えを退けたこと――は無視あるいは回避された。福地の親たちにしてみれば、検証委員会は大金を使い、二年以上前から明らかだったことをただ言い換えたにすぎなかった。この検証の真の目的は、悲劇的な事故についての衝突を無理やり終わらせることにある。そう保護者たちは考えた。〝独立した〟専門家に委託し、当たり障りのない穏やかな批判を要所要所に織り交ぜた中途半端な報告書を作り出すことによって、罪ある者たちのキャリアと評判に傷をつけないようにすることが目的だったにちがいない、と。

大川小学校の児童の死に対して、石巻市や教育委員会の職員は誰ひとり解雇もされなければ、懲戒処分や注意処分さえ受けなかった。生存児童との聞き取り調査のメモを破棄した加藤茂実指導主事は、震災の翌年、市内の小学校の校長に昇進した。(9)

検証委員会の報告書は、津波発生からほぼ三年後の二〇一四年二月の最終週に発表された。震災から三年目の節目を迎える三月一一日の前日、驚くべきニュースが飛び込んできた――大川小学校で死亡した二三人の児童の遺族が、石巻市と宮城県を相手とする民事訴訟を仙台地方裁判所に提起。彼らは市と県の過失を訴え、被害者ひとりにつき一億円の損害賠償を求めた。その日は震災から数えて二年三六四日後、法的に訴訟を起こすことのできる最後の瞬間だった。それは、福地の親たちがずっと秘密裏に計画していたことだった。

津波は水ではない

津波は原子爆弾数発分の威力をもっていた。が、津波についてもっとも印象的だったのは――ある意味、その破壊の光景よりも驚くべきだったのは――助かった人たちの行動だった。数時間のうちに、数十万もの人々が学校、公民館、寺、神社に集まった。教室、体育館、廊下、通路……毛布を広げられる空間はどこも人であふれかえった。彼らは衝撃を受け、パニックに陥り、悲嘆に暮れていた。一〇〇歳を超える高齢者から新生児まで、あらゆる人が避難してきた。最初の数日は正式な支援もほとんどなく、助かった人々は自分たちの力で生き延びなければいけなかった。そして、彼らはこの上ないほど規律的・効率的にそれを成し遂げた。

避難所の混沌のなか、喧嘩や騒ぎが起こることもなく、知らないうちに自然と秩序が生まれていった。それぞれにスペースが割り当てられ、仮の寝床が設けられた。人々が持ち寄った食材が調理・配分された。調達、修繕、掃除、料理のための当番表がすぐにできあがり、各々に役割が振り分けられた。面倒、利己的、反社会的だとみなされる行為への日本人の本能的な嫌悪感によって、何もかもが円滑に進んだ。そのすべてが、ときに滑稽なほど愉しくおおらかな雰囲気のなかで行なわれた。

震災直後の東北で外国人ジャーナリストとして働く私には、渡される食べ物をひたすら断りつづけなければいけないという苦労があった。お菓子、おにぎり、チョコビスケット、魚肉ソーセージ……次の数日、あるいは次の数時間のための食べ物しかもたないはずの避難者たちが、私に食べ物を渡そうとした。つい最近家を失ったばかりの人々が、おもてなしが不充分であることを心からすまなそうに謝った。目立った略奪行為はなかった。ガソリンからトイレットペーパーまで、すべてのものが慢性的に不足していたにもかかわらず、この機に乗じて価格を吊り上げようとする者は誰もいなかった。長い取材のあいだ、喧嘩、口論、意見の衝突を見たことは一度もなかった。なによりも驚くべきは、人々のなかに〝自己憐憫〟がまったく見られなかったことだ。

私としては、頭のなかで比較せずにはいられなかった。これが日本の東北ではなく、イギリス北東部だったら？　何百人ものイギリス人が学校の体育館に集まり、まさにすし詰め状態で生活し、眠る姿を想像してみた。きっとその状況が訪れるまえに、殺し合いが始まるにちがいない。

震災直後の数週のあいだに東北を訪れたすべての外国人は、その光景に心を打たれた。被災地の取材という過酷なはずの経験は、いつのまにか感動的なものに変わった。残酷で恐ろしい場面、底知れない痛みがいたるところにあった。ところが、被災者たちの回復力と礼儀正しさによって恐怖は相殺され、ときに陰に隠れてしまった。そのときの私は、これこそが日本の最高の姿ではないかと感じた。このような広大無辺な慈悲の心こそ、私がこの国についてもっとも愛し、賞賛することのひとつだった。日本の共同体の強さは、現実的で、自然発生的で、揺るぎないものだった。ふと、私はその歴史について思いを馳せていた。かつて、国を揺るがす多種多様な衝撃が日本を奮い立たせ、力強い新たな時代の幕開けを告げた瞬間が何度となくあった。

一九世紀半ば、アメリカ艦隊の来航によって封建国家の日本は開国を強いられた。一九四五年には完膚なきまでの敗北を経験した。どちらの出来事も、その当時は取り返しのつかない屈辱の瞬間に思われた。しかし両方の出来事のあとには、何十年にもわたる復活と繁栄の時代が続いた。二〇一一年までに、そのような遠大で野心的な楽観主義は、もはや二〇年前の昔話になっていた。一九九〇年代はじめにバブル経済が崩壊してからの日本は、失われた繁栄と暗く不安定な未来のあいだをさまよい、立ち止まっていた。経済は縮小・停滞しつづけ、企業はもはや終身雇用の安定を約束してくれなくなった。半世紀にわたって政権与党として日本を導いてきた自民党は、優秀なアイディアと人材の不足にあえいでいた。代わりに政権を担うことになった野党の政治家たちは、臆病で無能だった。だからこそ、疑問に思ったのは私だけではなかった。この新たな災害は、これまで日本が苦しんできた政治的・経済的な落ち込みから脱却する起爆剤となるだろうか？

いっときに数多くの人が死亡し、原子炉から危険物質が空気中に放出された。どの国であれ、このような出来事は抗議や市民運動の材料となり、変化を求める激しい反対行動が巻き起こることはまちがいなかった。「我々日本人は、かつて戦後の焼け野原からその底力で立ち上がり、目覚ましい復興を成し遂げ、今日の繁栄を築きました[1]」と当時の菅直人《かんなおと》首相は宣した。「今回も、この国難に必ず打ち勝ち、復活し、新生し、将来世代に向けてより活力のあるより良い国を創造していくことができるものと確信しています」

そんなことは何ひとつ起こらなかった。避難所にちらりとほの見えた再生の兆しは、その後まったく実現することはなかった。

津波のあとの数年のあいだに、日本は多くの点において変わった。ところが、その変化によって活力と自信は増すのではなく、むしろ失われてしまった。部分的には、東アジア全体を覆う不安感のせいでもあった。北朝鮮は好戦的な態度を保ち、中国は居丈高で専横的に振る舞っていた。しかし核心にあるのは、日本の市民とその代表者たる指導者とのあいだに存在する、かつてないほどの断絶だった。

震災当時の政権を担っていた民主党の菅直人と中道派の政治家たちは、津波のまえからすでに力を失いつつあった。自民党以外の政党が日本の国会で単独過半数を超える議席を勝ち取ったのは、史上初めてのことだった。その未熟さと乏しい判断能力は、政権交代の初日から明らかだった。二〇〇九年の衆議院選挙で、民主党は過去最大の歴史的な大勝利を収めた。しかしその三年後の総選挙では、惨憺たる敗北を喫した。野党時代に元気を取り戻した昔なじみの自民党は、過去五七年のうち五三年間でそうだったように、再び政権与党へと返り咲いた。その勝利を導いた安倍晋三《あべしんぞう》は、戦後もっとも国家主義的な総理大臣だった。

彼は日本の平和憲法の改正を支持し、軍隊を展開するための新たな権限を手にし、日本軍が犯した残虐行為に関する歴史的説明をあざ笑うように否定した。彼は、A級戦犯が祭神として合祀される靖国神社の参拝者だった。福島第一原発について全国的に不安が高まっているにもかかわらず、日本の原子力政策を維持することに固執した。安倍首相の経済政策が国民から広い支持を受けていることは、世論調査の結果を見ても明らかだった。しかし、原子力発電に関する彼の考え、戦時の出来事に対する歴史認識、それが駆り立てるアジア周辺諸国での怒りは、大きな不安の種として燻《くすぶ》りつづけていた。

求心力のある指導者がもっとも必要な瞬間に、日本は民主主義の危機にさらされていた。ある政党は、甚だしい無能さについて有罪判決を受けた。もう一方の政党は、多くの国民と大きく乖離したイデオロギーをもつ人物によって導かれていた。安倍晋三に投票した有権者の多くは、彼のことを好きなわけでも、彼の意見に賛同しているわけでもなかった。しかし安倍首相には決断力があり、その行動も首尾一貫していた。日本の経済状況を回復するために、彼は誰よりも説得力のある計画をもっていた。野党はあまりに脆弱であり、多くの日本人はほかに選択肢がないと感じていた。

自身が政府内で推し進める政策によって、安倍首相はたびたび抗議運動に直面することになる。原子炉の再稼働問題、自衛隊の海外派遣を可能にする新安保法案、物議を醸した新たな特定秘密保護法案……。私はこれらのデモを取材し、参加者に話を聞いた。そのたび、安倍首相に対する反感の強さに驚かされた。問題は彼の国家主義的な考え方だけではなかった。彼の人間性の何かが、デモ参加者のなかに生理的な強い嫌悪感を生み出していた。安倍晋三は影響力の強い大企業と原子力産業の下僕だ、と誰もが同意した。日本を再び戦争へと導く可能性のある軍国主義者だ、と。政治家に対してさえ、日本人は口汚い罵り言葉をそう簡単に使うことはない。しかし、デモ参加者が掲げるスローガンの多くは、安倍首相をファシストだとこき下ろしていた。なかには、安倍首相の顔にアドルフ・ヒトラーの口ひげを書き加えたポスターもあった。

デモ参加者のひとりに、第二次世界大戦後の混乱を生き延びた戦前生まれの年配の男性がいた。彼自身も一九四五年の東京大空襲を経験し、若くして徴兵されたいとこは広島の原子爆弾の犠牲になったという。そしていま彼は、放射性物質が再び広い地域に拡散した国にいた。その国の首相は、国民をゆっくりと軍国主義に引き戻そうとしていた。「まるで、歴史が逆転しているかのように感じるよ」と彼は言った。「こんなことが起きているのに、傍観してなどいられるかい？」

デモ会場の片隅で私たちが話をしていると、まわりに人が集まってきた。男性の話に耳を傾ける老若男女が、うんうんと同意してうなずいた。そのうしろから、拡声器越しに響くスローガンが聞こえてきた——「安倍政権反対！　戦争反対！」

私は男性に尋ねた。安倍首相の政策に反対だとすれば、誰が総理大臣として適任ですか？　責任感のある賢いリーダーはほかにどこにいますか？　誰が日本を率いるべきだと思いますか？

高齢の男性は戸惑い、それから驚き、最後に恥ずかしそうにした。私たちを取り囲む抗議者たちは、黙ったまま互いにちらりと視線を交わし、何人かが気弱に微笑んだ。私は菅直人の後継者の名前を挙げてみた。いまや野党へと失脚した中道政党である民主党を率いる、カリスマ性のない弱々しいリーダーだった。人々はうんざりとした表情で首を振った。誰かいるはずだと私は訴えた。ところが、候補者の名前はひとりも出てこない。そのときの私は、日本でもっとも政治意識の高い人々に囲まれていた。彼らにとって安倍晋三は憎悪の対象であり、ほとんど怪物のようなものだった。にもかかわらず、その代わりとなる人間の名前はいっさい出てこなかった。

この〝民主主義の赤字〟の理由は？　日本の政治システムは、なぜダイナミックな政治を生み出すことができないのだろう？　これは、現代日本の謎のひとつといっていい。

すべてのパーツはそろっており、技術的に欠けるものは何ひとつない。日本には明確な成文憲法、独立した司法、報道の自由がある。複数の政党が活動し、選挙は強制力にも腐敗にも汚染されていない。ところが、日本の政治に目立つのは停滞ばかりで、〝強い信念〟が見当たらない。北アメリカとヨーロッパには、唾棄すべき無能な指導者など山ほどいる。だとしても、政治的市場には〝創造的な衝突や発展〟という感覚が必ず存在する。

効果のない政策、人気のない政治家は、時間の経過とともに、より目的に適った政策や人に取って代わられる。そして政治は――まちがった角を曲がったり、行き止まりにぶち当たったりすることはあっても――少なくとも立ち止まることはない。日本はちがう。終戦から七〇年たった現在でも、ほんとうの意味で競争力のある複数政党制はいまだ確立されていない。

津波によって家が破壊されたあと、被災者たちは組織立って協力し合い、自分たちの運命を操ろうとした。彼らが本能的にそのような行動に出たのは、それが自然で道徳的に正しいことだったからだ。政府や自治体からの支援など期待していなかったからだ。欧米で似たような災害が起きたとしたら、犠牲者たちはすぐさま声高に訴えるにちがいない――政府はどこで何をしている？　二〇一一年の日本では、そんな問いはほとんど聞こえてこなかった。

震災当時、そのような政府への低い期待感がプラスに働き、回復力と自立精神に拍車をかけることになった。けれど、期待感の低さは民主主義のシステムを蝕《むしば》んでいく。もちろん、この傾向は日本人の全員に当てはまるわけではなく、深く誠実に政治に関わろうとする人も大勢いる。しかし現実問題として、議会政治について議論するとき、無関心、嫌悪、やる気のないあきらめムードにぶち当たることが多い。彼らはこう言いたげだ。われわれのリーダーは最悪だ。だからといって、われわれに何ができる？　まるで政治そのものが自然災害であり、日本人は無力な犠牲者であるかのようにも見えてくる。この不運は個人とは関係なく、一般市民の影響力の及ぶ問題ではないと人々は考えているのかもしれない。力なく受け容れ、我慢するしかないのだと。

日本には世界の活火山の一〇分の一が集中し、列島全体が海から突き出た広大な火山帯によって構成されている。毎年夏の終わりには、太平洋の北西部で発生した台風が列島を横断する。台風がもたらした雨で緩んだ地盤は、泥の川となって山肌の斜面を滑り落ちる。地質学的な観点から見ると、日本は悲惨な状況にあるといっても過言ではない。世界的にも珍しい三重会合点《トリプル・ジャンクション》——三つのプレートの境界がぶつかって交わる点——が日本にはひとつどころか、ふたつも存在する。火災、風、洪水、地滑り、地震、津波……激しい自然の暴力にさらされる国、それが日本なのだ。厳しい自然環境はときに、国民性のあり方を方向づける特性を生み出す。ロシア人の悲観的な運命論、アメリカ入植者の開拓者《パイオニア》精神に満ちたたくましさなどがその一例だ。日本人は「忍耐」や「我慢」を美徳として認識する。この震災を報道する外国人ジャーナリストたちは、被災者の〝ストイシズム〟について言及することを好んだ。しかし、日本人の〝我慢〟はそのような哲学的概念ではない。従来の英語の翻訳（endurance, patience, perseverance）では、〝我慢〟という考えに含まれる受動性と自制の精神を伝えきることはできない。〝我慢〟はしばしば、自尊心の集団的な欠如とも思える状態を意味することさえあるのだ。震災後の早い時期において、〝我慢〟は動揺する被災者たちを結束させる力になった。しかし同時にそれは、政治の力を去勢するものでもあった。結果として、多くの日本人がこう感じるようになった――国家的な窮状に対して個人的な影響力など及ぶはずもないし、よって個人的な責任を負う必要もない。

第二次安倍政権が誕生することになる選挙期間の真っ最中、私は大川を訪ねたことがあった。会った人は誰ひとり、選挙に興味を示さなかった。それどころか、選挙が行なわれていることを意識さえしていなかった。あたかも、選挙は別の次元の出来事であるかのようだった。普通の人間たちが活動する世界と並行して存在するものの、眼に見えない次元で起きていることのように感じられた。

道路脇のポスターには、対立し合う各政党のスローガンや候補者たちの写真が印刷されていた。拡声器を搭載した選挙カーが、候補者の名前を連呼しながら集落を通り過ぎていった。それを見た私は、及川さんと支所の職員たちが、似たような機材を積んだ車で同じ道を走っていた姿を想像せずにはいられなかった。彼らは迫りくる津波についての脅威を拡声器越しに伝えようとしたが、その声も同じように無視されてしまった。

「私はなにも暴動を起こすべきだと言っているわけではありません。我慢や忍耐といった特性が、震災直後の時期に大きな役割を果たしたことは明らかです」と、東北文化を研究する民俗学者の赤坂憲雄《あかさかのりお》氏は語った。「しかし、人々はあらゆる種類の不満、要求、苦情を抱えていました。中央政府に対して、原子力発電所の事業者に対して、はっきりと意見を述べてしかるべきでした。でも、苦情が口から出てくることはなかった。我慢と忍耐力によって、人々はそういったことをすべて内にしまい込んでしまった。それは正しいこととはいえません」

私はときどき、なぜ日本ではもっと単純な結論に至らないのだろうと不思議に思うことがあった。ある程度の不平不満の吐露、口論、混乱、さらには少しばかりの略奪や不当な値上げをもう少し大目に見てもいいのではないか？　一般の人々が立ち上がり、権力者たちを黙らせ、自分たちが選挙で選んだ政治家の行動に対する責任をとるという意欲があるのであれば、ごく私的な身勝手な行為がもっと赦されてもいいのではないか？

当時、別の日本語の単語を使ったスローガンもいたるところに掲げられていた――がんばろう。これは難題や苦難を乗り越えようという激励の言葉で、簡単な英語に翻訳すると〝persevere〟〝stick at it〟〝do your best〟などとなる。〝がんばろう〟は試験勉強に勤《いそ》しむ子どもにかける言葉であり、スポーツ選手を応援するかけ声でもある。震災後、「がんばろう東北！」と書かれた横断幕が、鉄道駅や公共施設の建物など多くの場所に掲げられた。この文言は、圧倒的大多数の日本の住民――震災によって個人的に影響を受けなかった人々――による連帯感を宣言することを意図するものだった。しかし、哀悼の意としては言わずもがな、同情を示す表現としても奇妙な言葉に思えた。「マラソン選手のように耐え抜け」とほぼ同じような意味の言葉をかけられることが、自宅や家族を失ったばかりの人々にとって、ほんとうに慰めの源になったのだろうか？〝がんばろう〟という言葉に、私はいつも違和感を覚えた。「彼らのつらい経験も長期的には糧になる」という言外の意味によって、苦しむ人たちとの共感が逆に薄まる気がしてならなかった。

東北地方の住人たちは、とりわけ我慢強いことで有名だった。だからこそ、彼らは何世紀にもわたって寒さ、貧困、不安定な収穫に耐えることができた。歴史的に中央政府が損な役まわりを彼らに押しつけてきたのもまた、その我慢強さゆえのことかもしれない。東北地方では、娘たちを身売りし、息子たちを帝国軍の捨て駒として送り出すのが珍しいことではなかった。人々はよく、〝古き良き日本〟が残る場所として東北について懐かしそうに語った。それは、ゆったりとした時間が流れる穏やかな田舎の生活を意味した。強欲と商業主義のウィルスや都会の醜さに侵されていない〝村社会〟を意味した。しかし、この外向きの単純なイメージは、内に根づいた保守主義を覆い隠すものだった。その〝抑圧〟はあまりに奥深くに取り込まれているため、当事者たちはそれを常識として受け容れてしまった。古い時代の日本に住む人々は、文句も言わずに黙々と働いた。そうやって黙り込むことがなにより大切だった。もし自分たちが立ち上がって議論を始めたら、他人にどう思われるのだろう？ そう彼らはひどく心配した。住人たちは変化することを拒み、変化するための努力を拒んだ。〝理想的な村社会〟とは、対立が不道徳とみなされる世界だった。ちょっとした不調和さえも、暴力の一種だと考えられる世界だった。

それは隠された世界であり、私はその一端を垣間見たにすぎない。当然ながら、社会的慣習によって口を閉ざしてきた人々が、その世界について部外者におおっぴらに話をするはずがない。しかし実際に話をしてくれた人々の言葉を通して、私は現実の物語を知ることになった。たとえば平塚なおみさんの義父は、悲しみの表出を弱さの表れだとみなした。そして、津波襲来の可能性を信じることを拒んだ釜谷地区の老人たちの話のなかに、私はこの地の現実を感じ取った。なかでももっとも雄弁に語ってくれたのは、自動車整備工場を経営する千葉正彦さんだった。震災の日の午後、遠藤純二教諭を含む数十人の被災者たちが山中をさまよい歩き、彼の家にたどり着いた。

それから三日のあいだに、一〇〇人以上の見知らぬ人々が二階建ての千葉さん宅に立ち寄った。千葉さん夫妻は食べ物、衣服、避難場所を無償で与えた。そのなかには、地域の住民、通りがかりの車の運転者、地元の公務員、幼い只野哲也くん、大川小学校のほかの生存児童らがいた。千葉夫妻は家にあった食料をすべて分け与え、自分たちの衣服はもちろん、子どもや孫の服も被災者たちに配った。その後、大川小学校の児童を含めた多くの人たちが再び家を訪ね、千葉さん夫妻に感謝の気持ちを伝えた。しかし、遠藤純二教諭は来なかった。地元の役人たちも来ることはなかった。

遠藤教諭の証言の矛盾について公の場で指摘して以来、眼に見えない非難や不満の圧力を感じるようになった、と千葉さんは私に語った。それは驚くようなことではなかった。「村社会では、非難をすればのけ者にされます」と彼は言った。「多くを話しすぎたり、何か物議を醸すようなことをしたりすると、お役所に助けてもらえなくなるというのが一般的な考えです。家の近くの道路を修繕してもらえなくなる、公的なサービスが受けられなくなる……。みんな、そう考えるんです。うちはまだ運のいいほうですよ。家も仕事も残っていますし、お役所の助けも必要としていませんから。けれど、このあたりでは多くの人が家族、自宅、財産を失ってしまった。そういった人たちは不平不満を口にしたり、お役所批判をしたりはしません」

変化は見逃してしまいそうなほど些細なものだった。誰ひとり、あからさまに怒ったり非難したりするようなことはなかった。黙っていたほうが安心だと忠告してくれたのは、役所の関係者ではなく、千葉さんの友人たちのほうだった。しかし、変化は確実に起きていた。同じ地域にある一一の自動車整備工場のうち、震災後も営業を続けたのは二軒だけだった。時間がたつにつれ、地元の役所とその職員からの公的な仕事は減りつづけ、ライバル工場のほうに次々と発注されるようになったという。

「子どもたちは、見えない魔物に殺された」と紫桃さよみさんは言った。「怒りをぶつけても、黒い影のように、何も反応がない。人としての温もりが感じられないんです。[2] 津波は眼に見える魔物でした。でも、眼に見えない魔物は永遠に消えない」

私は尋ねた。「眼に見えない魔物とはなんですか？」

「わたしにも、はっきりとはわかりません」とさよみさんは答えた。「表面的なものにしか眼を向けることができない、日本人特有の何かでしょうか。絶対にごめんなさいと言うことができない人たちのプライドに関するものかもしれません」

私は紫桃家の大きな木造の自宅を訪ね、さよみさん・隆洋さん夫妻と一緒にテーブルについてインタビュー取材を進めていた。夕暮れ時からずっと話しつづけ、もう夜遅い時間だった。ノートに用意してきた質問をすべて聞きおえると、会話の進み方がそれまでとは変わった。細かいエピソードと一般的な話題、怒りと悲しみのあいだで話は蛇行し、行ったり来たりを繰り返した。話が急に変わったり、飛んだり、沈黙が続いたりした。

紫桃家は、福地の集落に五〇〇年以上前から暮らす旧家だった。先祖のひとりである武士は、はるか遠くの京都——日本でもっとも壮麗で気障《きざ》な街——から、東北のこの地へ移り住んだという。一〇代半ばになったさよみさんは、由緒正しい旧家の一員であることのプレッシャーを嫌い、家を出て独立することに憧れるようになった。ところが、ふたりの姉は早々に夫を見つけて家を出てしまった。男兄弟がいなかったため、隆洋さんはさよみさんの両親と養子縁組をしてから結婚した（息子のいない家族では珍しくない風習）。かくしてさよみさんは、いっときは距離を置こうとした紫桃家の中心へと引き戻され、血族の相続人兼管理者となった。

北上川の岸に広がる土地は、都市の洗練とはかけ離れた場所だった。しかし、さよみさんの先祖たちは海、川、沼、田畑、森から豊かな食料を得ることができた。それぞれの集落は山によって切り離されていたものの、水でつながっていた。この地には、土地よりも水が古くから存在し、渋々ながら水が引いて土地を明け渡したという感覚がいまでも残っていた。そんな歴史は、海と直接的なつながりのない数キロ内陸の地名にも反映されていた。大川小学校があった場所は韮島《にらしま》と呼ばれ、福地の近くには塩田《しおでん》という地名があった。さよみさんは子どものころ、かつて海の底だった田んぼから太古の貝殻を掘り起こしたこともあった。古い時代からいままでもこの地に残るのは石碑や神社だけだったが、そのほとんどは高台に位置していた。

「昔、このまわりの田んぼは海だったんです」とさよみさんは言った。「いま、そこはまた海になりました。それが水というものなんです。水はいつも真実を教えてくれる。議論の余地はありません。水は、行かなければいけないところに自由に流れていくんです」

隆洋さんが言葉を継いだ。「人間が造ったものは、最後にはすべて自然に破壊されます。山や川といった自然の創造物は残り、人工的なものはすべて消える。自然に対する敬意を、私たちはもう一度思い出さなくてはいけない」

震災から数年のあいだ、隆洋さんは全国各地から招待を受け、大川小学校の悲劇を語り継ぐ講演活動を行なってきた。彼が依頼を引き受けたのは義務感からだった。当初、隆洋さんはこう考えていた――講演を聞きにくる人は、災害が住民に与える影響について興味があり、どうすれば似たような惨事の犠牲者になることを防げるのかを学びたいにちがいない。「正直、ショックを受けました。参加者の意識があまりに低かったんです」と彼は言った。隆洋さんの講演に参加した人々は、大川小学校での出来事について同情と恐怖を礼儀正しく示した。しかし、彼らは望遠鏡を反対側からのぞき込んでいるかのようだった。何か小さく、興味深く、自身の人生から遠く離れたものを見ているかのようだった。「参加者にとっては、別の誰かの問題でしかなかった。将来また起こるようなことだとは考えていませんでした。まさか自分に起きるなどとは思っていなかったんです。きっと、原発と同じです。それまで何年ものあいだ、誰もが危険性を見くびっていた。その結果が、この突然のひどい状況です。大川小学校でも、教師たちはすべてを見くびり、何も真剣には考えていなかった」

隆洋さんは、壮健な四〇代の男性だった。つねに冷静で、その口調には強い感情を抱いていることを示すものは含まれていなかった。ところが話を続けているうちに、その手が小さく震え出した。

隆洋さんは話を続けた。「この機会を逃せば――これほど多くの人が亡くなったいまというタイミングを逃してしまえば――考え方や行動が変わることはないと思います。だから、私たちは悲劇のほんとうの原因を突き止めようとしている。この災害について考えつつ、その核心に迫ることを拒否すれば、同じ悲劇が繰り返されるでしょう。けれど、そういうふうに日本は機能している。政府はそれを変えることができないんです」

この会話を含め、大川小学校の遺族との会話では主語が曖昧なことが多かった。誰の話をしているのかを私が訊こうとすると、隆洋さんはさきを続けた。「この国の市民として、私はそれを恥ずかしく感じています。恥ずべきことだと思います。でも、それは私があえて言わなければいけないことなんです。恥ずかしいことではありますが、この話をすることによって状況を変えられるかもしれない」

紫桃さん一家は犠牲者だった。しかし、同時に恥を感じていた。主語は〝私たち〟であり、〝全員〟でもあった。問題は津波ではなかった。日本が問題だったのだ。私はそう感じざるをえなかった。

「講演では、津波がたんなる水ではないことを伝えています」と隆洋さんは早口で言った。「津波は一瞬にして人の命を奪う凶器です。ただの水だと考えないでください。津波が最初に呑み込んだのは、海風を遮るための松林でした。木は流され、その木が家を壊し、今度は家の瓦礫が人間に襲いかかってきます。それから、すべてがなくなる。木、家、瓦礫、人間……全部です。そうやって津波は襲ってくる。それは水ではないんです」

宿命

平塚なおみさんはときどき、行方不明の子どもたちの捜索をあとどれだけ続けられるだろうかと密かに戸惑うことがあった。しかし、どうして自分が捜索を続けるのかということについて自問したことはなかった。

娘の小晴ちゃんの遺体が二〇一一年八月に見つかったあとも、まだ四人の子どもたちが行方不明のままだった。七歳の池田さおりちゃんは、きょうだいと母親とともに学校で亡くなった。生き残った父親は悲しみに打ちひしがれ、さらにフルタイムの仕事に忙殺されていたため、広い範囲の捜索には参加できなかった。一二歳の木村健一くんは、病気で家にいるときに津波に襲われた。八歳の永沼琴くんの父親・勝さんは、誰よりも根気強く捜索を進める人物であり、時間が赦すかぎりひとりで重機やボートを出しては、海、沼、泥のなかで息子を捜した。しかし、なおみさんがもっとも仲よくなったのは、もうひとりの女の子の行方不明児童である九歳の鈴木巴那ちゃんの母親・美穂さんだった。

美穂さん一家の自宅は長面浦の近くにあり、そこは津波で全滅した共同体のひとつだった。その日の午後、彼女も夫の義明《よしあき》さんも内陸の勤務先にいた。美穂さんの高齢の義理の両親は、同居していた家で亡くなった。ふたりの子どもの両方が大川小学校で死亡し、長男の遺体は震災の八日後に発見された。美穂さんとなおみさんは、何ヵ月ものあいだ一緒に子どもたちを捜しつづけた。しばらくすると、ふたりは姉妹のように心を許せる仲になった。年下のなおみさんは、確固たる決意で捜索に臨んでいた。彼女は有能な教師であり、事務処理やお役所仕事の扱いに長けていた。さらに重機の免許を取得し、ショベルカーに乗って泥を自らすくい出した。より穏やかでおとなしい性格の美穂さんは、タオルや軽食を準備して脇で静かに待機した。必要なときにはいつでも、長靴で泥のなかを歩きまわり、重機が掘り出したものをチェックした。

二〇一二年、沼を捜索していた警察が、水没した車のなかから高齢の夫婦の遺体を引き上げた。同じ年、行方不明だった若い女性の頭部がその近くで見つかった。しかし小晴ちゃんの遺体が見つかって以来、大川小学校の児童が発見されることはなかった。ときどき、美穂さんは震える手でヘドロのなかから骨を引き出すことがあった。しかしそれは決まって、津波で全壊した養鶏場から流れてきたニワトリの骨だった。

美穂さんは絵を描くことが大好きで、それは娘の巴那ちゃんと共通の趣味でもあった。生前の巴那ちゃんは、少女漫画風の女の子の顔をお絵かきして何時間も遊んだ。大きな眼と口が特徴的な顔とそのまわりには、星、涙、虹がちりばめられていた。あの世でも巴那ちゃんはお絵かきばかりしている——美穂さんが相談した霊媒師のひとりは、そんな心慰められる情報をもたらしてくれた。

大川小学校の正面にある祭壇には、三通の手紙が貼ってあった。色とりどりのフェルトペンで文字や模様、漫画の顔が描かれたこの手紙は、美穂さんが娘に宛てて書いたものだった。一通目の手紙はすでに日焼けし、雨や泥で汚れていた。「巴那へ」と手紙は始まる〔以下、原文ママ〕。

巴那へ
巴那のこと　さがし出してあげられなくて　ごめんね。
巴那に会いたくて毎日ここに来てるけど…
どこかにきっといるはずなのに…巴那のいる所を
わかってあげられなくて　ごめんね。

夢にも出て来てくれないから　お父さんもお母さんも
おじいさんもおばあさんも　みんな　さみしいよ。
何もしてあげられなくて　ごめんね。本当に　ごめんね。
夢の中で会えたら　おもいっきり「だっこ」してあげるよ♥♥

ハート形の画用紙に書かれた二通目は、一通目ほど風雨にさらされていなかった。


お父さんとお母さんはビッグバンを出て　矢本のおじいさんの家にひっこししました。矢本の家には、お兄ちゃんと巴那が使っていた物がいっぱいあって2人のことを思い出して泣いてばかりいます。

お兄ちゃんと巴那には「なみだを見せるな！」って言っていたお母さんなのにお母さんは　すっかり泣き虫になってしまいました。ゴメンナサイ。

巴那は「大きくなってもお嫁さんに行かないでお母さんのそばにずっといるよ！」と言ってくれたのに…ずっといっしょにいられるはずだったのに…

今日もおばあさんとお母さんは巴那に会いに来ました。

ここに来て巴那と同じ空気を吸っていたくて…。それだけでいい。

でも　やっぱりもう一度　巴那の声が聞きたい。
巴那の笑顔が見たい。

三通目の手紙はしっかり乾いていた。もしかしたら、その日の朝に貼られたのかもしれない。

かわいい　かわいい　巴那ちゃんへ
9月3日のお葬式どうだった？*　巴那ちゃんとお兄ちゃんに
喜んでもらえるように祭だんに音符♪𝄞とにじ◠を
お花で作ってもらいました。お父さんとお母さんは
あなたたちに　これくらいしかしてあげられません。
巴那の結こん式には　いろんなドレスも着せてあげた
かったし、昔のおよめさんみたいに黒のふりそでも着せて

*最愛の家族の亡骸を発見できなかったほかの多くの家族と同じように、鈴木夫妻も娘のための葬儀を仏寺で行なった。

あげたかったし…お父さんとお母さんの夢は夢でおわってしまいました。巴那、この手紙を読んだらお父さんとお母さんの所へもどっておいで　待ってるよ。

＊＊＊

自宅、集落、子どもたち、義理の両親を失ったあと、四年のあいだ美穂さんは石巻市郊外のプレハブの仮設住宅に住んだ。その地域の住民は誰ひとり、彼女や夫の義明さんのことを知らなかった。彼らが置かれた状況について尋ねる人もいなかった。それこそ、ふたりが望んでいたことだった。

美穂さんのような状況の人にとっては、ほかの遺族の母親と一緒にいるのもつらいことだった。彼女が一緒にいて疎外感を覚えなかったのは、平塚なおみさんと共通の友人であるあけみさんのふたりだけだった。どちらも、長い時間をかけて自分たちの娘を捜した母親だった。「話ができるのはふたりだけでした」と美穂さんは言った。「あけみさんの娘さんは四九日目に見つかって、それからしばらくして小晴ちゃんが発見されました。だから、ふたりともわたしの感情を理解してくれたんです。それに、ふたりはわたしと普通に話をしてくれました。普通の人のように接してくれました。ほかの遺族といるといつも、みんながわたしをどう見て、何を考えているかを意識してしまうんです。誰もがわたしのことをいちばん悲劇的な人間だと見ていました。それがほんとうにつらくて……」

震災時、美穂さんは四三歳で、義明さんは六歳年上だった。どちらもひとりっ子で、両家の唯一の跡継ぎだった。自らの子どもの死によって、ふたりは天涯孤独になったような感覚に襲われた。これは、祖先崇拝の宗教ならではの考え方だった。現実的な恐怖があった――このまま歳をとって病気になったら、誰が世話をしてくれるのだろう？　宗教的な不安もあった――今後、先祖への供養はどうなるのか？　ふたりが死んだあとは？　美穂さんと義明さん、両親、祖父母、先祖たちのために祈りを捧げてくれる子孫はもういない。「わたしたちのどちらかが死んだら、残ったほうを誰が世話するんだろう？」と美穂さんは自問した。「誰がわたしたちの骨を拾ってくれるんですか？　いちばん近い親戚といっても、いとこが何人かいるくらいで、あとは遠い親戚しかいません。わたしたちは、将来についてそういう不安を感じています。それを考えると、息が苦しくなってくるんです」

美穂さんは病院の受付の仕事を辞め、巴那ちゃんの捜索を生活の中心に据えた。毎日学校に行き、重機を操作するなおみさんと勝さんを手伝った。少なくとも二年は巴那ちゃんを捜す、そう決意した。じつのところ、頭のなかではもう幻想など抱いていなかった。月日がたつうちに、遺体を見つけるという希望はもう捨てていた。体の一部だけ――数本の骨、あるいは一本の骨、皮膚の断片、一房の髪の毛――でも充分だったのに、それさえ見つかりそうにはなかった。それでも、彼女はいつも車のなかに巴那ちゃんの衣服一式を用意していた。それまで見落としていた場所に巴那ちゃんが隠れていて、奇跡的に生きたまま見つかる場合に備えていたのだ。

二〇一二年末にかけて、捜索活動は月ごとにむずかしさを増していた。遺体のほんの一部を見つける可能性さえも、みるみる小さくなっていった。美穂さんも徐々に、一日じゅう現場に行って捜索に立ち会うのをやめるようになった。行方不明の児童を捜しつづけると固く誓っていた平塚なおみさんもまた、この時期に捜索をやめた。しかし、その理由は一般的なものではなかった。自分の意思次第なら捜索を続けていた、と彼女は主張した。それは彼女が決めたことでも、夫や義父が決めたことでもなかった。決めたのは、死んだ小晴ちゃんだった。

なおみさんは再び占い師のスミさん――小晴ちゃんの声をあの世から伝えることのできる女性――と親しくなった。ふたりは隔週で会い、ときどき電話で話し、携帯電話やパソコンでメールを交換した。スミさんを通して、小晴ちゃんは仏壇のお供え物として置かれるお菓子やスナックの種類をリクエストし、生き残った弟妹にもっと注意を払うように訴えた。当時のなおみさんは育児休暇中で、中学教師としての仕事を休んでいた。しかし、仕事復帰か退職かを選ばなければいけない時期が近づきつつあった。なおみさんがこの重要な決断について悩んでいたとき、小晴ちゃんが強い感情をあらわにした。

「小晴はわたしの復職を望んでいる、とスミさんに言われたんです」となおみさんは言った。「小晴がこう言っているっていうんです。『わたしは大人になったら先生になりたかった。だから、自分にはできなかったことをお母さんにやってほしい』って。スミさんもわたしに言いました。『あなたの才能は、家庭にとどまり、行方不明の子どもたちを捜すためだけにあるべきじゃない。家の外に出て活動的なことをするためにある』って」

二〇一三年四月、なおみさんは石巻市内の中学校に復職した。震災から二年、仕事を休職してから三年がたっていた。彼女は大きな不安を感じたが、それは仕事への緊張から来るものではなく、教えることになった子どもたちに起因するものだった。「わたしが担当することになったのは一四歳の生徒たちでした」となおみさんは言った。「つまり、小晴と同じ学年だったんです」。教卓から顔を上げるたび、なおみさんは娘と同じ年齢の子どもたちと向き合うことになった。一二歳を越えて生きていたら、自分の娘も同じ歳になっていたはずだった。

彼女はある問題にぶつかった——学校という世界のなかで、小晴ちゃんの死の事実をどのように扱うべきか？　もちろん、多くの人は何があったのかをすでに知っていた。知らなかったとしても、なおみさんの名前をインターネットで調べれば、彼女がこの数年のあいだに応えてきたインタビュー記事がすぐに出てきた。彼女としては、子どもの死によって自分という人間が定義されるのはいやだった。同時に、この話を避けているようにも思われたくなかった。ときどき、間接的にこの話題が出てくることもあった。たとえば、女子生徒のひとりが、なおみさんに子どもが何人いるのかと尋ねたときだ。答えはふたりだろうか？　それとも三人だろうか？　なおみさんは考えあぐねた。どちらの答えも正しいと感じられなかった。「みんないい子たちで、わたしを信頼してくれました」と彼女は言った。「生徒たちに同情されたくはありませんでした。でも、わたしが彼らを信頼していないと感じてほしくもなかった。生徒たちはわたしから話すことを期待している。そう感じていましたが、なかなか話すことができませんでした。絶対に泣かないという自信がなかった。それも話せない理由のひとつでした」

なおみさんが話すことを決めたのは、年度末の最後の週になってからだった。その日、大川小学校の母親たちが出版した『ひまわりのおか』（岩崎書店）を教室に運び込み、三六人の生徒全員に一冊ずつ配った。そしてなおみさんはついに、小晴ちゃんの物語を、娘の身に何があったのかを生徒たちに話した。最後に、質問を受けつけた。一五歳の生徒たちは、ただ茫然と坐って黙り込んでいた。「でも生徒たちに知ってほしかったんです」となおみさんは私に言った。「〝生き残った子どもたちは、死んだ子たちの分まで生きなきゃいけない〟と言う人もいますが、わたしはそんなことは信じていません。わたしのまわりには、生き残ったことに罪悪感を覚えている人たちが大勢いる。わたしとしては、子どもたちにそんなふうに感じながら成長してほしくはありません。だから、自分のために生きなさいと生徒たちに伝えました。ほかの人のために人生を生きているなんて、誰もそう感じる必要はないんです」

仕事とふたりの子どもの世話に追われるなおみさんには、ほかのことに費やすエネルギーはほとんど残っていなかった。彼女の心の安寧のためには、それは理想的なことだった。「教えることは、わたしにとって一種のセラピーでした」と彼女は言った。「正直に言うと、働けば働くほど小晴について考えなくなるんです。これはいいことなんだ、と自分に言い聞かせています」

小晴ちゃん自身も、それがいいことだと請け合ってくれた。少なくとも、占い師のスミさんはなおみさんにそう伝えた。スミさんと一緒に時間を過ごせば過ごすほど、なおみさんは彼女の癒しの言葉に大きな意味を見いだし、それに頼るようになった。あの世での娘の変化についての説明もまた、心の支えになった。あるとき、なおみさんは冬休みに沖縄に行く計画を立てた。大学時代を過ごした温暖な島を訪れ、同級生たちと旧交を温めるつもりだった。すると、スミさんも一緒に行きたいと言った。「むかしから沖縄に行ってみたかった、と彼女は言いました」となおみさんは私に教えてくれた。「それに、小晴も行きたがっていると言うんですよ。『戦争の犠牲者たちの魂を慰めに行きたい』*とあの子が言ってるって」。一二歳の女の子の提案としては驚くべきものに思えた。しかし占い師は、それは死後の世界での人間の魂の進化の証だと説明した。人間としての人生が終わった直後から、小晴ちゃんは自身の性格の大部分をそのまま自分のなかに保持した。女の子っぽいかわいらしさやユーモアのセンスはそのままだった。しかし彼女はいま、日本人が〝仏さま〟(1)と呼ぶ状態——人格のなかの不純物を取り除いた悟りの境地、死へと向かう魂の巡礼の最後の過程——に入ろうとしていた。「最近、あの子が占い師を通してわたしにしゃべる話には、六年生の子の口から出てくるとは思えないようなことが増えてきました」となおみさんは言った。「個人的なことだけではなく、より一般的な話が多くなってきたんです。いわばあの子は……より本物になっている。神さまや仏さまに近づいてきているんだと思います。もう小さな子どもではないんです」

スミさんはさらに踏み込んで説明し、これは悲劇などではないとなおみさんに伝えた。彼女いわく、小晴ちゃんの死、それ以降に起きたすべての出来事は起こるべくして起きたことだった。「言葉で伝えるのはむずかしいのですが……わたしも簡単には理解できませんでした」となおみさんは言った。「でも夫もわたしも、物事は事前に決まっているのだと考えるようになったんです」

占い師のスミさんはなおみさんに言った。人の死は、生まれたときにすでに運命づけられている。それどころか、個々の魂は死ぬ方法とタイミングを選択する。言い換えれば、小晴ちゃん――ある意味、津波で命を落とした多くの人々――は、その日に死ぬことを選んだのだった。「占い師の方によれば、それは運命だったんです」となおみさんは私に言った。「子どものときに死んだ人は、年老いて死んだ人よりも高いステージに上がっていく、と彼女は教えてくれました。そう知って、ほっとしました」

三人の子どものうちふたりが生き残り、家族が住む自宅の被害を免れたなおみさんは、娘の遺体を見つけて埋葬し、仕事に復帰し、最終的に死と折り合いをつけることができた。

＊太平洋戦争でもっとも熾烈な闘いが繰り広げられた沖縄では、二五万人以上が戦死した。

一方、子どもを全員亡くし、すでに四〇代半ばで、孤独なプレハブ住宅に住む美穂さんは、死と折り合いをつけることができなかった。はっきりとは特定できないどこかの時点から、ふたりの女性の親密な友情は気まずさと不信に変わっていった。

ふたりとも、このことについて詳しく話をしたがらなかった。しかし、どうやら最初に背を向けたのは美穂さんだったようだ。毎年三月一一日が近づくと彼女はひどく落ち込み、人を避けるようになった。なおみさんと一定の距離を置くようになったのもこの時期だった。「仕事に復帰した直後の時期は、とても忙しかったんです」となおみさんは言った。「それでも、ときどき話はしていましたし……最初の一年くらいは何も変わったところは感じていませんでした。それから徐々に、連絡がつかないことが多くなっていきました。それであるとき、電話もせずに突然、美穂さんが住んでいたところに行ってみたんです。まったく歓迎されていないという印象を受けましたね」

なおみさんは当初、美穂さんが冷たくなった理由がわからず戸惑った。その理由は、行方不明の子どもたちの捜索に関することではないはずだった。なぜなら、なおみさんだけでなく美穂さんも捜索をやめていたからだ。ふたりの仲を隔てたのは、もっと曖昧で、対立的で、危険なことの〝捜索〟だった――大川小学校で何があったのか？

はじめのころ、なおみさんと美穂さんの連帯感は、共通の孤独感によって裏打ちされていた。ふたりは、たったひとりで世界に立ち向かうという意識を共有していた。彼女たちは教育委員会の傲慢な役人たちを忌み嫌ったが、同時に「福地の人たち」に対しても違和感を抱き、紫桃さよみさんたちの行動を攻撃的で自分勝手だとみなしていた。子どもたちの捜索は、感情および肉体的なエネルギーの蓄えのすべてを使い果たすものだった。ところが学校での捜索をやめると、美穂さんの心に余裕が生まれ、それまで深く考えてこなかったことについて眼を向けるようになった。そんな彼女が行き着いたのは、教師たちが子どもたちの死を惹き起こしたという考えだった。

「巴那は見つかりませんでした」と美穂さんは言った。「だから、真実を見つけなければならなかったんです。誰も責任をとらずにうやむやにする——今回もそんな終わり方にしてはいけない。そんなことは受け容れられません。時間がたつにつれ、そう強く感じるようになったんです」

なおみさんのほうは、自らが置かれた状況の矛盾に苦しんでいた。「七四人の子どもたちの命が奪われました」と彼女は言った。「それなのに、誰も責任をとっていませんでした。起きたことに対して、誰かが責任をとらなきゃいけない。そんな感情、そんな憤り……もちろん、そういう気持ちもありました」。しかし、責任をとることのできる唯一の人々は、大川小学校の教師と教育委員会の職員だった。彼らはなおみさんと夫の同僚であり、直属の上司だった。

なおみさんの夫・真一郎さんは、自らの仕事に誇りをもつ前途有望な教師だった。死んだ同僚たちを糾弾する運動に参加して上司たちに歯向かい、自らのキャリアを犠牲にする気はなかった。「一時期、訴訟に参加したいと感じていたこともありました」となおみさんは言った。「でも、夫は決して賛成しませんでした」

ある日、仙台からやってきた弁護士が、訴訟への参加を考える遺族に向けた説明会を開いた。出席した美穂さんは、部屋になおみさんがいるのを見て驚いた。ふたりのあいだには冷え冷えとした空気がただよっていた。美穂さんにとって、かつての友人の存在は〝不誠実〟なものだった。平塚夫妻が、ほかの教師たちに対する訴訟に参加するはずなどなかった。もしかしたら偵察にきたのかもしれない、訴訟準備の内容を報告しようとしているのかもしれないと美穂さんは内心疑っていた（しかし、誰に報告するのかは定かではなかった）。

険しく急な小道

鈴木美穂さんと義明さん夫妻は、石巻市と宮城県を相手取った訴訟の中心的人物になった。この訴訟は、民法の損害賠償請求権の時効となる三年が過ぎる前日、最後の瞬間に突如として起こされた。欧米の訴訟制度に慣れた人々にとっては、準備にこれほど長い時間がかかったことは驚きだった。ヨーロッパやアメリカで似たような悲劇が起きたとしたら——数十人の子どもたちの命が奪われ、管理当局の能力の欠如について明らかな疑義があれば——早い段階で大勢の弁護士が遺族のもとに群がっていたはずだ。ところが日本では、訴訟を起こすことに対して人々のあいだに本能的な嫌悪感があり、そのような行動に出た当事者自身も大切な不文律を冒していると感じる傾向があった。

訴訟は〝我慢〟の欠如だと（ときに感覚的に）みなされるものであり、村社会の不文律を冒すものだった。裁判を起こした者、とりわけ行政に楯突いた者に対して、不愉快な展開——社会的な非難や排除、さらには迫害——が待ち受けていると考えられるのは自然なことだった。どんな嫌がらせがあるのかと尋ねても、多くの人は言葉を濁して口ごもり、具体的な例を挙げることができなかった。訴訟を起こした者たちが抱くのは、陰で噂話をされるような粘着質な感覚だった。自分は何も悪いことをしていないとわかっているのに、心のなかにはおぼろげな罪悪感が広がっていった。日本の国民のあいだには、居心地よく、温かく、感覚を麻痺させる遵法精神の網が張り巡らされており、その網の外に足を踏み出すことには不快感がともなう。このような曖昧模糊としたもつれのなかでは、護られているという感覚と抑圧は表裏一体になる。この強制の機構は、人々の頭のなかにきわめて能率的に取り込まれているものであり、外側から作り上げる必要などほとんどない。変わり者でなければ、自分の内から聞こえてくるクスクスという笑い声を無視することなどできないのだ。

さらに欧米と比べると、日本の裁判所が定める損害賠償額は少ない。大川小学校の児童の親たちは子どもひとり当たり一億円を請求した。しかし勝訴したとしても、その半分の額を受け取ることができればましなほうだった。

遺族の代理人を務める吉岡和弘弁護士でさえも、訴訟に後ろ向きな日本人の気質に同情的だった。「何かあからさまな嫌がらせがあるというわけではありません」と彼は語った。「人々は知らず知らずのうちに自分が非難されていると感じるんです。そのやり方は陰湿です。たとえば、地元の役所で働く親戚がいれば、彼らが陰で悪く言われるかもしれません。学校では、裁判を起こした親の子どもとして、息子や娘がうしろ指を指されるかもしれない。それから、ネット上の辛辣なコメント。そういった批判は往々にしてはっきりと見えず、相手を特定するのがむずかしいものです。だとしても裁判を起こした人々は、社会から拒否されているように感じることになる。だから多くの人は裁判所に訴えるのではなく、泣き寝入りして、怒りと悲しみにただ耐えようとするんです」

民主主義と同じように、日本の民事司法制度も表面的には完璧に見える。裁判官は独立し、賄賂や脅迫もほぼ皆無。しかしシステムの中核には、現状維持を好む傾向、裁判所を支える民間および公共機関のほうに有利に働く偏見が存在する。吉岡弁護士は、日本の裁判官が世間で〝ヒラメ〟と揶揄されることを教えてくれた。海底に棲み、体の上部についた眼でいつも上ばかりを不安そうにきょろきょろ見まわす魚だ。判決の内容に影響を与えるような明らかな陰謀などないし、上から直接的な命令があるわけでもない。あるのは、動物の本能と同じくらい自然な理解だけだ——世界がどのように機能し、自己の利益がどこにあるのか。「大企業や銀行、地方自治体といった組織を相手に訴訟を起こした場合」

と吉岡弁護士は言った。「日本では十中八九、組織側が勝訴します」

大川小学校の遺族が初めて吉岡弁護士のもとを訪れたのは、震災から八ヵ月後のことだった。相談に来た紫桃さよみさんと隆洋さん夫妻に、吉岡弁護士はふたつの助言を与えた。まず、できるかぎり原告団の人数を増やし、組織としての存在感を確立し、マスコミの注目を集めること。ふたつ目は、機が熟すのを待ち、対立相手である市が無意識のうちに提供してくれる法的な資料――丁々発止の「説明会」の内容――を活用するということだった。「いったん訴訟を起こせば」と吉岡弁護士は続けた。「関係者はみんなそろって口を閉ざしてしまいます。裁判で係争中の問題だと繰り返し、それを何も言わないための言いわけに使うんです。たとえ彼らを法廷に召喚しても、証人ひとりにつき話を聞けるのはわずか一、二時間だけ。ところが、説明会は三、四時間にわたって続き、さらに一〇回も行なわれました」。急いで提訴するのではなく、市の当局者が油断しているうちに情報を引き出し、マスコミに積極的な報道をうながし、できるかぎり多くの武器をこっそり備蓄する。それが遺族側の作戦だった。

訴訟を起こした遺族たちは主婦、会社員、建設作業員、工場労働者などの一般市民であり、弁論術のエキスパートではなかった。「田舎に住むごくごく普通の人々である彼らが、鋭い質問を浴びせて論理的に話を引き出したりすることなどできるはずがない。多くの人はそう考えるでしょう」と吉岡弁護士は言った。「いやはや、みんな驚くでしょうね。彼らはとても頭のいい人たちで、質問の流れをきっちり理解し、相手側から見事に話を聞き出すことができるんですよ」

吉岡弁護士は、説明会のリハーサルをしようとはしなかった。「私はできるだけ介入しないようにしました」と彼は言う。「ときどき、場が荒れることもありました。参加者がカッとなって、『バカ野郎！』とか『子どもを返せ！』と叫んだこともあります。そういった言葉は、法的な意味ではなんの役にも立ちません。でも、教育委員会の職員たちはそれに直面し、悲しみの言葉を耳にし、犠牲になった子どもたちの親が本心をさらけ出す姿を見た……彼らがそういうふうに話してくれて、私としてはうれしく思いました。市の職員たちが、反応せざるをえなくなりますからね。

さらに、この訴訟がいったい何についてなのか、私は考えようとしました。ふだんであれば、それは単純です。勝訴すれば、弁護士は自分の仕事をやり遂げたことになる。でも大川小学校の遺族たちは、愛する子どものために、失ったわが子のために闘っていました。たとえ勝訴したとしても、親たちの苦しみが終わるわけではありません。大切なのは勝つかどうかではない。人生の最期の瞬間に子どもたちに何があったのか、どうしてそうなったのかを知ることなんです」

日本の司法において、迅速に進むものなど何ひとつ存在しない。石巻市と宮城県を共同被告としたこの訴訟では、二〇一六年四月になってやっと証人尋問が始まった。それまでの二年のあいだに六回ほどの審理が行なわれ、双方の弁護士が法的問題を整理しながら争点を絞り込んできた。原告側は、大川小学校の教師たちの代表である石巻市について、管理下の児童の保護を怠った〝過失〟があると訴えた。この言葉は、柏葉元校長が執拗に拒否したものだった。訴訟の焦点はふたつ。教師たちは津波が来ることを予見できたか？そうだとすれば、子どもたちを救うことはできたか？

両方の質問について、市側は反対の立場をとった。学校は海岸から四キロほど離れた内陸にあった。人々の記憶にあるもっとも巨大な津波——一九六〇年のチリ地震によって発生した津波——のときでさえ、大川小学校付近の内陸部に被害が及ぶことはなかった。学校とそのまわりの集落の建物が邪魔になり、教師たちは海を見渡すことができなかった。海岸沿いの松林に襲いかかる津波の光景も見えなかった。津波が川の堤防を越えたことに気がついた石坂教頭はただちに、子どもたちに避難を指示した。しかし、もう遅すぎた。その悲劇は、避けられないことだった。

吉岡弁護士は反駁《はんばく》した。たしかに、学校から海まである程度の距離があった。しかし津波が襲ってきたのは川岸からであり、学校は川から一〇〇メートルほどしか離れていなかった。釜谷地区は海抜がほぼゼロに近く、過去にも北上川の氾濫による洪水がたびたび起きていた。石坂教頭の頭のなかには、避難経路としていくつかの選択肢があったと考えられる。学校の裏山を登るルートは少なくとも三つあり、待機中のスクールバスを使うという手段もあった。そのすべての選択肢が、彼が最終的に選んだ場所——川岸の三角地帯——よりも海抜が高く、安全だった。教師たちは津波を予見しておくべきだった、と結論づける理由はいくつもあった。それどころか、実際に予見していたと考えてもおかしくはなかった。「教師たちが津波を予見することができたと証明すれば」と吉岡弁護士は私に語った。「この裁判に勝つことができます」

二〇一六年四月八日、柏葉照幸元校長が証言台に立った仙台地方裁判所の傍聴席は満員になった。傍聴希望者が定員を超えたため、席は抽選で割り当てられた。室内には、私のよく知る人々が顔をそろえていた。紫桃隆洋さん、今野さん夫妻、鈴木さん夫妻、生存した児童のひとりである哲也くんの父親・只野英昭《ひであき》さんが弁護団のうしろに坐っていた。傍聴席には、教育委員会の役人、この一件を当初から報道しつづけている地元の記者たちなどがいた。その日の法廷には、説明会にはなかった緊張感と堅苦しさがただよっていた。その雰囲気を強めたのは、黒い法服に身を包んだ三人の裁判官の存在だった。彼らが悠然と室内に入ってくると、全員が立ち上がった。さらに、証言台に立った柏葉元校長が読み上げた宣誓によって、重苦しさはさらに増した。

「宣誓、良心に従って真実を述べ、何事も隠さず、また何事も付け足さない事を誓います」――背が低くふくよかな体型の校長は、チャコールグレーのスーツに身を包んでいた。

まず石巻市側の弁護士のひとりが、柏葉元校長に質問した。被告側の尋問はまさに教科書どおりに進められた。弁護士に促され、柏葉元校長は学校の危機管理マニュアルについて話をした。火災や地震の際にとるべき行動が明示されたこのマニュアルに沿って、学校は緊急事態を想定した避難訓練を定期的に行なっていた。震災の二日前の二〇一一年三月九日に強い地震が起きたときにも、それまでの訓練の成果が発揮された。柏葉校長が見守るなか、子どもたちは落ち着いて素早く避難し、教師たちは割り当てられた任務を造作なくこなした。しかし、津波のための避難訓練が大川小学校で行なわれたことはなかった。その理由は単純だった。津波が来るなどと予想する理由はどこにもなく、誰もそんなケースを考慮したことがなかったからだ。裏山への避難の可能性について問われると、柏葉元校長はこう証言した。原告がどう主張しようとも、裏山に登る小道は避難経路としてはまったく非現実的である。自身でも裏山に登った経験から、茂みや竹に覆われた斜面は急で危険すぎる。

しかし、被告側のこれらの主張には矛盾が潜んでいた。なぜなら、実際には教師たちは津波の可能性について考えたことがあったからだ。もし津波がほんとうに想像を超えるものだとしたら、教師たちの脳裏をよぎることもない出来事だとしたら、なぜ津波から逃げる必要性について考慮しなければいけないのか？　小惑星の衝突やゾンビの攻撃による世界の終末と同じように扱うべきことではないのか？

反対尋問に立った吉岡弁護士は、この矛盾をしつこく攻めた。三月九日に起きた前震のときの様子について、彼はその詳細を元校長に問いただした。その日も津波注意報が発表されたものの、予想される高さは最大でも五〇センチ程度。多くの人が見落としてしまうような規模の津波であり、被害が出る可能性はきわめて低かった。にもかかわらず、子どもたちが校庭で待機するあいだ、学校の序列の三番目の立場だった遠藤純二教諭は、念のため川岸に行って流れを調べ、何も異常がないことを確かめた。

その日に柏葉校長が遠藤教諭や石坂教頭と交わした会話について、吉岡弁護士は質問した。この会話の内容は校長自身がうっかり保護者のまえで漏らしたもので、説明会によって明らかになった新事実のなかでもとりわけ重要なものだった。児童たちが無事に教室に戻ったあと、三人の教師たちは職員室で数分のあいだ言葉を交わした。三人はその日の避難について総括し、そこから学んだ教訓を確かめ合った。

「まんがいち大川小学校まで津

波が来たらどうしようかという話をしました」と証言台に立つ柏葉元校長は語った。「そのときは竹藪のところから登って逃げられないか？　足元が悪いし、急なところなので使えないかもしれない……結局、結論が出ることはありませんでした」

次に元校長に一連の写真が示された。長い夏休みのはじめごろの酷暑のある日、校長自らが学校の裏山から撮影したものだった——校舎の赤い屋根、そのまわりの集落に連なる色とりどりの屋根、遠くに広がる田んぼ、きらきらと光る川。それらの写真は、斜面のかなり高い位置から撮影されたものにまちがいなかった。柏葉元校長自身が、子どもたちが登るのは——たとえ命の危機が迫っていたとしても——危険すぎると主張した斜面から撮られたものだった。

「甲59号、写真1と2を示します」と吉岡弁護士は証人に言った。「これは、柏葉先生が平成二一年（二〇〇九年）七月二一日に撮影した写真ですね」

「記憶にあります。そうだったと思います」と柏葉元校長。

「（そこまで）上がるのはどうしたのですか？」と吉岡弁護士。

「小屋裏側の竹藪をつたって上がったと思います」

「あなたが歩いた場所は、児童でも登れるのではありませんか？」

「とても危ないかな、と思います」

「写真を撮った当時のあなたの体型は？」

元校長はしばらく間《ま》を置いてから言った。「体重は七〇キロで、身長は一五六センチです」

法廷の室内でいっときが過ぎ、この情報が、証言台に立つ背の低いずんぐりとした体型の男性の視覚イメージと重なっていった。

「あなたより」と弁護士は言った。「子どもたちのほうがずっと簡単に登ることができるのでは？」

津波をともなう災害を学校側が実際に予期していたことを示すもっとも確かな証拠は、危機管理マニュアルそのものに隠されていた。

古いバージョンのマニュアルでは、基本的なひな形が修正され、津波に関する言及はすべて削除された。つまりその時点では、大川小学校と津波は無関係であると判断されたことになる。しかし二〇一〇年のはじめ、津波に言及した箇所がもとに戻された。その改訂を行なったのは、石坂俊哉教頭だった。

その際、もともとは「地震発生時」だった表題が「地震（津波）発生時」と改められた。同時に、緊急時の行動リスト内の「情報の収集」という指示が「情報の収集（津波関係)」に変更された。さらに石坂教頭は、地震にともなう避難のときに教師たちが使う作業リストに新たな指示を追加した――「津波の発生の有無を確認し、第二次避難場所に移動する」。二次避難のための場所も併記されたものの、使われた文言はひな形のままだった――「津波発生時――近隣の空き地・公園等」。

証言台に立つ柏葉元校長は見るからに居心地が悪そうで、危機管理マニュアルの話題になるとその戸惑いはピークに達した。マニュアルの内容が改訂されることになったそもそもの理由を思い出すことができない元校長に対し、吉岡弁護士はこう思い出させた――教育委員会が開いた校長会のなかで、手順を見直すように指示があった。変更にいたる論理はあまりに明らかに思われた。改訂前のマニュアルには、津波についての言及がまったくなかった。それが変更され、津波に関する規定が設けられた。なぜか？　津波の危険があったからだ。質問を重ねるたび、吉岡弁護士は相手に対する圧力を強めているように見えた。回答を重ねるたび、柏葉元校長は落ち着きをなくしていった。あるタイミングで吉岡弁護士は偽証罪について猛然とした口調で釘を刺し、さらなるプレッシャーをかけることも忘れなかった。

「三カ所改訂していますね？」と弁護士は危機管理マニュアルを見せながら言った。

「平成二一年（二〇〇九年）の一〇月か一一月ごろ、石坂教頭が改訂作業を始めました」

と柏葉元校長は答えた。

「そのきっかけは？　なぜ三ヵ所つけ加えたのですか」

「石坂教頭が加えたので」と柏葉元校長。「私はよくわかりません。改訂を始めたのはわかっていましたが」

「（中略）あなたの代で、津波という言葉が三ヵ所つけ加えられている」

「多分、津波という意識がだんだん強まってきたのだと思います」

「校長会での防災についての話し合いのなかで、危機管理マニュアル改訂の指示があったのではありませんか？　あなたが持ちかえり、石坂先生に指示をしたのでは？」

「校長会での話を伝えたので、石坂先生が入れたのだと思います。（津波が）まず来るとは思っていなかったので」と柏葉元校長は言った。「言葉を入れるぐらいで大丈夫だと思ったんです」

「津波が絶対に来ると思っていなかったのに、なぜ言葉を入れたのですか？」

「〝津波〟という言葉を入れることを伝達されたので、入れました」

「しかし、なぜあなたはこの言葉を入れることを承認したのでしょうか？」

「なんの問題もないと思ったので……」

法廷内の空気は重々しく緊迫していた。ときおり、遺族が坐る席から押し殺したようなすすり泣きが聞こえてきた。しかし元校長の言葉に、親たちのあいだから不信に満ちた苦々しい笑いが起きる場面もあった。自分の子どもたちを津波から護っていたのは、マニュアルの単語だけでしかなかった——そう親たちは知ったのだった。

思い出のとらえ方

只野哲也くんは、大人になったら警察官になりたいと思うこともあれば、消防士になりたいと思うこともあった。柔道と水泳が大好きだった。母親にしつこく言われないと、なかなか宿題をしないこともあった。言い換えれば、ごく普通の明るい一一歳の少年だった。しかし私が出会った人々のなかで、大川小学校をもっとも愛し、学校の魅力に取り憑かれていたのは哲也くんだった。その激しい感情は、もはや情熱に近いものがあった。哲也くん以外の誰もが、大川小学校がいかに平凡でありきたりな場所だったのかを強調した。あたかもこの個性の欠如こそが、悲劇のおぞましさを拡大させたとでも言いたげだった。しかし哲也くんの眼には、そこは驚くべき場所に映った。その魅力は、彼が敬愛していた児童や教師に起因するものというより、物理的な奇抜さから来るものだった。一般的な日本の学校は平屋根の立方体で、異なるのはその規模だけ。しかし大川小学校の校舎は、野心的で創造力豊かな建築家による作品だった。本棟は長方形の箱形ではなく、やわらかな曲線を描いており、一方の端が一二角形の別棟へとつながっていた。哲也くんは学校についてさまざまなことを私に教えてくれた。一輪車に乗って遊んだ中庭、*丸々と肥った観賞用の鯉のために餌の昆虫を投げ入れた池……。学校の正面には桜の木が立ち並び、毎年四月にはピンク色の花が咲き乱れた。外壁の一部には、民族衣装を着た世界じゅうの子どもたちの絵が児童の手によって描かれていた。校舎の二階から見える田んぼや川の美しい景色について哲也くんは語り、学校の建物に使われた素材の色が雨によって変化することを説明してくれた。「天気がいいときには、屋根は赤い色に見えるんです」と彼は言った。「でも雨が降ると、紫と青が混ざったような群青色に変わって、建物全体がすごくきれいに見えました」

哲也くんたちの家族は二〇一一年三月一一日まで、釜谷のいちばん海側にある谷地中《やちなか》という集落に住んでいた。父親の英昭さんは、石巻市中心部にある製紙工場に勤務していた。工場は津波の直撃を受けたものの、彼は近くの高台に逃げて助かった。水が引くと、英昭さんは自転車を借り、大川地区の避難者が集まる内陸の大きなスポーツセンターに向かった。その場所で、英昭さんは学校と集落の運命を知ることになる。ほとんどの保護者たちが絶望に打ちひしがれていたその場所で、彼は息子の哲也くんを見つけた。ひっかき傷や痣だらけで、怪我した右眼には眼帯を付けていた。それでも、哲也くんは生きていた。

只野英昭さんは震災当時、河北《かほく》消防団の釜谷地区の班長だった。ボランティアで構成される地元の消防団は、自然災害のときに消防隊の補助役として活動する組織だった。大川小学校の児童の父親は釜谷地区の捜索に参加しないように勧められたものの、彼は班長として仲間たちを率い、泥濘《ぬかるみ》のなかから遺体を引き上げた。妻のしろえさんは震災から五日後、父親は八日後、九歳だった娘の未捺ちゃんは九日後に発見された。

スポーツセンターを離れた父と息子はいったん親戚の家に居候し、のちに石巻の郊外の家に移り住んだ。その後もふたりは、自分たちがかつて住んでいた場所をたびたび訪れた。自宅があった場所に残されたものは、コンクリート基礎の輪郭だけだった。釜谷地区の家々は、一軒たりとも残っていなかった。津波に耐えた頑丈な診療所の建物さえも、震災後すぐに取り壊された。そこに集落があったことを示すものは、学校だけだった。壁には亀裂が走り、窓もなく、風雨にさらされてひどく損傷していたものの、見るからに学校の

＊日本の多くの小学校には、優れたバランス感覚を養うことを目的として一輪車と木製の竹馬が置かれている。

跡であることはわかった。

その廃墟には、見事な技が施されていた。震災直後にやってきた自衛隊員や復旧作業員は、学校じゅうを覆う木、車、壊れた家の瓦礫を取り除いた。が、作業はそこで終わらなかった。押し寄せた水で汚れた部屋の室内の内装や物品は、きれいに洗浄されて元どおりに近い状態に戻っていた。あたかも子どもと教師たちの帰りを待つかのように、鉄製の脚付きの小さな机が整然と並んでいた。室内には多種多様なものが置いてあった——ミシン、そろばん、リコーダー、三時三七分で針が止まった壁時計。教室の外の廊下には、かつて子どもたちがコートをかけたフックが並び、いまでも児童たちの名前のシールが貼られたままだった。

学校を訪れることに、哲也くんは慰めを見いだした。あまりに突然、あまりに多くのことが変わってしまった。そのせいで、彼のそれまでの人生——母親、妹、祖父、学校の友人たちと過ごした人生——が儚《はかな》い夢のように頭のなかに現れては消えることがあった。学校の存在は、哲也くんが生きていたこと、彼らが生きていたことを証明するものだった。記憶は壁や空間に残っていた。あるとき、誰もいない教室を歩きまわっていた哲也くんは、妹の未捺ちゃんの名前が書かれた辞書を見つけた。その名前の文字の子どもっぽい筆跡は、確かに妹のものだった。

ある日、哲也くんは父親からニュースを聞いた。大川小学校の校舎を今後どうするか、石巻市が近いうちに決定を下すという。決まりかけていた最終案は、残った構造物を取り壊して更地にし、大川小学校の痕跡をすべて取り除くというものだった。

東北の沿岸地域では、残されたものをどう扱うべきか、津波の生存者たちが検討を続けていた。壊れた家屋や商業用建物といった一般的な建造物は着々と瓦礫の山として積み重ねられ、撤去された。問題は、象徴的な建物の残骸だった。(1) 鮮明な悲劇が起きた土地、とりわけ激しい被害を受けた場所、津波の力によって生まれた衝撃的な風景……。たとえば、南三陸町の防災対策庁舎。危機管理課の職員だった二四歳の遠藤未希《えんどうみき》さんが、最後まで逃げることなく防災無線で避難を呼びかけつづけたのは有名な話だった。結局、彼女を含む四三人の職員が、その建物内で津波に呑み込まれて亡くなった。ほかにも、気仙沼市の住宅地に打ち上げられた全長六〇メートルの〈第一八共徳丸〉があった。大槌町の民宿の屋根に乗り上げた一〇九トンの観光双胴船〈はまゆり〉もあった。そして、陸前高田の〝奇跡の一本松〟があった。七万本の木が茂る海岸沿いの松林のなかで唯一残ったこの松は、懸命の努力の末に保存されることになった。日本には、死や惨事にまつわる遺構を保存するという前例があった――広島の原爆ドームだ。かつて公会堂だった建物の骨組みは、い

までは国際的な巡礼の地となり、核戦争の恐怖を後世に伝える世界的に有名な象徴になった。(2)

各地で震災遺構を保存するための運動が起きたものの、賛否の声がはっきりと分かれた。一部の人々にとって、津波の遺産は生存と希望の証であり、将来の世代に海の威力を伝えるために必要な警告だった。しかし多くの人にとっては、自分が必死で忘れようとする恐怖を思い出させるものだった。なかには、そのような遺産に観光スポットとしての価値を見いだそうとする人もいた。被災地の町には、いまや外部から観光客を呼び寄せる魅力がほとんどなくなっていたからだ。ところが、それこそが遺産を消し去るべき理由だと訴える人もたくさんいた。「多くの人は、落ち着いた静かな環境で死者の魂に祈りを捧げたいと考えています」と平塚なおみさんは私に語った。「同情の眼など欲しくはないんです。何人かの子どもたちの遺体は、学校の建物内で見つかりました。学校はそういう場所なんです。そこに、観光バスで乗りつけてほしくはないでしょう?」

議論は金銭面にも及んだ。多くの人がいまだ仮住まいで生活する状況のなかで、負の遺産を維持するために予算を費やすのは不合理ではないか? 同時にそれは、精神的なトラウマとどう向き合うべきかという議論でもあった。過去のつらい経験に向き合い、それを人に打ち明け、受け容れようとするべきか。あるいは、視界の外に追いやろうとするのか。

時間がたつにつれ、震災遺構保存の支持者たちへの逆風が強くなっていった。〈第一八共徳丸〉と〈はまゆり〉の船体は吊り上げられ、スクラップにされた。鉄骨だけが残った南三陸の防災対策庁舎についても、解体に向けて話が進んだ。奇跡の一本松のまわりの土壌の塩分が、ゆっくりとその根を枯らしていった。*大川小学校で犠牲となった子どもたちの家族を対象に行なわれた調査では、六〇パーセントが解体に賛成という結果が出た。「黙っていれば、このままなくなってしまう」と只野英昭さんは哲也くんに伝えた。「もし意見を言いたいなら、いまがそのタイミングだ」

津波に襲われた七八人の児童のうち、生き残ったのはわずか四人。そのうち三人はマスコミの取材を受けることはなく、好奇の眼に触れないように家族によってしっかり護られていた。哲也くんの父親・英昭さんはかつて、生存児童のひとりにたまに会うことがあった。抑圧的な空気に苦しむその少年の姿に、英昭さんの心は痛んだ。死から逃れた事実に

＊木の枯死が避けられない事態になると、陸前高田市は一億五〇〇〇万円をかけて保存を決定。木はいったん地面から引き抜かれ、幹が切断され、内部がくり抜かれた。さらに人工の枝葉が取りつけられると、再びもとの場所に戻された。また、南三陸町の防災対策庁舎の解体はのちに延期された。

ついて話すどころか、考えてもいけないと指示されているかのように見えた。自らの経験について公の場で話すことを決めたのは、哲也くんだけだった。ジャーナリストにとって、彼はかけがえのない存在だった。哲也くんは津波の犠牲者であり、同時に生存者でもあった。立ち居振る舞いには少年っぽさがはっきり残っていたものの、その説明は明快かつ雄弁だった。傍目には、彼は自らの経験に対して驚くほど冷静であるかのように見えた。大川小学校は別の学校を間借りして再開され、哲也くんはほかの生存児童とともに授業に出席した。そのほとんどは、地震発生から津波襲来までの五一分のあいだに両親や祖父母によって引き取られて助かった児童たちだった。哲也くんは、津波に呑み込まれたときの経験について進んで話をした。何が起きたのか、なぜ起きたのかに関する未解決の問題について、彼は自分の言葉で語ってくれた。父親の英昭さんは息子の精神状態をひどく心配したものの、哲也くんが取材を受けることを後押しした。大川小学校の児童たちに対して、心理的ケアが組織的に行なわれることはなかった。英昭さんにとって、哲也くんが同情的な記者たちと話をすることは、一種のセラピーのようなものだった。「ほかの人たちがまわりにいるほうが、ずっと楽でした」と英昭さんは私に語った。「むかし、家族みんなでよく行ったレストランがあるのですが、そこにテレビのプロデューサーさんと一緒に行って、何を撮影するかみんなで相談し合うのは愉しいひとときでした。でも、哲也と私のふたりだけでレストランに行くのは……あまりに悲しすぎます。いろいろと思い出がありますから」

誰も口には出さないものの、哲也くんがマスコミに出ることに否定的な感情を抱く遺族もいた。英昭さんはそれを認識し、しっかり理解していた。「私は生存者の父親です」と彼は言った。「でも同時に、学校で死んだ子どもの父親でもある。多くの人たち――とくに複数の子どもを失った人たち――は、生き残った子どもの顔をテレビで見たいとは思わないでしょう」。しかし、哲也くん以上に意見を言う資格がある人物はいるだろうか？

哲也くんは、学校の校舎の運命についてジャーナリストに話し、保存するべきだという自身の思いを伝えるようになった。仙台の公開イベントに参加し、この話題についてスピーチを行なった。父親と一緒に新幹線で東京に行き、ふたつの有名大学で講演したこともあった。ほかにも何人かの若者たちが、哲也くんを支持して立ち上がった。そのなかには、大川小学校で弟や妹を亡くした元卒業生たちがいた。佐藤かつらさんと紫桃さよみさんの娘たち、母親が迎えにきて助かった浮津天音さん（当時六年生）らが哲也くんの運動に参加した。六人の若者たちのグループは、毎週のように集まって戦術を練り、結束を強めていった。「広島の原爆ドームが保存されたのは、人々が行動に出たからです」と天音さんは言った。「誰かが立ち上がらなければ、何も変わりません」

二〇一三年末、哲也くんは東京の明治大学で開かれたシンポジウムに参加し、ゲストとしてスピーチした(3)。会場は厳粛で重々しい雰囲気に包まれ、規模もそれまで以上に大きなものだった。「妹を亡くし、母を亡くし、友達も、近所のおじいちゃんおばあちゃんも亡くしてしまっても、すぐに悲しみは来ませんでした。いま、ようやく悲しみが来ているところです」と彼は聴衆に語った。

津波のあとに残ったものを指す〝瓦礫〟という言葉について哲也くんは言及した。多くの人にとっては中立的で無色透明な言葉であり、無意識のうちに頻繁に使われる単語だった。しかし哲也くんにとって、その言葉を聞くのはつらいことだった。「ぼくは〝瓦礫〟という言葉が好きではありません」と彼は続けた。「瓦礫になってしまったものは、震災前は被災者の生活の一部だったし、思い出でもあるんです。思い出の写真や家族が使っていたものまで、なんでもかんでも〝瓦礫〟にされてしまうと、『ちょっとちがうんじゃないかな』と思います」。彼が愉しい口々を送っていた大川小学校で、友人たちや妹は命を落とした。いま、その学校の校舎もまた〝瓦礫〟として扱われようとしていた。「あの校舎を壊したら、死んだ子どもたちはなんだったということになると思います」と哲也くんは訴えた。「だから壊さないでもらいたい」

父親の英昭さんがひどく心配したのは、津波直後でさえも、息子が苦しい心の内をほと上でくずおれるような体勢になった。しかし大学でのスピーチを終えると、哲也くんは椅子の上でくずおれるような体勢になった。英昭さんは演壇から哲也くんを下ろし、静かな部屋へと移動させなければいけなかった。何事かと尋ねると、哲也くんはテーブルに突っ伏して言った。「みんな、どういう気持ちで亡くなっていったのか、考えてしまって……そこからずっといろいろ連想してしまって……（体が）重くなってきて……」

大川小学校の校舎の保存・解体についての最終判断は、石巻市長に委ねられた。二〇一六年二月には、学校の将来について議論するための公聴会が開かれた。哲也くんは出席こそしなかったものの、ビデオメッセージで校舎の保存を訴えた。平塚なおみさんの夫の真一郎さんは、校舎の解体を強く主張した側のひとりだった。架橋できない悲しい深淵が、両者を隔てていた。どんな決定になったとしても、なんらかの禍根が残ることはまちがいなかった。ある者にとって学校の廃墟は、最愛の子どもたちの死を象徴するものだった。別の者にとって、それは子どもたちの生きていた最後の証だった。

翌月、市長は決定を下した。学校の校舎は保存され、そのまわりに祈念公園が造成されることになった。同時に、校舎を眼にしたくない人でも近くを通り抜けできるように、まわりに植栽が施されることが決まった。

柏葉元校長が証言台に立った二週間後に再び口頭弁論が開かれ、さらなる証人尋問が行なわれた。遺族側の吉岡弁護士は、子どもたちにつらい経験をさせないためにも、生存児童を証人として呼ばない方針を決めていた。代わりに、当時六年生だった天音ちゃんの母親・浮津美《み》和《わ》恵《え》さんが証人として呼ばれた。震災の日、仕事が休みだった浮津さんは自宅にいた。ラジオで津波警報を聞くなり、彼女はすぐさま三キロ離れた学校に車を走らせた。学校に着くと、まっすぐ娘の担任の佐々木孝先生のもとに向かった。校庭にいた担任は、自分のクラスの児童たちの横に立っていた。「車のなかで、津波が段々高くなるのを聞いてびっくりして……先生に早く山に逃げてと伝えました」と浮津さんは証言した。彼女は先生の左腕をつかみ、右手で山を指さして言った。『津波が来るから山に逃げて。六メートルの高さだって』……動揺してしまって、とにかく急いで逃げてと大きな声で言いました。わたしは慌てていましたが、先生は冷静で『落ち着いてください』と言いました。トントンとわたしの右肩を叩きながら、『お母さん、落ち着いてください』って。こちらは慌てていたのに、先生がきわめて冷静だったので違和感を覚えました」

佐々木先生は天音ちゃんを連れかえるように浮津さんに伝えた。天音ちゃんは制御不能なほど泣きじゃくり、まわりの子どもたちを不安にさせていた。ふだんは泣いたり癇癪を起こしたりするようなことはなかったため、浮津さんは驚きを禁じえなかった。天音ちゃんはのちに、クラスメートの佐藤雄樹くんと今野大輔くんが担任と言い争いをするのを聞いたと説明した。

先生、山さ上がっぺ。
なんで山に逃げないの？
ここにいたら地割れして地面の底に落ちていく。
おれたち、ここにいたら死ぬべや！

そのとき、天音ちゃんは数日前に見た夢を思い出していた。友人たちがみんな、混沌とした激しい渦巻きに吸い込まれる夢だった。その悪夢を思い出した彼女は、制御不能の恐怖に襲われたのだった。

一九組の遺族が訴訟に参加することを決めた背景にはそれぞれ異なる理由があり、積極性と躊躇の度合いもさまざまだった。ある遺族にとっては、何年にもわたる悲しみと苦難の末に金銭的な補償を受けるという可能性は、旱魃《かんばつ》のあとの恵みの雨のようなものだった。ほかの家族にとっては、死んだ子どもの命に値段をつけるという考えは、耐えがたいほど不快なものだった。しかし、私が話を聞いた全員がある一点については同意していた——もっとも重要なことはお金ではなく、学校で何が起きたかという真実を明らかにすること。しばらくすると、遺族たちのこの考えに私は戸惑いを感じるようになった。なぜなら、何年にもわたる調査の末に、彼らはすでに相当量の事実を知っていたからだ。

校舎からの迅速な避難、校庭での長い待機、佐々木先生の根拠のない自信、石坂教頭の優柔不断、そして津波が押し寄せてくる方向への大慌ての移動——そのすべてが、あらゆる文書や目撃証言によって明らかになった。教育委員会は責任問題をするすると回避しようとしたものの、何が起きたか、誰が失敗したかに疑いの余地はなかった。まだ明かされていない、それ以上の〝真実〟などあるのだろうか？　私がこの質問を紫桃さよみさんに投げかけると、彼女は一単語で答えた——「遠藤先生」。

最初の説明会に一度だけ姿を現したきり、遠藤純二教諭は身を隠してしまった。多くの親の眼には、彼と一緒に真実も視界から消えてしまったかのように見えた。これこそ、訴訟を起こす理由だった。遠藤教諭を隠れている場所から引っ張り出し、証言台に立たせ、曖昧な真実を明らかにする、それがなにより重要だった。「とても単純なことです」と吉岡弁護士は言った。「学校にいた人物のなかで、生き残った大人の証人がひとりだけいる。遺族たちは、彼の口からはっきりと聞きたいんです。最期の瞬間、子どもたちに何があったのか？　どのように津波に流され、死んだのか？」

遠藤教諭は、出廷できる精神状態にないと主張しつづけた。理論上、裁判官には教諭の出廷を命じる権限があり、吉岡弁護士は証人召喚を求めつづけた。それと同時に、依頼者である遺族たちが過度の期待をもちすぎないように努めた。裁判に勝つためには、教師たちが津波を予見することができたと証明する必要がある、と吉岡弁護士は遺族に説明した。遠藤教諭の証言が役に立つ可能性はあるものの、別のルートで同じことを証明する方法もあった。たとえ遠藤教諭が証人として出廷したとしても、市側の弁護士によって厳しい指導を受けた末の証言は、曖昧で紛らわしいものになる。それを聞いた両親たちは、うなずいて理解を示した。しかし、吉岡弁護士は知っていた。このひとりの男の姿をとらえ、その話を聞くために、遺族たちがどれほどの労力を費やしてきたか——

私は紫桃さよみさんに訊いた。遠藤教諭の口から具体的に何を聞きたいのか？　まだ知らないことなどあるのか？　推測でさないことが残っているのか？

「そのときに起きたことすべてです」

「たとえば？」

「どんな空だったのか？」と彼女は言った。「どんな風が吹いていたのか？　どんな雰囲気だったのか？　子どもたちのムードは？　先生方は子どもたちの命を真剣に救おうとしたのか？　子どもたちは寒がっていたのか？　家に帰りたがっていたのか？　わたしの娘はどんな様子だったのか？　あの子に最後に話しかけた人は？　逃げたとき、誰のそばにいたのか？　誰かと手をつないでいたのか？　そんなことをすべて知ったとしても、千聖が戻ってくるわけではありません。でも、そこで起きたすべてのこと――それがわたしの知りたいことなんです」

二〇一六年四月二一日に行なわれた最後の証人尋問のあと、双方の弁護団は最終準備書面を提出した。石巻市が準備した書類は二三ページ、共同被告の宮城県が提出したのはわずか九ページの書類だった。一方の原告側の吉岡弁護士は、四〇〇ページに及ぶ資料を提出した。そのなかには図、グラフ、統計、法律的な論拠が所狭しと並んでいた。つねに冷静沈着な彼にしては珍しいことに、裁判後の吉岡弁護士の顔には少なからぬ興奮が見て取れた。「同僚たちと話していたのですが、負ける理由はひとつも見当たりません」と彼は言った。「一個も見つからないなんて、めったにないことですよ」。最初の提訴から最終準備書面の提出、そして結審まで二年三カ月。日本の司法の基準に照らし合わせれば、それはきわめて迅速だったと吉岡弁護士は語った。

しかしながら、裁判長は遠藤純一教諭の尋問要請を却下した。却下の具体的な理由はわからなかったものの、吉岡弁護士はそれを良い兆しだとみなした。その判断は、原告側がほかの手段によって言い分をはっきり主張できたことを示唆するものだった。裁判官たちは、それ以上の確証を得るための別の証人を必要としなかったということだ。いずれにしろ、精神疾患と診断された男性に無理やり話を聞くのは、裁判所としても気が進まなかったにちがいない。

「彼が生きているかぎり、どこかの時点でまたわたしたちの人生と交差すると信じています」とさよみさんは言った。「それは裁判ではないかもしれない。でもいつか、わたしたちは彼と会い、彼が言わなければいけないことを聞く。そういう機会があるはずです。めちゃくちゃになったのは彼の人生だけではありません。精神的に苦しんでいるのは向こうだけではありません。それは、わたしたちの生活が変わったという意味だけではありません。頭のなかのことも含めてです。あの日以来、みんなの頭のなかで何かが起きているんです」

第5部

波羅僧羯諦《ハラソウギャティ》——彼岸に往ける者よ

先生の言うことを聞いていたのに!!

鎮魂

仏教僧で祈禱師《エクソシスト》でもある金田諦應住職は、津波の日の夜について私に教えてくれた。それは、東北じゅうの人々が鮮明に記憶する夜だった。内陸にある彼の寺に津波が到来するようなことはなかったが、地震の影響によって東北一帯で停電が起きていた。一世紀にわたる人間の発展と歴史のなかで、大地が史上初めての暗闇を経験していた。建物の窓の明かりは消え、夜空の星の模様を邪魔するものは何もなかった。道路の信号が止まり、運転者はほとんどいなかった。先進国の住民にとって、星座を織りなす星、青い天の川がこれほどはっきり見えることはめったになかった。「日が暮れるまえに、雪が降りはじめました」と金田住職は言った。「現代生活のすべての埃が、その雪によって洗い流されました。まさに、まったき暗闇でした。車が走っていなかったので、圧倒的な静寂に包まれていました。ほとんど見たこともないような、星に満たされた本物の夜空が広がっていました。一度見た人は、その空を決して忘れることはできません」

金田住職は安全な場所にいたものの、停電のせいで何が起きているのかを完全に理解することはできなかった。しかし、世界が変わったことは認識していた。かつてない規模の地震が起こり、その震源地は海底だった――津波が起きるのは必定だった。彼の寺からもっとも近い海岸は、五〇キロほど離れた志津川《しづがわ》湾だった。金田住職の頭のなかには、死体が押し寄せる海岸沿いの像が広がっていった。「マグニチュード九・二の地震」と彼は言った。「それほど強力なことが起こると、地球がその軸からずれてしまいます。その夜、東北じゅうの数多くの人々が、張り詰めた思いを抱きながら空を見上げていました。星を眺めつつ、私は宇宙の存在に気づきました。われわれのまわりや頭上に、無限の空間があることを。私はあたかも、宇宙をのぞき込んでいるような感覚に陥りました。地震は、その何もない空間の巨大な広がりの内側で起きた何かだった。そう意識することができました。そして、これは全体の一部なのだと理解しはじめたんです。とてつもない何かが起きた。しかしそれがなんであれ、完全に自然なことだった。宇宙の摂理《メカニズム》のひとつとして起きたことだった。

無慈悲な雪、美しく輝く星空、海辺にただよう無数の死体……すべてが私の脳裏に焼きついています。大げさに聞こえるかもしれませんが、生活を破壊された人たちへの支援活動を始めると、私はあることに気がつきました。耳を傾けなければいけないのは人間の心であり、その苦しみと悩みなのだと。しかし同時に、宇宙という観点から悲しみを理解しなければいけなかったのです」

そのとき金田住職が経験したのは、溶け合う感覚、境界線が消える感覚だった。それは自他不二《じたふに》という仏教の概念のひとつで、自己と他者には区別がないという考えだった。この〝存在の統一〟は、時代や場所を越えてすべての宗教の神秘体験のなかで見いだされてきた教えだといっていい。「最終的には、宇宙がすべてのものを内側に包み込むのです」と金田住職は続けた。「生、死、悲しみ、怒り、苦しみ、喜び。そう考えると、生者と死者のあいだに境界線はありませんでした。生きている人々のあいだにも境界線はありませんでした。全員の考えや感覚が溶け合ってひとつになった。それこそ、あのときに私が行き着いた境地です。それが慈悲の気持ちを人々に抱かせた。キリスト教的にいえば〝愛〟を抱かせたのです」

それは、取り戻すことのできない特異な瞬間だった。破滅《カタストロフィ》が起こったのだ。しかし、まだ起きたばかりで影響は拡大しつづけていたため、誰もその広がりと深さを計算することはできなかった。北上川の河口では、今野照夫さんが瓦礫に必死でしがみついていた。

大川小学校の児童の母親たちはラジオのニュースに安堵し、翌日にはきっと子どもたちに会えるのだと信じていた。星空の下に立った金田住職は、出来事の規模と恐ろしさの一端をとらえていた。しかし、それは想像上でのことだった。彼の想像のなかでは、この災害は深い霊的真理に関わるものだった。金田住職が再びそうはっきり理解したのは、しばらくたってからのことだった。

東北で出会ったすべての人のなかで、金田諦應住職ほど私に強い印象を与えた人物はいなかった。私がもっとも心を惹かれたのは、彼の唱える仏教の教えではなかった。僧侶であるという事実は、多くの場合、彼という人間に付随する一要素にすぎず、興味深い性格の一部分でしかなかった。金田住職は卓越した物語の語り部であり、知識と知的誠実さの塊であり、豊かな共感力の持ち主だった。さらに彼は、私自身が身につけることを望んできた〝想像の才能〟を持ち合わせていた。それは、悲劇にともなう残酷さや恐ろしさのすべてを皮膚で感じ取りながらも、研ぎ澄まされた洞察力によって冷静な立場から物事を理解・観察するという相反する能力だった。金田住職は、私のように被災地から別の場所に帰るわけではなかった。新幹線に乗って帰京し、一〇階のオフィスのデスクに戻る私とはちがった。自身は愛する者を失ったわけではなかったが、金田住職は眼のまえの現実に足を踏み入れ、死者に向き合った。この大惨事によって自分の人生が変わることは受け容れたものの、彼自身が犠牲者になることはなかった。金田住職は強かった。疑い、混乱、自分自身の肉体的および精神的な弱さを認めることができた。そのような資質があったからこそ、彼は生きる者を慰め、死者と対話してその魂を操ることができた。しかし、ふたつの世界の境界を行き来する人々にとって、精神的な代償は避けられないものだった。かくして金田住職は、精神が崩壊する瀬戸際まで追い詰められることになる。

数々の葬儀を執り行ない、小野武さんに取り憑いた魂をすべて追い出した金田住職は、次に津波の残骸に向き合い、自分が役に立てる方法を探そうとした。仏教では、肉体を離れた魂は死から四九日目にあの世に旅立つとされる。そこで金田住職は、仏教やプロテスタントの聖職者たちに声をかけ、津波によってほぼ壊滅した南三陸町に向かって追悼行脚《あんぎゃ》を行なうことにした。

朝、彼らは内陸の寺を出発した。仏教の僧侶たちは、網代笠《あじろがさ》に黒法衣《くろほうえ》という恰好だった。プロテスタントの牧師は、白い詰襟付きの黒いガウンと十字架の刺繡が施されたストールをまとっていた。まわりに広がるのは、崩壊と腐敗の景色だった。ブルドーザーによって瓦礫が撤去された道の両側には、コンクリート、金属、木、瓦がうずたかく積み重なっていた。その瓦礫の山の捜索は、まだ完全には終わっていなかった。瓦礫のなかのどこかに、折れ曲がった死体が隠れていた。横を通った誰もがそう知っていた。「奇妙なにおいがしました」と金田住職は言った。「死体や泥のにおいです。まだ瓦礫が大量に残っていて、生活の痕跡が地面の上に落ちていました。写真を踏みつけないよう、一歩一歩注意しなくてはいけませんでした」

黒い宗教服をまとった男性たちは「鎮魂」と書かれた旗を掲げながら、瓦礫のあいだを列になって移動した。彼らは四時間にわたって歩きつづけた。すぐ脇では、重機による瓦礫の捜索が行なわれていた。保護用ヘルメットをかぶった作業員たちが何かの破片を手に取っては、それを重機の轍《わだち》から遠くにむっつりと放り投げた。宗教家たちは、自分の行動について不安を覚えはじめた。助けどころか、瓦礫の撤去作業の邪魔をしているだけではないか？　しかし、まわりには一般の人々もいた。その場に立ち尽くす人もいれば、自宅があった場所の瓦礫を拾い上げている人もいる。「みんな、愛する人たちの遺体を捜していたんです」と金田住職は言った。「私たちの行進を見ると、こちらを振り返って頭を下げてくれました。誰もが、最愛の人が見つかるよう必死で祈っていました。それを見たとき、私たちは胸がいっぱいになりました。これほどの苦しみを意識したのは、ほぼ初めての経験でした」

行進しながら金田住職らは経文を唱え、牧師は讃美歌を歌おうとした。しかし、悪臭がただよう混乱のなか、途中で声が出なくなった。「キリスト教の牧師さんが讃美歌を歌おうとしました」と金田住職は言った。「けれど、本に載っている讃美歌はどれも不適切に思えたそうです。私もお経を唱えられなくなりました――何を言おうとしても、叫び声しか出てこない」。法衣をまとった僧侶たちはおぼつかない足取りで歩きつづけ、声を絞り出すようにお経を唱え、なんとか前進しつづけた。「海岸へたどり着き、海を見たとき」と金田住職は続けた。「直視することができませんでした。あたかも、眼に映るものを解釈することができないような感覚でした。

その光景を目の当たりにしたとき、それまで学んできた宗教的な儀式や言葉は何ひとつ役に立ちませんでした。われわれは破壊のなかにいた。それは、宗教の原理や理論に当てはめることができないものでした。宗教者である私たちでさえも、一般の人たちが『神も仏もいない』と言うときに近い恐怖を感じていました。宗教的な言葉とは、自分たちを護るために身に着ける鎧《よろい》なのだと気づきました。まえに進むためには、その鎧を脱ぎ捨てなければいけない、と」

金田住職が企画した「カフェ・デ・モンク」という移動式〝傾聴〟イベントは、気軽な雰囲気のなかで津波の生存者に軽食、話し相手、ちょっとしたカウンセリングを提供するものだった。〝モンク〟は日本語の「文句」と英語の「monk（僧侶）」の語呂合わせだったが、そこには三つ目の意味も隠されていた。「私はジャズが大好きです」と住職は言った。「なかでもセロニアス・モンクの大ファンなんです。ビバップ――遊び心満載のすばらしい音楽ですよ。自由なフレージング、不協和音……。私には、震災後の人々の心を反映する音楽のように思えました。被災者の頭や心のなかのテンポと同じじゃないか、とね。その場にはぴったりの音楽でしたよ」。カフェ・デ・モンクでは、金田住職は法衣を脱いで活動した。震災の被災者を助けるための取り組みのなかでは、ジャズファンも僧侶も大差はなかった。

「仮設住宅」は決まって、内陸の町の郊外の空き地に建設された。金田住職は仲間の僧侶や支援者とともに仮設住宅を訪れ、集会場で準備を始めた。コーヒーとお茶を淹れ、ケーキとビスケットを用意すると、プレハブ住宅の住人たちが集まりはじめる。そのほとんどは高齢者だ。金田住職は立ち上がり、室内の人々に話しかける。長身で、眼鏡をかけ、にこにこと笑みを浮かべた彼は、藍色の作務衣《さむえ》を着ている。金田住職は歓迎の挨拶を述べ、支援者たちを紹介し、冗談で場を和ませる。「こちらの鈴木さんは、希望者に肩もみをしてくれますよ。腕は抜群ですから、ぜひ試してみてください！ 彼のマッサージはあまりに気持ちいいので、そのままあの世に行ってしまう人もいるかもしれません。でも心配は要りません。もしそんな事態になっても、坊さんはたくさんいますからね」

温かい飲み物がカップに注がれ、軽食の皿が配られた。部屋のテーブルには、色付きの紐とガラスのビーズが載ったトレーも置いてあった。高齢者たちは床に坐って低いテーブルを取り囲み、みんなで一緒に数珠《じゅず》を作った。位牌を失くした人々のために、僧侶たちが新しい位牌を作って祈りを捧げた。いたるところで冗談や笑い声が飛び交っていた。しかし金田住職は離れた場所に誰かと一緒に坐り、涙ながらに話し込むことが多かった。そして、その室内にはセロニアス・モンクのジャズが流れていた。

日本じゅうの誰もが慰めを求めていた。時間がたてばたつほど、慰めを見つけることはむずかしくなった。震災直後の生き残るための奮闘、数週に及ぶ苦しい避難所生活が終わると、被災者たちは全国に分散していった——親戚の家、賃貸住宅、決して環境がいいとはいえない仮設住宅。ところがある意味、重大な危機にさらされていた期間は、まだ楽な段階だった。窮屈だが明るい共同避難所から、ある程度のプライバシーが確保された金属製の箱に移動したとき、生き残った者たちの心のなかに悲しみと喪失感が第二の波のように湧き上がってきた。

「津波のすぐあとに人々が心配したのは、次の一時間をどう生き延びるかということでした」と語るのは、カフェ・デ・モンクで出会った川上直哉《かわかみなおや》牧師だ。「それから避難所に行くと、一日一日を乗り切ろうと必死になりました。少しずつ事態が落ち着いてきて、食べ物と布団が与えられると、そのさきの半月について心配するようになりました。そのあと一時的な住宅が与えられ、ある意味で生活は安定するようになった。食べ物に困ったり、寒さに凍えたりすることはもうありません。でも現実的な問題が解決しても、不安感は変わらないままでした。その不安は、将来にわたって無限に続くものでした。もはや、ものを与えられても彼らの心は癒されませんでした。もので癒すことなどできないんです」

仮設住宅という名の金属の箱は、孤独で殺伐としていた。仲間たちと肩を寄せ合いながら過ごした避難所生活のあとだと、なおさらそう感じられた。それでも、居心地は年々よくなった。花壇には花や観賞用のカリフラワーが植えられ、隣人同士の交流も深まっていった。しかし常設住宅が完成すると、生まれたばかりの共同体は小さくなって消えていった。新たな住宅は抽選によって割り振られた。抽選に当たった家族は新築マンションに引っ越した。抽選に外れた家族は、少なくとも次の募集があるまで仮設住宅に残った。「なかには、抽選に外れつづける人もいました」と、ある僧侶が私に教えてくれた。「そういう人たちは、自分が見捨てられたという感覚を強めていきます。ときどき眼を覚ましたら、抽選に当たった隣人が何も言わずに引っ越していたこともあるそうです。向こうとしてもバツが悪くて、挨拶しづらいんですよ」

川上牧師は言った。「はじめのころ、被災者は自分の不安やその解決方法について話すことができました。子どものためにおにぎりが欲しい、荷物を入れる段ボールが欲しい。その後、人々は欲しいものを手に入れました。なのに、不安は消えない。それどころか、心のなかに残った不安は、人に打ち明けられないほど大きなものでした。その不安は怒りとして表面化し、個人同士やグループ内の決裂の原因になる。憤り、不協和音、理解不足……。みな善意の人々ですが、どんどん意固地になっていきます。最近多くの人が幽霊を見たと訴えているのは、トラウマのせいなんです。幽霊を見たと話していますが、実際には家庭でのトラブルのことを話しているんですよ」

日本列島の誕生以来ずっと、日本人は津波の犠牲になってきた。そして、すべての津波が幽霊を生み出してきた。柳田國男《やなぎたくにお》が東北地方の民間伝承をまとめた『遠野物語』にも、大津波にまつわるある逸話が記録されている。一八九六年の明治三陸大津波を生き延びた福二《ふくじ》という名の男の物語だ(1)。彼は生き残ったふたりの娘とともに、亡き妻の実家の敷地内にある小屋で暮らしていた。月明かりに照らされた夏の夜、彼は用を足すために起き上がり、海辺へと行く。「霧の布《し》きたる夜なりしが、その霧の中より男女二人の者の近よるを見れば、女はまさしく亡くなりしわが妻なり」。男のほうは別の村人で、福二が婿養子に入る以前に妻と交際していた人物だった。

福二は夢のなかにいるような気分のまま、ふたりを追って妻の名前を呼んだ。振り返った妻は微笑み、「今はこの人と夫婦になりてあり」と言う。半分あるいは完全に眠っている状態の福二は、事態をなかなか飲み込むことができず、「子どもは可愛くはないのか」と尋ねる。女は青白い顔をさらに青白くさせ、泣き出してしまう。福二は戸惑い、足元に眼を落として立ち尽くした。と、妻と愛人は音もなく視界から消えていった。福二は再びふたりを追いかけるものの、妻も男も両方が津波で死んだことをふと思い出す。「夜明けまで道中《みちなか》に立ちて考え、朝になりて帰りたり」と物語は終わる。「その後久しく煩《わずら》ひたりといへり」

私が取材した人々のなかで、土方正志《ひじかたまさし》さんほど東北の文学や民間伝承について詳しい人はいなかった。土方さんは震災直後の段階ですでに、多くの心霊現象がまた起こるだろうと予想していた。「福二の話を思い出しました」と彼は言った。「似たような話がたくさん出てくるだろうな、とみんなで話していましたよ。個人的には、私は霊魂の存在を信じていませんが、そんなことは重要ではありません。誰かが幽霊を見たと言うなら、それでいいんです。それ以上詮索する必要はありません」

北海道で生まれ、のちに仙台の大学に進学した土方さんは、第二の故郷で成功して骨を埋めたいという移住者としての情熱をもっていた。そこで彼は、東北の話題に特化した本や雑誌を発行する小さな出版社・荒蝦夷《あらえみし》を起ち上げた。その土方さんが幽霊の問題について解説し、この問題が東北の人々にもたらすプラスとマイナスの影響について教えてくれた。

「調べてみると、じつに多くの人が霊的な経験をしていることがわかりました」と彼は言った。「でも、それを利用しようとする人たちもいました。『これであなたは救われる』とかなんとか言って、何かを売りつけようとするんです」。土方さんが出会ったある女性は、震災で息子を亡くしたあと、何かに憑依されているという感覚に悩まされた。病院に行くと、抗うつ剤を処方された。寺に相談に行くと、僧侶は彼女にお守りを売り、お経を読むことを勧めた。「けれど、その人が望んでいたのは」と土方さんは言った。「息子さんにもう一度会うことだけでした。彼女のような人がたくさんいます。幽霊かどうかなど関係ない。いや、幽霊に会うことを望んでいるんです。

そんなことを目の当たりにした私たちは、何か行動を起こさなければと思いました。もちろん、なかには深刻なトラウマを経験している人もいる。精神の状態に問題があれば、治療が必要になります。一方で、自らの意思によって宗教の力に頼ろうとする人もいる。私たちが目指すのは、超自然の現象を目撃しているという事実を自らが受け容れられる環境を作ることです。私たちは、文学の力を使って人々の手助けをするという選択肢を提供しているんです」

幽霊は避けがたいものとして存在するだけでなく、東北地方の豊かな文化の一部として称えるべきものでもあった。土方さんは、江戸時代に栄えた文学の一形式である「怪談」に再び眼を向けた。かつて「怪談会」は夏の娯楽として人気を博し、怪談を聞いたときに体に走る心地よい寒気は、産業革命前のエアコンのような機能を果たしていた。土方さん主催による怪談会は、近代的な公民館や公共ホールで開かれた。まず、土方さんが厳選した作家による怪談話が朗読される。その後、参加者たちが自らの経験談を共有する。学生、主婦、社会人、退職者など、参加者はさまざまだった。土方さんは怪談話の文学賞も企画し、優秀な作品を短篇集にまとめて出版した。ある日の午後、彼の事務所を訪れた私は、入賞者のひとりである須藤文音《すとうあやね》さんから話を聞くことができた。

文音さんは小ざっぱりした身なりの穏やかな若い女性で、前髪を額に垂らし、黒縁の分厚い眼鏡をかけていた。現在は、仙台の障害者介護施設で働いているという。彼女が育った港町の気仙沼は、津波によるもっとも甚大な被害を受けた町のひとつだった。幸いにも、文音さんの実家は津波の被害を免れ、母親、きょうだい、祖父母は無事だった。しかし港で船の整備士として働く父親は、震災の夜、家に戻ってくることはなかった。

「ずっと父のことばかり考えていました」と文音さんは言った。「何かあったことはまちがいありませんでした。でも、ただ怪我をしただけかもしれないと自分に言い聞かせました。どこかの病院のベッドで横たわっているのかもしれない、と。最悪の事態に備えて、心の準備をしなくてはいけないことはわかっていました。それでも、心の準備なんてそう簡単にできることではありませんでした」

地震によってものが散乱したアパートの片づけをしながら、文音さんは仙台でつらい日々を過ごした。そのあいだも、父親のことが片時も頭を離れなかった。そして震災から二週間後、父親の遺体が見つかった。

彼女が実家にたどり着いたのは、棺が運び入れられる直前だった。父親の友人や親戚が集まっていたが、みんなカジュアルな服装のままだった――礼服はもちろんのこと、黒い服も何もかもすべて流されていた。「ほかの人たちとはちがって、父は溺死したわけではありませんでした」と文音さんは語った。「大きな瓦礫に胸を強打されたのが死因でした。棺は密閉されていて、ガラス越しにしか父の顔を見ることはできません。二週間たっていたので、体が腐敗しているのではないかと心配でした。窓をのぞき込んでみると、顔にいくつか傷があり、肌がずいぶんと青白くなっているのがわかりました。でも、それは確かに父の顔でした」

最後に、父親の顔に触れてみたかった。しかし棺は密閉され、窓も開かない。木製の棺の上には、白い花が置いてあった――葬儀業者が置いた一輪の花。それ自体はごく普通のことでしかなかった。しかし文音さんにとって、それは特別なことだった。

一〇日前、希望と絶望の狭間に立たされていた彼女は、大きな銭湯に行って温泉に浸かった。風呂から上がり、ロッカーからブーツを取り出して履こうとすると、つま先に何かが当たるのを感じた。「冷たい感触がしました」と彼女はそのときのことを振り返る。「靴下越しでも、冷たさが伝わってきました。柔らかくて、ふわふわとした何かが入っていました」。靴のなかに手を入れてみると、白い花が出てきた。いまさっき切り取られたかのように、見るからに新鮮な花だった。

小さな謎があった。鍵付きのロッカーにしまったブーツのなかに、どのようにして花が入り込んだのか？　不思議に感じつつも、その出来事はいつのまにか文音さんの頭から消えていた。しかし父親の棺のまえに立ち、同じ白い花が上に置かれているのを眼にすると、そのときの感情がよみがえってきた。「最初は、悪い知らせの予兆かもしれないと感じていたんです」と彼女は言う。「お父さんはもう生きていないのかもしれない。これは死のサインなのかもしれないって。でもあとになって、花の冷たさ、白さ、つま先に当たる柔らかい感触についてまた考えてみました。すると、あれは父親の感触だったのだと思うようになったんです。棺に納められたあとには触れることのできなかった、父の肌の感触だったんだって」

花はただの花――そんなことはわかっていた。文音さんは幽霊の存在について懐疑的だったし、死んだ父親が徴《しるし》として花を靴に入れたと本気で考えたわけでもなかった。その種の意思伝達が可能だとすれば、愛情深い親がそんな曖昧な方法で何かを表現すること自体が不自然だった。「ただの偶然でした」と彼女は言った。「都合のいいように解釈しているだけだと思います。人が幽霊を見るとき、人は物語を語っている。途中で終わってしまった物語を語っているんです。物語の続きや結論を知るために、人は幽霊のことを夢見る。それが慰めとなるのであれば、いいことだと思います」

怪談話を書き上げ、土方さんが出版する雑誌に掲載することは、文音さんにとってます大きな意味をもつようになった。「何千もの死があり、それぞれが異なる死でした」と彼女は語った。「ほとんどの死については、語られることもありません。わたしの父は須藤勉《つとむ》という名前でした。父について書くことによって、わたしはほかの人たちとその死を共有することができます。ある意味、わたしなりの父への救済であり、わたし自身も救われているんだと思います」

津波の被害者たちは怪我の治療を受け、食事と住む場所を与えられた。その後、眼に見えない二次災害——不安、うつ、自殺——を防ぐ闘いが始まった。震災の一年後に行なわれた調査では、被災者の四〇パーセントが不眠に苦しみ、二〇パーセントがうつの症状を訴えていることがわかった。アルコール依存にくわえ、高血圧などのストレス関連症状も急増した。とはいえ正確なデータを収集することはむずかしく、全貌を把握することは容易ではなかった。たとえば陸前高田市では、このような調査を実施するはずだったソーシャルワーカーのほとんどが津波に呑み込まれて死亡してしまった。

カフェ・デ・モンクの開催はきわめて単純な試みではあったものの、たくさんの人にとって欠かせない緊急措置として役立っているようだった。被災者に好ましい影響を与えていることは、参加者の顔を見れば一目瞭然だった。東北全域から開催の要請が殺到し、金田住職と仲間の僧侶たちは少なくとも週に一度はどこかの町を訪れ、被災者にコーヒーとビスケットを振る舞った。しかし、金田住職には自身が取り仕切る忙しい寺があり、町の僧侶として日々やるべき仕事があった——葬式、記念式典、病者や孤独者の訪問、事務仕事……。誰の眼にも、彼が責任を背負いすぎていることは明らかだった。はじめはためらいがちに、のちにより真剣に、友人たちと家族は休むように促した。ところが、相談相手、主催者、リーダーとしての彼の存在は、あまりに多くの人にとって不可欠なものだった。

必要とされている以上、自らそこから逃げ出すことは容易ではなかった。二〇一三年末に金田住職が肉体的な限界に達したのは、当然の成り行きだった。

その症状はきわめて深刻で、体じゅうの皮膚に痛々しい湿疹《しっしん》ができた。疲労のあまり、寝床から起き上がることもままならなかった。数週にわたって彼は何もせず、ただテレビのまえに坐り、ときどきギターの弦をかき鳴らした。「どの番組を見たかも覚えていません」と住職は言った。「ただぼんやりと画面を眺めていたんです。ジャズを聴くこともありませんでした。あと一歩でうつ病になるところだった。とにかく、すべてをやめることしか手はありませんでした」

彼が倒れたのは、三年に及ぶ肉体的、精神的、霊的な苦労の積み重ねによる結果だったが、直接の引き金はふたつあった。ひとつ目は、全国津々浦々で行なってきた、震災の経験についての一連の講演。紫桃さよみさんの夫・隆洋さんと同じように、金田住職も地域の外の世界へと歩み出て、被災地の苦しさや複雑さを伝えようとした。隆洋さん同様、彼も大きな失望感とともに帰宅することになった。それは、自分の気持ちを伝えることもできず、理解されることもなかったという失望感だった。

ふたつ目の引き金は、ある若い女性に関連するものだった（本書では高橋瑠美子《るみこ》さんと呼ぶことにする）。ある晩、高橋さんは錯乱状態で金田住職に電話をかけ、自殺願望を口にし、体のなかに何かが入り込んでくると叫んだ。彼女も死者の魂に取り憑かれ、金田住職に助けを乞うたのだった。

救済不落海

二〇一六年一〇月二六日、仙台地方裁判所で判決が言い渡された。その朝、私は新幹線に乗って東京から仙台に向かった。暖かく、強い陽射しが照りつける初秋の一日だった。震災からすでに五年半が経過し、そんな出来事があったことを想起させるものはもう何ひとつ見当たらなかった。東北の町や都市は、復興のために投入された金によってどこも活気にあふれていた。いまだ一〇万人が仮設住宅で生活していた。が、人々の心を動揺させるそのような場所は、通常の訪問者から見えないところに隠されていた。津波によって破壊された町はまだ完全な再建には至っていなかったものの、瓦礫はすべて撤去され、海岸沿いの多くの土地は荒れた草むらに覆われていた。(1)その草むらを突き破るように残る数少ない廃墟は、苦悩や絶望が続く場所というより、放置された古代の遺跡のように見えた。

駅からタクシーに乗ると、すぐに裁判所に到着した。私は建物に入って抽選の列に並び、運よく一般傍聴券を手に入れた。開廷までまだ一時間あった。いったん外に出ると、建物前で記者やカメラマンが気怠そうに歩きまわっていた。しかし、道のさきにある行列が到着し、陽射しのなかをゆっくり進んでくると、報道関係者たちの動きがさざ波のように活発になった。この訴訟の原告団、大川小学校で亡くなった児童の親たちが三人ずつ横に並んで歩道を歩いてきた。平塚なおみさんを除いて、私が懇意になった保護者のほとんどがその集団のなかにいた。みんな黒いスーツ姿で、なかには息子や娘の写真を胸に抱えている人もいる。先頭の三人が掲げる横断幕の上下には、訴訟の対象となった子どもたちの顔写真と名前がずらりと並んでいた。自宅で、学校で、あるいは外の遊び場で撮られた写真だった。満面の笑みを浮かべ、はにかみ、あるいは真面目な表情をした子どもたちの写真だった。横断幕の真んなかには、日本語の大きな毛筆の文字――**先生の言うことを聞いていたのに!!**

まさに威風堂々たる光景だった。集団は裁判所に入り、小さなグループに分かれた。原告、被告、弁護士、記者、一般大衆が判決の言い渡しを待っていた。あからさまな緊張や不安感はなく、むかしからの協力者と知人が集うような和やかさがただよっていた。しかし、誰もが敗北の可能性を意識していた。吉岡弁護士はできうるかぎり論理的に主張を展開したが、いくつかの事実は変わらないままだった。原告は少人数の個人の集団で、被告は市と県。そして、日本の裁判所は保守的だった。「今日の判決がどんなものであろうと、私たちのこれまでの経験のひとつとして加わるだけです」と紫桃隆洋さんは言った。「親として、こうすることは私たちの責任でした。これは、子どもを産むということの意味の一部です。もちろん、私たちに不利な判決が出るという不安はあります。しかしそうなるとすれば、学校は生徒の命を護る義務がないということになる。そんな前例を作るべきではありません」。隆洋さんによれば、保護者たちは直前まで弁護士と話し合いをしていたという。判決の言い渡しは一瞬で終わり、最初の数秒で白か黒かがはっきりとする、と弁護士は彼らに伝えた。

法廷の扉が開くと、全員が決められた場所に坐った。部屋の右側には五人の被告側弁護士が坐り、左側には黒いスーツ姿の遺族がいた。私は傍聴席からその姿を見つめた。これまで何年ものあいだ、私は彼らと長時間にわたって話をしてきた。その会話はきわめて細部にまで——ときに耐えがたいほどの細部にまで——及ぶものだった。悲しみは、異臭のように彼らの鼻にこびりついていた。朝目覚めたときに最初に考えるのも、夜寝るときに最後に頭に思い浮かぶのも、その悲しみだった。遺族の親たちは、子どもたちの人生のさまざまな段階について話をした。赤ん坊のころ、幼少期、さらには妊娠期間について話が及ぶこともあった。彼らは学校の思い出話を語り、その中心にあった家族ぐるみのつながりについての記憶を語った。震災とその後の展開、のちに知った事実から受けた衝撃、生存と死亡の窒息感について説明した。あたかもフィクションのあらすじであるかのように、これらの記憶は謎が存在するという確信へとつながった。見逃されているもの、省略されたもの、意図的に隠されたものがあるという確信だ。言い換えれば、それは陰謀だった。その陰謀は苦しみを悪化させるだけでなく、その痛みを理解できないものに変えた。保護者たちのこの確信は、無力感、内向きの怒り、特定の個人に対する〝返答のない疑問〟として表面化した。この人物はなぜ自分の仕事をまっとうしなかったのか？　この人物はなぜ嘘をついたのか？　あの人物はなぜ私たちに話をしようとしないのか？

実際に隠蔽があった。が、その実行計画は哀れなほど野心に欠け、お粗末なものだった。一貫性がなく、陳腐で、見え見えだった。大がかりな計画もなければ、全体を率いるリーダーもいなかった。それを〝陰謀〟などと呼べば、柏葉校長や石巻市教育委員会の凡庸な役人たちが持ち合わせていなかった尊厳や狡猾さを認めてしまうことになりかねない。彼らはごく平凡な男性たちのグループであり、惨めなほどの失敗を犯した。自分たちの失敗を必死で否定するわけでもなく、管理できる範囲内にただ抑え込もうとした。個人としても組織としても、彼らは頑固で、不器用で、魅力がなかった。しかし、たとえ柏葉元校長

がひざまずいて過失を認め、遠藤純二教諭が泣きながら再び語ったところで、核となる問題が大きく変わることはない。(2)

大川小学校のほんとうの謎は、私たち全員が直面する謎だった。どんな心もそれを封じ込めることなどできないし、そのことを考えると意識はパニックに陥ってしまう。陰謀という考えは、決して合理的に理解できないもの——死についての残酷な事実——と折り合いをつけるために、私たちが利用するものなのだ。

命の消滅。完璧な最愛のわが子が、永遠に消滅する——

ありえない！　と魂は叫び出す。**やつらは何を隠しているんだ？**

音もなく扉が開き、黒い法服をまとった三人の裁判官——若い女性ひとりと中年男性ふたり——が同時に席に着いた。中央に坐る裁判官が、抑揚のない早口で静かに話しはじめる。彼が使う日本語は堅苦しい法律用語に満ちており、私の理解の範疇を超えていた。そこで私は、判決に耳を傾ける遺族の顔に視線を向けた。その顔に浮かぶ怒りや歓喜を見れば、すぐに判決の内容がわかるはずだ。親たちは裁判官のほうをじっと見据えていた。集中して眉をひそめていたが、顔はうつろで無表情だった。そして、唐突に始まったときと同じように、唐突に裁判は終わった。法廷の人々はみな立ち上がり、ぞろぞろと廊下に出ていった。

暗色の服に身を包んだ遺族たちも立ち上がった。彼らは言葉も視線も交わさなかった。誰もが真剣な顔つきのままで、険しい表情にさえ見えた。あたかも、ひどく厄介な知らせを聞いたばかりの人たちのようだった。しかし裁判の終わりにかけて、裁判官が読み上げる判決の一部を私は理解できたような気がしていた。その部分では、裁判官は被告に対して相当額を支払うように命じているかに聞こえた。

廊下に出ると、日本人の記者たちが集まって互いのメモを比べていた。私の理解はまちがっていなかった。大川小学校の児童の遺族たちは勝訴し、市や県に一四億円以上の賠償金の支払いが命じられた。それでも、すべての子どもたちは死んだままだった。

判決文は七七ページに及ぶものだった。教師たちの動きを細かく精査した裁判所は、地震が起きた午後二時四六分のすぐあとの教師らの行動には問題がないと判断した。学校に児童を待機させたことは「不相当と評価すべきではない」と裁判官は主張した。地震発生から四〇分間、最初の津波警報が発令されたあとも児童たちは校庭で待機させられたが、「（この）時点において、現実に津波が大川小学校に到来し、児童の生命身体に具体的な危険が及ぶ事態についてまで、教員に予見可能であったということは困難というべきである」。しかし三時三〇分ごろ、石巻市の支所の広報車が学校前の県道を疾走し、津波が海岸沿いの松林を越えたことを警告した。津波が襲ってくる七分前のその時点で、教員らは「大規模な津波が大川小学校に襲来し……児童の生命身体に具体的な危険が生じることを現に予見したものと認められる」と裁判所は指摘。最終的に橋のたもとの三角地帯へと移動を開始したが、そこが「避難場所として適していなかったことは明らかである……（教員らは）短時間のうちに、かつ、比較的容易に登ることが可能な裏山に向けて児童を避難させるべき義務を負っていたというべきである」と判決文には書かれていた。

被告に課された損害賠償額は一四億二六〇〇万円あまりで、遺族が求めた二三億円よりは少なかった。しかし日本の裁判所が慣習的に定める賠償額としては、上限にきわめて近いものだった。訴訟費用に加え、原告は子どもひとり当たり六〇〇〇万円程度を受け取ることになる。日本の裁判官は、妥協点を無理やり作り出し、両者の主張の一部を認める判決を出すプロといえる。どちらも屈辱を受けることなく、完全なる立証はむずかしかったと結論づける判決だ。ところが、今回の判決はその種のものではなかった。原告側にとっての決定的な法的勝利であり、責任の割り当てはあまりに明らかだった。だとしても、遺族にとってもっとも重要なことはまるっきり無視されていた。

判決では、震災前後の柏葉校長の行動についての言及はなかった。めちゃくちゃな内容の危機管理マニュアルを作った教師たちの責任も免除された。教育委員会の責任逃れ、児童への聞き取り調査のメモの廃棄、遠藤純二教諭による嘘の証言、彼自身の説明責任にも触れられていなかった。判決が出た少しあと、三人の父親たちがマスコミのまえに姿を現し、新たな横断幕を掲げた。そこには、毛筆の丁寧な文字で「勝訴　子どもたちの声が届いた!!」と書かれていた。しかし、勝利感などほとんどただよっていなかった。(3) のちに遺族たちが吐露したのは、敗北しなかったことへの安堵感だけだった。

「娘が亡くなった事実に関しては勝ちました」と只野英昭さんは声を絞り出した。「ただ、息子の哲也と私は……ひどい扱いを受けてきました。はじめからずっと、向こうの嘘や責任回避によって、遺族はひどい扱いを受けてきました。この判決は、そんな行為を見逃すものです。事実の改竄《かいざん》や証拠隠滅を看過するものです。そのようなことは決して許容されるべきではありません。そのようなことが赦される世のなかになってほしくはありません」

「一二月は昼がもっとも短いときです」と金田住職は言った。「それから真冬がやってきて、太陽の光が少しずつ戻ってくる。それが、私が待っていた瞬間でした。昼が長くなると、だんだんと元気が戻ってきました。それまで三年間、ストレスが体のなかで蓄積され、抑圧されていた。冬のあいだに、私はそれを解放したんです」

何もしなかった貴重な数ヵ月が、金田住職の体を癒した。危機を乗り越えると、彼は寺の生活に戻った。まわりの世界に変化はなく、まだ悲しみと幽霊の影に覆われていた。しかし、住職の体力は回復していた。「長いあいだ、これまで学んできたすべてのことが現実的に感じられませんでした」と彼は言った。「でも、現実感が戻ってきたんです。まさに私の信仰が復活したのです。崩壊寸前だったとき、体の奥深くから信仰がよみがえってきたんです」

金田住職が再び発見しつつあったのは、震災の日の夜に星空のなかに見た明瞭さだった。彼が答えを出すことに苦しんだ疑問——生存者がもっとも頻繁に問いかける疑問——は、人間にとってもっとも古い疑問だった。「死に直面した人間にとって、人生を生きる意味とは？」と金田住職は言った。「それこそ、人々が知りたがったことです。ある高齢のおばあさんは私にこう言いました。『わたしの眼のまえで、孫が津波に流されました。でも、九〇歳のわたしは生きている。それをどう理解すればいいんですか？　お坊さん、教えてくれませんか？』。生き残った人々は、生き残った事実と折り合いをつけようとしました。長いあいだ、私はこの人たちの問いに答えることができませんでした」

金田住職は続けた。「生死を決めるものは何か？　その答えを知る仏教僧はいません。

キリスト教の牧師にも、ローマ法王にさえその答えはわかりません。だから私はこう言うようにしています。『あなたにひとつだけ確実に伝えられることがあります。あなたは生きているし、私も生きている。それは確かです。もし私たちが生きているとすれば、そこにはなんらかの意味があるはずです。だから、その意味を考えましょう。考えつづけましょう。考えるとき、私はあなたのそばにいます。ともに寄り添い合い、一緒に考えるのです』。口先だけの言葉に聞こえるかもしれません。けれど、私に言えるのはそれだけなんです」

あるとき私は、大川小学校の出来事について金田住職に尋ねてみた。彼は悲しみと苦しみの専門家であり、虐げられた人々や弱者の本能的な理解者だった。大川小の児童の死は、ひとつの事故としては東日本大震災のなかでもっとも惨烈な悲劇であり、津波の気まぐれさと恐怖の抽出物だった。だからこそ、住職があまりに冷静な口調で話し出したことに、私は驚きを隠せなかった。

彼はときどき、大川小学校の跡地に行って祈りを捧げた。学校近くの仮設住宅のコミュニティを訪れ、カフェ・デ・モンクを開催したこともあった。ところが地元の僧侶は、金田住職やその仲間たちに対して、大川小の遺族に実際に会って奉仕することは避けたほうがいいと助言した。金田住職としても、遺族に知り合いはひとりもいなかった。「もちろん、七四人の子どもがそこで亡くなったことは知っていました」と彼は言った。「その件が広く報道されていることも、家族が訴訟を起こしたことも知っています。でも私は、そこで起きたことを、ほかの場所の出来事と別だとは考えたくないし、上にも下にも置きたくありません。この土地のいたるところで――ほとんど知られていない場所、忘れられた場所で――たくさんの人が死に、多くの人が悲しんでいるんです」

大川小学校で亡くなった児童の両親のような人々に、僧侶はどんな慰めを与えることができるのか？　私がそう尋ねると、金田住職は少し間《ま》を置いた。「とても慎重にならなくてはいけません」と彼は話し出した。「子どもを亡くした人々にそういった話をするときには、きわめて慎重にならなくてはいけない。慰めを得るまでには、何ヵ月も何年もかかるでしょう。あるいは一生涯かかるかもしれません。ややもすれば、何か言った時点で縁が切れてしまうことさえあるかもしれない。しかし結局のところ、私たちが彼らに伝えられるのは、受け容れるということだけかもしれません。受け容れるという作業には大きな困難がともないます。人それぞれ、個人個人で受け容れ方は異なります。宗教者にできるのは、それを達成するための小さな手助けだけです。彼らには、まわりのみんなの支援が必要になる。私たちはそれを見つめ、見守るのです。そうしながら、われわれは自分たちが宇宙のどの場所にいるのかを確かめる。彼らと寄り添い、ともに歩く。それが、私たちにできるすべてです」

私たちは、寺の敷地内にある金田住職の自宅にいた。住職の妻がお茶を注いでくれた。窓から射し込む陽光が障子に当たり、部屋には線香と畳の芳香がただよっていた。日本文化の中心たる仏寺では、日常的な美しい光景だった。そのような場所では、〝和〟という考えに同意するのは当然のことだった。人間の思考の乏しい理解力を超越する、本質的な原理の存在を認めるのは当然のことだった。金田住職は、私がこの世でもっとも尊敬する人物のひとりだった。しかし心のなかで、私は彼の言葉を拒絶していた。

私としては、日本人の受容の精神にはもううんざりだった。過剰なまでの我慢にも飽き飽きしていた。おそらく人間の域を超越したあるレベルでは、大川小学校の児童の死は、宇宙の本質に新たな洞察をもたらすものなのだろう。ところが、そのレベルよりもずっとまえの地点——生物が呼吸し、生活する世界では——児童たちの死はほかの何かを象徴するものでもあった。人間や組織の失敗、臆病な心、油断、優柔不断を表すものだった。宇宙についての真理を認識し、そのなかに人間のための小さな場所を見いだすのは重要なことにちがいない。しかし問題は、この国を長いあいだ抑圧してきた〝静寂主義の崇拝〟に屈することなく、それをどう成し遂げるかということだった。日本は平穏な心と自制心に満ち満ちていた。そんな日本にいま必要なのは、紫桃さん夫妻、只野さん親子、鈴木さん夫妻のような人たちだった。怒りに満ち、批判的で、決然とした人々。死の真相を追い求める闘いが負け戦になろうとも、自らの地位や立場に関係なく立ち上がって闘う人々だった。

必ず終わりが来ることを受け容れつつ、人生を肯定するバランスをどう維持できるのか？　死は暴君なのだとあきらめるのではなく、あるべき場所に死をとどめ、その支配下で生きていくにはどうすればいいのか？　私の頭のなかの考えに呼応するかのように、金田住職は釈迦《しゃか》についての有名な逸話を教えてくれた。ある日、赤ん坊の亡骸を腕に抱えた母親が釈迦のまえに現れた。女性は悲嘆に暮れ、子どもの死を受け容れることができずにいた。奇跡を施して乳児を生き返らせてくれ、と彼女は懇願した。すると釈迦は女性に言った。「村々をまわり、息子や娘、夫や妻、父親や母親や祖父母が死んだことのない家を探しなさい。その家から白いケシの実をもらい、その実を粥《かゆ》に入れ、子どもに食べさせなさい。そうすれば、その子は生き返るだろう」

女性は村から村へと移動して家々をまわり、最愛の人をその家で亡くしたことがあるかどうか尋ねた。立ち寄ったすべての家で、彼女は胸が張り裂けるような死の物語を聞いた。その詳細はどれも異なっていたが、すべてが同じ話だった。そんな話を聞くうちに、女性の悲しみは変化していく。悲しみが減ることはなかった。しかし時《とき》とともに、息苦しい黒い塊が、明るく透明なものに変わっていった。その経験を通して彼女は、死を人生の矛盾としてとらえるのではなく、人生を人生たらしめる条件として認識できるようになった。女性は子どもを埋葬し、釈迦を訪れて感謝を伝えた。「彼女が戻ってきたときには」と金田住職は言った。「お釈迦さまはもう何も説明する必要がなかったのです」

幼い子どもの死にまつわる物語、壊滅した海岸沿いについての物語のなかでは、すべての問題をきれいさっぱり解決する方法などあるはずがない。新たな物語が出現しつづけ、その物語は異なる方法で再び語られていく。放射性物質の検査と同じように、その物語が放つさまざまな意味の種類が調べられる。そんな物語だけが、道筋を示してくれるのだ。

「これが慰めなんです」と金田住職は言う。「これが理解するということなんです。ただ人に『受け容れろ』と言うだけでは意味がありません。宗教の教義について説いても無駄です。相手に寄り添い、自分なりの答えを見つけるまで一緒に横を歩く。私たちは一丸となって、凍りついた未来を溶かすのです。多くの人は、災害と苦痛に満ちた非現実的な土地によろよろと入り込んできたかのように感じています。しかし、それは想像上の場所などではありません。私たちが居住する宇宙であり、この島々にある唯一の生命体なのです。火山、地震、津波、台風——そのすべてがわれわれの文化であり、大地に実る豊かな作物と同じように、日本の大切な一部です。一〇〇年以上にわたって築かれたものは、すべて津波によって破壊されました。しかし時間がたてば、また同じように築かれていくのです」

東京と被災地を行き来した私の旅は、六年に及んだ。そのあいだに、私の息子――エコーのスクリーン上で脚を蹴り出す小さな生き物――が生まれ、すくすく育っていった。上の娘も成長し、しばらくして彼女自身も日本の小学校に入学した。新入生のうち、ブロンドの髪と青い眼の少女はわが子だけだった。娘が通うことになったのは、大川小学校とはまったく規模のちがう学校だった。その大規模な東京の小学校は、丘の上の安全な場所に建っていた。海から何キロも離れ、その丘と海のあいだには建物が密集した都心の街が広がっていた。ところが、制度的には一校はまったく同じだった。どちらにも校長と教頭がいて、多種多様な年齢と経歴の教師たちがいて、地元の教育委員会があり、危機管理マニュアルが存在した。どちらの小学校でも、運動会、卒業式、避難訓練が行なわれた。大川小学校の児童と同じように、私の娘は丸い帽子をかぶり、日本語で書かれた名札をつけ、ランドセルを背負って登校した。学校の雰囲気は穏やかで温かく、職員たちは自信とプロ意識に満ちていた。しかし、事前の訓練ができない想定外の事態がいつ起こるかなどわからない。絶体絶命の状況に陥ったとき、教師たちはどう対応するのか？　私はそう想像せずにはいられなかった。同時に、大川小学校の児童の帽子、名札、ランドセルが泥のなかから引っ張り上げられるイメージを忘れることもできなかった。

東北で知り合った人々の一部とは、いまでも連絡を取り合っている。

只野哲也くんは高校の柔道部で大活躍し、主将に抜擢された。いまでも彼は、亡くなったクラスメートたちの写真をいつも携帯しているという。「鞄に入れて持ち歩いています」と哲也くんは言った。「みんなで一緒に授業を受けているような気がするんです」

父親の英昭さんは、大川小学校のガイドツアーの語り部の活動に参加するようになった。この活動は、美術教師の佐藤かつらさんの夫である敏郎さんが中心となって始めたものだった。敏郎さんもかつては石巻市の中学校の教師だった。娘のみずほちゃんを亡くしたあと、妻と同じように彼も、それまで長年続けてきた仕事を辞めた。現在、敏郎さんは語り部として、大川小学校を訪れる大人のグループや全国の学校からやってくる子どもたちに敷地内を案内している。私も一度、このツアーに参加したことがある。敏郎さんは、校庭で遊ぶ子どもたちの写真を参加者に見せた。いまでは乾いた土に覆われた校庭に行くと、彼は裏山に伸びる小道を指さした――誰でも簡単に登れそうな道だった。参加者を校舎のなかへと案内し、防寒着用のフックの下に残るみずほちゃんの名前のシールを見せた。学校の裏に行き、黒い慰霊碑に刻まれた娘の名前も見せた。見学者の多くが最後には涙を流していた。「だからなんです」と只野英昭さんは私に言った。「だから、学校の校舎を保存しないといけないんです」

平塚なおみさんは、小晴ちゃんが通うはずだった学校で働きつづけていた。なおみさんはときどき、教師の仕事を辞め、障害児を抱える家族を支援する仕事ができないだろうかと想像することがあった。鈴木美穂さんと夫の義明さんはついに仮設住宅を離れ、新たに購入した家に移り住んだ。美穂さんとなおみさんのあいだに生まれた悲しい壁はまだ残っていたものの、どちらも学校の跡地にたまに顔を出すことがあった。そこではいまでも、永沼勝さん──長期にわたってなおみさんと美穂さんと一緒に行方不明児童の捜索を続けた仲間──が重機で土を掘り起こし、八歳の息子・琴くんを捜しつづけていた。永沼さんはマスコミからの取材をすべて断った。しかし、彼の決意は決して揺らぐことはなかった。いまも勝さんはほぼ毎日ひとりで、あるいは高齢の父親と一緒に学校に行き、何度も調べられた地面を再び掘り起こしている。月日がたつにつれ、息子の痕跡を見つける可能性は減る。勝さんにはそうわかっていた。[4]「五年も一〇年も、彼にはどうってことないんです」となおみさんは言った。「勝さんはこのさきもずっと捜しつづけるでしょう。このままでは死ねないと言っていました。自分の死の瞬間がやってきても、逝くことができないって」

紫桃さよみさんの両親は震災前から病気で弱っていたが、孫娘を亡くしたあと彼らの老衰はさらに加速した。二〇一五年、ふたりは三ヵ月の差で亡くなった。仏壇に置かれた千聖ちゃんの位牌と遺影の横に、両親の位牌と遺影も並べられた。老衰して判断力が衰えた両親を世話する負担は、さよみさんの苦悩と悲しみをさらに大きなものにした。うつ病と診断されて治療を受けたこともあった。ある日、スーパーマーケットに行ったさよみさんの耳に、ふたりの若い母親の会話が聞こえてきた。その話しぶりから、彼女たちが内陸の住人であり、津波の被災者ではないことがわかった。気がつくと、ふたりは大川小学校について話していた。

「あんなことがわたしに起きたら」とひとり目の女性は言った。「もう生きていけないと思う」

「そうだよね——わたしも無理」とふたり目。「まちがいなく自殺すると思う」

さよみさんは私に言った。「わたしが死んで、千聖が生き残ればよかったのにと何度となく祈りました。すぐに学校に行って、あの子を引き取るべきだったとわかっています。あるいは学校にとどまって、一緒に死んだほうがよかった。その会話を聞いたとき、『なんであなたは生きているの?』と言われているように感じたんです」

彼女は買い物かごを床に落とし、駆け足で車に戻った。川沿いの直線道路に車を走らせ、海の方向に向かった。車はみるみる加速し、やがて狭い車道を走るには速すぎるスピードに達した。さよみさんは川を見、想像した。あとほんの少しハンドルをまわしただけで、車は堤防を越えて水に落ちてしまう――

助手席には、いちばん上の息子・健矢くんが坐っていた。

苦悶と恥に襲われながらハンドルを握るさよみさんは、あることにはっと気がついた。息子と自分が死ぬことは、何を意味するのか？　さよみさんは突然車を脇に寄せて停め、外に飛び出した。それから堤防によじ登り、川岸に向かった。「千聖は死んだのに、わたしはまだ生きている――なんて奇妙なんだろう、こんなおかしなことがあっていいのか、とわたしは頭のなかで考えていました」と彼女は言った。「そんなことが赦されていいの？　どうしてわたしはまだ生きているの？　わたしは川に向かっていました。千聖と同じように、水のなかに入りたかった……」

ふと横を見ると、健矢くんがいた。痣ができるほど強く母親の腕を握る息子がいた。「母さん」と彼は言った。「母さん、母さん。もし母さんが死んだら、残されたぼくたちはどうなるんだよ？」

ある日、最後に行なった除霊について金田住職が教えてくれた。それは、彼の心の平静を奪う経験だった。私たちは、障子越しに陽光が射し込む部屋に坐っていた。畳の上には、カフェ・デ・モンクの参加者に渡される小さな粘土像がいくつも並べてあった。やさしさと慈悲を象徴し、生者と死者を慰めてくれる地蔵を象《かたど》ったものだった。

金田住職が高橋瑠美子さんと初めて会ったのもこの部屋だったという。二五歳の瑠美子さんは錯乱状態で電話を寄こし、自殺願望を口にした。その夜遅く、一台の車が寺にやってきた。乗っていたのは母親、妹、婚約者、そして疲れ果ててぐったりとした瑠美子さん本人だった。

彼女は仙台市内で働く看護師だった。「とても穏やかな人です」と金田住職は言った。「珍しいところも変わったところもまったくありません」。彼女自身もほかの家族も、津波の被害は受けていなかった。しかし婚約者の話によれば、ここ数週にわたって瑠美子さんは死者の存在に悩まされてきたという。下のほうにある深い場所から誰か（あるいは何か）が迫ってくる、眼に見えない死者の霊がまわりに「あふれ出てくる」と彼女は訴えた。

瑠美子さんはテーブルの上に突っ伏した。金田住職が体内の生き物に語りかけると、彼女はもぞもぞと体を動かした。『あなたは誰ですか？　何がお望みですか？』と私は尋ねました」と金田住職はそのときの様子について教えてくれた。「その話し声は、彼女の声のようにはまったく聞こえませんでした。それに、三時間もずっと話しつづけたんです」

若い女性の霊だった。母親が離婚・再婚したあと、女性は新しい家族に自分が愛されておらず、歓迎されていないと感じていた。彼女は家を飛び出し、水商売の世界で仕事を見つけた。クラブ、バー、売春からなる夜の世界に足を踏み入れた女性は、ますます孤独になって精神的に落ち込み、ついに病的で支配的な男性の魔の手にかかってしまう。家族も知らぬまま、誰にも悲しまれることなく、彼女は自殺した。死後、一本の線香が焚かれることもなかった。

金田住職は霊に尋ねた。「私と一緒に来てくれますか？　光のなかに出てくるお手伝いをしましょうか？」。彼は瑠美子さんを寺の本堂に連れていき、経を唱え、清めの水をその体に振りかけた。祈禱が終わるころには、彼女は我に返っていた。瑠美子さんと家族が寺をあとにしたのは、夜中の一時半のことだった。

三日後、瑠美子さんは寺に戻ってきた。左脚に大きな痛みがあると訴える彼女は、他人の霊に取り憑かれたような感覚に再び襲われていた。侵入者から身を護ろうとする努力が、瑠美子さんをすっかり疲弊させていた。「彼女に自殺願望を抱かせていたのは、その緊感だったんです」と金田住職は言った。「私は伝えました。『心配しないでください。ただ受け容れてください』と」。直後、瑠美子さんの体が硬直し、声が低くなった。気づくと金田住職は、荒々しく唸るような口調の尊大な男性と話をしていた。彼は旧帝国海軍の水兵で、第二次世界大戦での戦闘のあいだに左脚に銃弾を受け、重傷を負って死んだ男性だった。

住職は宥めるように兵士に話しかけた。それから祈りを捧げて経を読むと、男性は旅立ち、瑠美子さんにまた落ち着きが戻った。しかし、これはただの序章にすぎなかった。

「彼女のなかから出てきた人はすべて――」と金田住職は言った。「彼らが語った物語のすべてが、水に関係していました」

それから数週にわたって、金田住職は高橋瑠美子さんの体から二五人分の霊を取り除いた。霊たちは週に数回の割合で高橋さんの体に取り憑き、去っていった。第二次世界大戦で戦死した海軍兵のあとに取り憑いたのは、すべてが津波の霊だった。

金田住職にとっては、過酷な日々が続いた。瑠美子さんからの電話は決まって夕方ごろにかかってきた。夜九時になると婚約者が寺のまえに車を停め、彼女の体を車から寺へと運んできた。一回の除霊で、最大で三人ほどの霊が現れた。金田住職はそれぞれの人格と順に話し、その会話はときに数時間に及ぶこともあった。住職は霊たちの状況を確かめ、彼らの不安を鎮めた。そして丁重かつ毅然とした態度で、導きに従って光のなかに出てくるよう霊に命じた。たいてい、住職の妻が瑠美子さんの傍らに坐った。ときどき、ほかの僧侶たちが一緒に部屋で祈りを捧げることもあった。「毎回、気持ちが落ち着くと、彼女は仙台に帰り、いつものように仕事に出かけました」と金田住職は私に語った。「でも何日かすると、また体が霊に支配されてしまうのです」。生者が暮らす街に戻ると、瑠美子さんはまた死者を意識するようになった。すると一〇〇の執拗な霊たちが彼女に近寄り、その体のなかに入り込もうとした。

最初のころ、中年の男性が取り憑いたことがあった。瑠美子さんを通して、彼は娘の名前をしきりに叫んだ。

「カオリ！」と声は言った。「カオリ！　カオリのところに行かなきゃいけない。カオリ、どこにいるんだ？　いますぐ学校に行かないと。津波が来るんだ」

地震が起きたとき、男性の娘は海に面した学校にいた。彼は仕事場を大急ぎで出ると、娘を引き取るために海岸沿いの道に車を走らせた。が、その途中で津波に襲われた。男性の動揺は激しかった。ひどくイライラし、金田住職に対してどこまでも懐疑的だった。

その声は尋ねた。「おれは生きているのか？」

「いいえ」と金田住職は言った。「あなたは死んでいます」

「何人が死んだ？」と声はまた訊いた。

「三万人が亡くなりました」

「三万人？　そんなに？」

少したつと、金田住職は相手の居場所を尋ねた。

「海底にいる。とても寒いところに」

金田住職は伝えた。「海底を離れて、光の世界へと上がりなさい」

「でも、光はとても小さい」と男性は応えた。「まわりにたくさん死体があって、光までたどり着くことができない。それに、あんたはいったい何者なんだ？　なんの権利があって、おれを光の世界に導こうとしてる？」

会話は二時間にわたって行ったり来たりを繰り返した。最後に、金田住職はこう諭した。「父親であるあなたには、親の不安がどんなものかわかっているはずです。あなたが利用したこの若い女性のことを考えてみてください。この方にも、この方のことを心配するご両親がいます。そう考えたことはありますか？」

長い沈黙の末、ついに男性が口を開いた。「あなたは正しい」と言い、彼は低いうめき声を上げた。

金田住職はお経を唱えた。男性がときどき息を詰まらせたような音を発するたび、住職はいったん唱えるのをやめた。しかし声は徐々に小さくなり、やがて男性はいなくなった。

来る日も来る日も、何週にもわたって霊が現れつづけた。男性もいれば女性もいた。若者もいれば高齢者もいた。上品なしゃべり方の人もいれば、荒々しい口調の人もいた。彼らは怒りや復讐心に燃えているわけではなく、暗く寒い世界に突如として閉じ込められたことに戸惑い、パニックに陥っていた。霊たちは自らの物語を長々と語ったが、それぞれの話を裏づけるにはさらなる詳細が必要だった――苗字、地名、住所。しかし、金田住職は確かめる必要性を感じなかった。ある男性は津波を生き延びたものの、ふたりの娘が死んだことを知って自殺した。ある若い女性は迫りくる波から逃げようとしたが、身重の体で速く走ることができなかった。きつい東北弁で話すある高齢の男性は、生き残った妻のことをひどく心配していた。人里離れた仮設住宅にひとり寂しく暮らす妻は、靴箱のなかに白いロープをしまっていた。彼女は日々ロープを撫で、沈思黙考した。妻がロープを使って何をしようとしているのか、男性は不安でしかたなかった。

金田住職は諭し、煽《おだ》て、祈り、唱えた。すると最後には、すべての霊が離れていった。しかし、霊の集団から解放されて数日（あるいは数時間）たつと、新たな霊が忍び寄ってくるのだった。

ある夜、寺にやってきた瑠美子さんは言った。「まわりに犬がたくさんいる。うるさい！　大声で吠えていて、もう耐えられない。いや！　そんなのはいや。犬になんてなりたくない」。最後に、彼女はつぶやいた。「ご飯と水をあげてください。受け容れることにします」

「彼女としては、犬が何かひどいことをすると思っていたようです」と金田住職は語った。「彼女は、私たちに体を押さえるように言いました。犬が入ってくると、ものすごい力で体が動きました。男性三人で押さえていましたが、それでも充分ではありませんでした。彼女は三人を振り払って床を引っかき、低いうなり声を上げました」。読経が終わって冷静さを取り戻すと、瑠美子さんは犬の話を語りはじめた。その犬は、福島第一原子力発電所の近くに住む老夫婦のペットだった。放射性物質が漏れはじめたとき、慌てふためいた飼い主夫婦は隣人たちとともにすぐさま逃げ出した。しかし、彼らは犬の鎖を外すのを忘れてしまった。犬は、渇きと飢えによってゆっくり死んでいった。もう手遅れの段階になったあと、白い防護服に身を包んだ男たちが近づいてきて、干からびた死体をのぞき込んだ。犬の霊はその一部始終を見ていた。

時《とき》がたつにつれて、瑠美子さんは霊をコントロールできるようになった。体のなかに容器があり、それを開けるか閉めるかを自身で選べるようになったという。除霊に一度立ち会ったことのある金田住職の友人は、嘔吐を繰り返す慢性疾患の患者と瑠美子さんの類似点について指摘した──当初は痛みをともなう気持ちの悪い体験だったものが、時間とともに我慢できる程度の日常的な経験へと変わった。最終的に瑠美子さんは、近づいてくる霊を自分で追い払うことができるようになったと自ら説明した。彼女はいまでも霊の存在には気づいていた。しかし、霊は体を突ついたり押してきたりすることはなく、部屋の隅でこそこそしているだけだった。夕方の電話と夜遅くの訪問の回数は少しずつ減っていった。その後、瑠美子さんと婚約者は結婚し、仙台を離れた。それから連絡が途絶えたことに、金田住職はほっと胸をなでおろしたのだった。

除霊にはあまりに大きな労力が必要だった。このときこそ、金田住職の友人たちや家族がもっとも心配した時期だった。「私は圧倒されていたんです」と彼は言った。「数ヵ月にわたって生存者たちの話を聞き、もうすっかり慣れていたはずでした。ところが突然、私自身が死者の声を聞くようになった」

もっとも苦しかったのは、瑠美子さんが子どもの人格に取り憑かれたときだった。「子どもが現れると」と金田住職は話し出した。「妻が瑠美子さんの手をとり、『ママだよ、ママがここにいるよ。大丈夫、大丈夫。一緒に行こう』と話しかけました」。最初に現れたのは、名前のわからない小さな男の子だった。あまりに幼すぎて、金田住職らの言葉を理解することもできず、男の子はただ母親に呼びかけつづけた。二番目に現れたのは、七、八歳の女の子だった。少女は「ごめんなさい、ごめんなさい」と繰り返した。津波に襲われたとき、彼女はさらに幼い弟と一緒だった。ふたりで走って逃げようとしたものの、同時に水に呑み込まれ、水中で女の子は弟の手を放してしまった。母親が怒っているのではないかという不安に苛まれ、少女は言った。「黒い波が来るの。ママ、怖いよ。ママ、ママ。ごめんなさい。ごめんなさい」

少女の声から、恐怖と困惑がありありと伝わってきた。その体は冷たい水のなかを力なくただよっていたため、光の射す水面に導くには長い時間がかかった。「女の子は妻の手をしっかりと握り、最後には光の世界の門までやってきました」と金田住職は振り返った。「それから少女はこう言ったんです。『ママ、もうひとりで行けるよ。手を放していいよ』」

あとになって金田住職の妻は、溺れた小さな女の子（に取り憑かれた瑠美子さん）の手を放した瞬間に感じたことを説明しようとした。そのとき金田住職自身は、少女の孤独な死の哀れさに涙を流し、ほかの二万人の恐怖と死の物語を思って泣いた。しかし彼の妻が感じたのは、巨大なエネルギーが消散したということだけだった。それは、彼女に出産の経験を思い出させた。新生児がやっとのことでこの世界に這い出てきたとき、痛みの最後に放出される力の感覚を思い出させた。

壁の揺れ、
足裏から伝わる震え——
花びらが剝がれ、落ちる。

部屋でひとり——
それは始まり、それから終わった。
さざ波は石より長く生き残る。

雨のにおいが心を揺らす——
鼻孔が膨らむ。気配。私たちは待つ
何かが始まることを。

アンソニー・スウェイト〔一九三〇年生まれのイギリスの詩人・批評家。東京大学講師を務めた経験をもつ〕

日本語版へのあとがき

英語で日常的に使われる日本語の単語は多くないものの、なかでも群を抜いてインパクトが強く、示唆的なのは〝tsunami〟（「ツナミ」）だ。外来語の多くは、外来語という範疇にとどまることが多い。たとえば、日本独自のものやコンセプトを意味する借用語（キモノ、サムライ、マンガ）は、その意味の範囲を超えて使われることはない。一方、「オタク」は日本とは無関係の文脈のなかでも登場することが増え、「カミカゼ」は自己破壊的な行為を表す隠喩的な常套句になった。しかし、どちらもツナミほど頻繁に比喩として使われることはない。

先進社会における急速な老齢人口の増加を意味する「シルバー・ツナミ」という造語も、いまでは英語圏で一般的になった。イギリスで発行される新聞のアーカイブで「ツナミ」

という単語を検索してみると、ここ数ヵ月のあいだだけで次のような使用例があった——「性的虐待のツナミ」「悲しみのツナミ」「訴訟のツナミ」「ポルノのツナミ」「悪い言葉のツナミ」。二〇〇四年、スマトラ島沖地震が東南アジアに壊滅的な被害を与えた時点では（私はこの地震も取材した）、ツナミという言葉はエキゾチックな響きのある専門用語のようなもので、多くの英語話者にはなじみのない単語だった。しかし二〇一一年の東日本大震災によって、ツナミは英語の一般的な語彙群に加わり、そのイメージが人々の頭のなかに定着した。

二〇〇四年のスマトラ島沖地震では一三の国で約二五万人が死亡した。二〇一一年の東日本大震災の死者数は一万八五〇〇人以下だった。にもかかわらず、日本の津波のほうが欧米社会の住人にこれほど強い印象を与えたのはなぜか？　言うまでもなく、理由のひとつは福島第一原子力発電所での二次災害だった。先進工業国に住む多くの人々は、この事故を対岸の火事だと無視することはできなかった。津波の可能性は、ヨーロッパ、アメリカ、旧ソ連圏の国の人々にとって現実的な恐怖ではない。しかし、原子力発電所のメルトダウンや放射性物質の拡散は現実的な恐怖だった（実際、多くの外国人にとって〝Fukushima〟は、福島第一原子力発電所の事故だけではなく、震災全体を意味する言葉になった）。

悲しいことながら、感情移入の差もあった。二〇〇〇人の欧米人旅行者をのぞいて、二〇〇四年のスマトラ島沖地震の犠牲者は発展途上国の市民だった。なかでも圧倒的に被害が大きかったのはインドネシア・アチェ州の海沿いで、この地域の住人は貧しく、その質素な生活は欧米人の豊かなものとはかけ離れていた。一方、日本の東北の人々は、しっかりとした教育を受けた裕福な中流階級の一員だった。スマートフォン、薄型テレビ、日本車を所有する彼らは、言い換えれば〝私たちのような人〟だった。そんな人々に襲いかかった突然の水の氾濫は、恵まれた環境で育ってきた西洋人にとってははるかに衝撃的なものだった。東北の犠牲者は、欧米の住人と同じような生活を送る人々だったのだ。貧しいインドネシア人より、裕福な日本人に強い同情を感じる――それは、まちがった考え方だろう。しかしそれが皮肉な現実であり、二〇一一年の東北の災害が世界じゅうの人々の心を大きく揺さぶった理由のひとつでもあった。

さらに、ツナミという言葉が一般化した三つ目の理由がある。津波の歴史のなかで初めて、世界各地の住人がそれがいったいどんなものかを目の当たりにしたことだ。二〇〇四年のスマトラ島沖地震のとき、私はアチェ州に二週間滞在し、津波のあらゆる側面について報道しつつ、多くの生存者から話を聞いた。私はたびたび、波の具体的な見た目について尋ねた。ところが、その答えはどれも曖昧で矛盾に満ちていた。タイにいた旅行者が撮影したいくつかの乱れた映像をのぞいて、津波の襲来をとらえた画像はほとんどなかった。しかし二〇一一年の地震のあと、日本のテレビ局はすぐさまヘリコプターを飛ばし、津波が海沿いの土地を襲う瞬間をリアルタイムで世界に発信した。くわえて、三陸海岸のほぼすべての住人が（携帯電話という形の）高性能ビデオカメラをポケットに忍ばせていた。その結果、三月一一日当日から津波の映像がネットに続々とアップロードされていった。

私は長い時間をかけてその映像の数々を見た。インターネットの世界に潜む恐怖の多くと同じように、映像には有無を言わせぬ力があった。はじめのうちは、家々や町が圧倒され、人々が波に呑み込まれる様子を直視するのは容易ではない。その後、眼をそむけることがむずかしくなる。人はそのような映像を眼にしたとき、自身のなかに湧き上がる興味を自覚し、それからそのことを恥じる。それは、かつて一度も見たことがなかった何かであり、ずっと存在していた人類の悪夢だった。同時に、ごくわずかの人間だけが理解していた悪夢だった。亀裂が走り、新しい地獄が姿を現した――。もはや、それを忘れることなどできるはずもない。

二〇一七年一一月二八日　東京にて

あとがき追記　文庫版に寄せて

読者のみなさんがここまで読んできた本書の物語は、二〇一六年一〇月二六日の時点で終わっている。大川小学校で命を奪われた二三人の児童の遺族が起こした民事裁判の判決が、仙台地方裁判所で言い渡された日だ。原告は全面的に勝訴し、石巻市と宮城県は職員の過失に対して多額の損害賠償を支払うよう命じられた。本書の終わりとともに、遺族たちの法廷闘争も終わるはずだった。しかし結局、それは始まりにすぎなかった。

敗北を潔く受け容れ、謝罪し、失敗から教訓を学ぶのではなく、石巻市と宮城県は最後までとことん闘い抜くことを決めた。一年半後、仙台高等裁判所の裁判官は賠償額を上乗せしたため、被告の自治体はさらなる敗北を味わうことになった。二〇一九年、最高裁判所は高裁の判決を全面的に認めた――市と県の職員は、危機管理マニュアルを作成することにくわえ、地震のあとに児童を避難させる義務を怠った。最終的に、およそ一四億四〇〇〇万円の支払いが命じられた。

当局による上訴によって費やされた三年という期間は、ただ公的資金を無駄遣いし、想像できうるかぎりすでに最大の損失を被った人々の苦しみを長引かせただけだった。私としては、裁判で闘いつづけることを決めた官僚たちは、当局になんの落ち度もないという純粋な確信を持ってそのような行動に出たのではないと思う。彼らは、「自分がまちがっていると公務員はけっして認めてはいけない」という原則にもとづいてその行動を取った。非難を受け容れるのが当然の場面でさえ、責任を認めるという行為は、公共機関の体面を傷つけることを意味した。

彼らがそうしたのは、上訴する権利があったからというだけだった。私がこのあとがきを書いているあいだにアメリカ合衆国のドナルド・トランプ大統領は、取るに足らないくだらない訴訟を連発して選挙の敗北をくつがえそうとしている。彼のグロテスクな奮闘は、仙台と石巻の官僚たちによる同じような空虚な努力を私に思いださせるものだった。

二〇一七年に英語で出版されて以来、本書『津波の霊たち』はフランス語、中国語、韓国語などに翻訳され、世界じゅうで読まれている。多くの読者が疑問に感じることのひとつが、二〇一一年の震災から何が変わったのかという点だ。どんな教訓が学ばれ、どのような新しい措置が取られたのか？　似たような災害が再び起きたら――いつかかならず来るそのときが訪れたら――これまでと何がちがうのか？

将来を予測するのはむずかしいものの、日本人の勤勉さを充分に知る私は、次は状況がもっと良くなると信じている。誰もが、深刻な地震や津波を経験せずに人生を生き抜きたいと望んでいるはずだ。しかし経験しなければいけないとしたら、日本が最良の場所であることは言うに及ばない。この国の新しい建造物は、長いあいだ耐えられるように頑丈に造られている。人々と組織は、最悪の事態に対する準備・訓練をしっかり行なっている。大川小学校での出来事は、全体的な効率の悪さと準備不足が招いた悲劇的な例外だった。そこで起きた事例は、日本全国の教師たちと地方自治体への注意喚起となり、マニュアルと避難計画の見直しや修正をうながしたはずだ。

残念ながら、ひとつのことはいまだ変わっていない——日本の官僚たちは、自身の失敗や過ちに対して誠実に責任を負うことを拒みつづけている。それは福島第一原子力発電所の事故の事後対応のなかでも明らかになり、政府役人や東京電力の幹部は誰ひとり解雇されることもなかった。大川小学校の遺族への頑固な抵抗にもその責任逃れの姿勢は顕著にあらわれていた。遺族たちがこの残酷さに立ち向かい、痛みを乗り越え、闘いに勝ったのは、彼らにとって名誉であることはもちろん、日本に住む私たち全員にとっての利益だといっていいはずだ。

二〇二〇年一一月二〇日　東京にて

リチャード・ロイド・パリー

謝辞

本書の執筆にあたって大きな協力をしてくれた方々の名前の多くは、本文のなかに明記されている。取材を受けてくれたすべての方に感謝したい。何年にもわたり、さらにとてつもない悲しみを感じていた時期にたびたび話を聞かせてくれてありがとう。本文内で名前が言及されていない方々のうち、とくに次の各氏にお礼を申し上げたい――阿部和芳《かずよし》、金田《かねた》裕子《ゆうこ》、熊谷《くまがい》秋雄《あきお》、三浦あけみ、太田《おおた》実《みのる》、中村次男《つぎお》・まゆみ夫妻。

専門的、知的、個人的なさまざまなサポートに対して、以下のみなさんに感謝したい――ルーシー・アレキサンダー、レジス・アルノー、ルーシー・バーミンガム、ピーター・ブレイクリー、アズビー・ブラウン、クレア・ブロック、カイル・クリーヴランド、ジェイミー・コールマン、マーゴットとビル・コールズ夫妻、マーティン・コルソープと〈国際交流基金〉、カリー一家、デコート・豊崎アリサ、トビー・イーディ、マックス・エドワーズ、ナターシャ・フェアウェザーと〈ロジャーズ・コールリッジ&ホワイト〉、〈日本外国特派員協会〉、ダン・フランクリンと〈ペンギン・ランダムハウス〉、ロブ・ギルフリー、マンディ・グリーンフィールド、畑中邦彦《はたなかくにひこ》、ジェニファー・ジョエルと〈ICMパートナーズ〉、クリス・ジュー、加藤凪沙《なぎさ》、アンジェラ・久保、レオ・ルイス、ロイド・パリー一家、ジャスティン・マッカリー、シーン・マクドナルドと〈ファーラ・ストラウス&ジロー〉、ヘイミッシュ・マカスキルと〈イングリッシュ・エージェンシー・ジャパン〉、レヴィ・マクラフリン、デイヴィッド・マクニール、中野晃一《こういち》、追分《おいわけ》温泉の従業員のみなさん、大軒京子《おおのききょうこ》、デイヴィッド・ピース、ピーター・ポパム、ロジャー・パルヴァース、ザリア・リッチ、澤潤藏《さわじゅんぞう》、渋谷修治《しゅうじ》、鈴木岩弓《いわゆみ》、ジェレミー・サットン＝ヒバート、高橋原《はら》、武山文衛《たけやまぶんえい》、外岡千佳《とのおかちか》、リック・ウォレス、フィオナ・ウィルソン。

早い段階から、私の所属する《ザ・タイムズ》紙は震災の取材・報道を精力的に後押しし、執筆と調査のために気前よく休暇を与えてくれた。現在・過去の同僚たちに感謝したい。とくに、故リチャード・ビーストン、ジェームズ・ハーディング、アヌーシュカ・ヒーリー、ローランド・ワトソン、ジョン・ウィザローに謝意を伝えたい。本書の一部は、最初に《ロンドン・レビュー・オブ・ブックス》誌に掲載された。編集者のみなさん、とりわけダニエル・ソアとメアリー＝ツイ・ウィルマーズにお世話になった。ありがとう。

津波の被災者のための慈善団体は数多く存在し、なかでも〈桃・柿育英会〉は震災孤児・遺児の支援に力を入れている（東日本大震災の支援は二〇二〇年まで、http://www.momokaki.org）。


本書内で一節を引用したアンソニー・スウェイトの詩「Shock」は、詩集 *Collected Poems*（英エニサーモン社、二〇〇七年）に収録された一篇。アンソニー・スウェイト本人の許可を得て転載。

18ページの図は、カリフォルニア工科大学・地質学研究所の許可を得て転載。

92ページの写真は、〈東北地域づくり協会〉提供。

202ページの写真は、津波の生存者（匿名希望）が撮影したもの。

訳者あとがき

イギリスの《ザ・タイムズ》紙のアジア編集長および東京支局長のリチャード・ロイド・パリーによる最新ノンフィクションをお届けする。

前作の『黒い迷宮――ルーシー・ブラックマン事件の真実』(ハヤカワ・ノンフィクション文庫)が多くのメディアで取り上げられ、読者から高い評価を得たのは、訳者としては望外の喜びだった。この作品のもつ凄まじい〝力〟については私も編集者も認めるところだったものの、日本史上類をみない猟奇的性犯罪をテーマとした作品がどれほど読者に受け容れられるかは未知数だった。しかしそんな不安は杞憂に終わり、《本の雑誌》の二〇一五年度ベスト10(ノンジャンル)の八位にランクイン、人気書評サイト〈HONZ〉の「今年のノンフィクションはこれを読め!」の一冊に選ばれるなど大いに好評を博した。

著者のロイド・パリーについて——前作を読んでいない方も多いと思うので、簡単に紹介しておくと、一九六九年のイギリス生まれで現在は東京在住。日本に興味をもつようになったきっかけは、高校在学中にクイズ番組の優勝賞品として日本旅行を勝ち取ったことだという。オックスフォード大学卒業後にフリーランス記者として活動したのち、一九九五年に来日し、英《インディペンデント》紙の特派員を七年間務めた。二〇〇五年にはデビュー作となる、インドネシアのスハルト政権の終焉を描いた*In the Time of Madness*［未訳］を上梓。『黒い迷宮』の原著である二〇一二年発表の二作目*People Who Eat Darkness*は世界各国で翻訳出版され、多くの賞にノミネートされるなど大きな話題となった。現在は《ザ・タイムズ》紙の記事のほか、ツイッターでも精力的に日本のニュースを世界に伝えている。

さて、そのロイド・パリーが前作から六年の時をかけて執筆した最新作*Ghosts of the Tsunami: Death and Life in Japan's Disaster Zone*は、著者の母国であるイギリスで二〇一七年八月末に、アメリカで同年一〇月に発売された。イギリス各新聞の書評での評価は非常に高く、英《エコノミスト》誌のブックス・オブ・ザ・イヤーにも選出された。さらに、米〈アマゾン〉では二〇一七年のノンフィクション部門と歴史部門のベスト・ブックスにランクインするなど、早くも話題を呼んでいる。日本ではイギリスでの発売前の早い段階から早川書房が出版に向けて動き出し、英米以外では世界で初めて翻訳出版される運びとなった。現在のところ、二〇一八年三月にフランス語版が出版されることが決定しているが、今後もその言語数が増えることはまちがいない。

この作品は、二〇一一年三月一一日に起きた東日本大震災についてのルポルタージュである。著者が大きく取り上げるテーマはおもにふたつ。まず、宮城県石巻市の大川小学校の事故。この一件についてはすでにメディアで大きく報じられているため、ご存知の方も多いと思う。地震のあと、児童たちは運動場に五〇分近く待機させられ、避難を始めた一分後に津波に襲われた。結果、児童七八人のうち七四人、教職員一一人のうち一〇人が死亡するという、学校での事故として戦後最大の犠牲者を出す惨事となった。この震災における学校管理下の児童・生徒の死亡者は七五人で、そのうち七四人が大川小の児童だった。ほかのすべての学校ではほぼ全員が避難を終えていたのに、なぜ大川小学校の児童だけが犠牲になったのか？　学校の裏には小学生でも簡単に登れる小高い山があったにもかかわらず、川沿いの危険な場所に避難しようとしたのはなぜか？　一部の遺族たちは、その謎を解明して責任の所在をはっきりさせるために裁判に踏み切った。著者のロイド・パリーは、この事故について六年にわたって緻密な取材を行ない、死亡した子どもの家族たちから数々の証言を得た。本書では、事故の背景や経緯、教育委員会と保護者の対立、遺族の苦しみや葛藤、地方裁判所での判決が出るまでの過程が細かく描かれる。

この本のもうひとつのテーマは、東日本大震災後に頻発した心霊現象についてだ。著者によると、地震のあとにたくさんの被災者が幽霊を見たと訴え、除霊が行なわれた事例も数多くあったという。宮城県栗原市にある通大寺の金田諦應住職への取材をもとに、著者はこの〝津波の霊たち〟の謎に迫っていく。ここでいう心霊現象はいわゆる〝オカルト〟の類ではなく、「幽霊」「心霊現象」という言葉も必ずしも文字どおりの意味で扱われているわけではない。「心霊現象を体験する」ということはトラウマの吐露であり、「物語を語ること」であるという本文内の指摘はじつに示唆的である。

東日本大震災についての著作はいくつもあるが、外国人記者の視点から描かれているというのが本作のもっとも大きな特徴であることは言うに及ばない。ベテラン報道記者のロイド・パリーは在日期間が二二年に及ぶものの、英国人らしい客観的かつ批判的《クリティカル》な姿勢はいまなお健在である。その鋭く冷静な視点から繰り出される指摘と洞察がちりばめられたページを繰るにつれ、日本社会のさまざまな「ズレ」が浮き彫りになっていく。本書で描かれるのはすべて日本で起きた出来事であり、登場人物は全員が日本人である。しかし、外国人の眼というフィルターを通すことによって、まったく新しい景色がそこに浮かび上がってくる。同時に、俯瞰したような視点で凄惨な事故の様子が淡々と描かれているにもかかわらず、「救済」「慈悲」「愛」が感じられるのは、ロイド・パリーの真摯な取材・執筆姿勢と人間味あふれる人柄のたまものだろう。個人的には、彼の紡ぐストーリーは基本的に〝愛〟の物語だと感じている。

著者の視点はどこまでも中立的であり、どちらの立場にも与しないし、どちらにもクリティカルであり、かつ肯定的でもある。しかし同時に、自身の政治的スタンスや信念について主張がぶれることはなく、日本の行政組織の在り方（今回のケースでは、とりわけ教育委員会と裁判所）については批判的だ。ロイド・パリーの全著作を読み、日々ネット上の記事やツイートを追う私がいつも教えられるのは、すべての物事が複層的であり、ものの見方や意味はひとつではないということだ。たとえば本書では、人の死にも多角的な見方があり、多面的にとらえることが大切だと強調される。「死」に決まった定義などなく、死んだ状況、残された者の状況によってその意味やレベルはさまざまに変化する。言われてみれば当然のことながら、大人と子どもの死がもつ意味はまったく異なる。同じように、裁判に参加することとしないこと、大川小学校の校舎の保存を望むことと望まないこと、震災の経験について公の場で語ることと語らないことに、これほど多様な意味や理由があるという事実に驚きを禁じ得なかった。本書には日本人論という側面はもちろんのこと、死生観や宗教観についての哲学書、多様性をもつことを説く啓蒙書という一面もある気がした。

前作と同じように、今作におけるロイド・パリーの構成力とストーリーテリングの技術には卓越したものがある。短い章で畳みかけるようにスピーディーかつドラマティックに進む物語は、あたかもミステリ小説のようでもある。イギリスの文芸・文化批評雑誌《タイムズ・リタラリー・サプリメント》の批評家ギャビン・ジェイコブソンは「ロイド・パリーは文章のなかで〝雄弁さ〟と〝タイミング〟の技を多用する。それは、小説家がリズムをいろいろと変化させ、読者に与える情報をあえて控えることによって緊張感と驚きの瞬間を作り出すのと同じだ」と評する。また、著述家のヨハン・ハリは「ロイド・パリーは世界でもっとも才能豊かなノンフィクション作家だと言っても過言ではない」と激賞する。

大川小学校の一件については、この六年あまりのあいだに新聞、インターネット、テレビ、雑誌、書籍などですでに大々的に扱われてきた。また、遺族が起こした裁判の経緯やその結果についてもニュースで大きく報じられ、激しい賛否を巻き起こしてきた。しかし、この事故のことをほんとうに知っている人は果たして何人いるだろうか？　裁判の判決文や学校説明会の議事録を多くの人が精読するとは思えないし、一つひとつの出来事を描く記事はたくさんあっても、それを物語のようにはじめから最後まですべて読み、その記事と相反する内容の記事まで読み込まなければ全体像は見えてこないはずだ。そういった視点で見ると、本書の「物語性」「読ませる工夫」は、「真実」を多くの人に伝えるための強力な武器になると私は強く感じた。なによりも重要なのは、大川小学校の事故の真相、遺族たちの苦しみ、津波の霊に取り憑かれた人々の悲しみをどのように多くの人に伝えるかということではないだろうか。本書を通して、読者はこの震災の裏に隠された「新たな真実」を知ることになるはずだ。

ところで、本書の副題にある「死と生の物語」が一般的な「生と死」という順番ではないのは、原著のサブタイトル *Death and Life in Japan's Disaster Zone* に準じたためである。なぜ「生と死」ではなく、「死と生」なのか？　本文を未読の方は、そんなことも考えながら読んでみてほしい（この順序に著者の意図があれば、という前提にはなるが……。しかし、死をメインテーマとして扱う本書が、〇〇のエピソードで始まり、〇〇のエピソードで終わるのは決して偶然ではないはずだ［本文をまだ読んでいない方のために伏せ字とする］）。

本書の翻訳にあたっては、前作同様、著者のリチャード・ロイド・パリー氏と《ザ・タイムズ》紙の東京支局マネージャーの大軒京子氏から多大なる協力をいただいた。編集作業前のミーティングは数時間に及び、その後もおふたりとはメールで数えきれないほどやり取りを繰り返した。私の数々の不躾な質問にも気持ちよく答えてくれた著者と大軒氏に、心から感謝したい。一部、英語版から変更を加えたが、それは著者の許可を得た箇所、あるいは著者自身が希望した箇所である。

翻訳作業中は多くの既刊書に助けられた。とくに、本書内でもたびたび引用される『あのとき、大川小学校で何が起きたのか』（青志社、二〇一二年）、『石巻市立大川小学校「事故検証委員会」を検証する』（ポプラ社、二〇一四年）がなければ、本書の翻訳はほぼ不可能だったといっていい。この場を借りて、著者の池上正樹氏と加藤順子氏に厚く御礼申し上げたい。心霊現象の背景については、『魂でもいいから、そばにいて――3・11後の霊体験を聞く』（奥野修司著、新潮社、二〇一七年）がたいへん参考になった。また、前作に引きつづき丁寧な編集作業でサポートくださった早川書房の三村純氏、フリー校正者の土肥直子氏にも深謝したい。

本書にも登場する金田諦應住職や大川小学校の遺族の紫桃隆洋さんは、日本各地から招待を受けて東日本大震災に関する講演を行なったとき、無関心の壁にぶつかったという。震災から六年以上がたったいま、東北の被災地のニュースを聞く機会もめっきり減り、被災者への支援や心のケアがこれまで以上に置き去りにされている感が否めない。本書が多くの人にとって、大川小学校や被災地の「真実」を知るきっかけになることを願うばかりである。

二〇一七年一二月

文庫版に寄せて

二〇一八年一月に出版された本書は、数々の新聞や雑誌の書評で取り上げられました。なかでも訳者としては、震災が起きた日と同じ三月一一日に朝日新聞に掲載された美術家・横尾忠則さんの書評の言葉に大きな感銘を受け、いまだに読み返すことがあります――「現地を何度も訪れて本書を書いた英国のジャーナリストの驚異の報告書は正に現代の〝死者の書〟として永久に日本人の心の中に留《とど》められるだろう」。

また、本書を中心とした取材活動が高く評価され、著者のロイド・パリー氏は二〇一九年度の日本記者クラブ特別賞を外国人としてはじめて受賞しました。そしてなにより特筆すべきなのは、本書が二〇一八年に英国の文学賞「ラスボーンズ・フォリオ賞」を受賞したことです。近年まれにみる秀逸な作品ばかりが最終候補に残るなかで、日本のみを舞台にしたノンフィクション作品が英国の名誉ある文学賞を受賞したことは、快挙以外のなにものでもありません。審査委員長を務めた小説家のジム・クレイスは《ガーディアン》紙に寄せた選評のなかで、「ノンフィクション作品がこれほど圧倒的な文学的美しさとともに表現され、かつ現実世界の現実の出来事をありのままに描き切ることができるとは、誰も想像だにしていなかった」と絶賛しました。これまでの著作がわずか三作という寡作な作家のロイド・パリー氏ですが、新たな作品が発表されることを一ファンとして日々待ち望んでいます。

「大切なのは、何を書くかではなくて、どう書くかということ」とロイド・パリー氏は、あるインタビューのなかで語っています（岩波書店WEBマガジン「たねをまく」）。まさに、それは本書に見事に当てはまる言葉でもあるはずです。日本で起き、日本の住民しか登場せず、再三にわたってマスコミで報道されてきた数々の事実が、ロイド・パリー氏の視線を通すとまったく異なる物語として浮かび上がり、日本のみならず英国や世界じゅうの読者まで魅了してしまうのはじつに驚くべきことです。あの震災から一〇年の節目となる二〇二一年、再び多くの人が本書を手に取り、震災とその被災者の記憶に思いを馳せてくれることを願うばかりです。

二〇二〇年一二月

原 注

これは実話であり、記述の大部分は本書内で名前を挙げた人々の証言、および私自身が得た情報に基づく。それ以外の情報源については以下に示した。

本書を執筆するにあたって数多くの記者・作家に協力を仰いだが、なかでも池上正樹氏からもっとも大きな協力を得た。彼の綿密な報道がなければ、震災発生時やそれ以降の大川小学校での出来事の全貌を明らかにすることは、ずっとむずかしかったにちがいない。

日本円からポンドやドルへの換算には、当時の平均的な為替レートを使った。2011年3月11日の時点では、1ポンドは131円。

1　震災の犠牲者数についてメディアがもっとも頻繁に引用するのは、日本の警察庁が発表する資料。犠牲者数は「死亡者」と「公式に行方不明だと認められた人」に分けられており、前者は死亡証明書が発行された人のみを含む数である。しかし現在では、後者の行方不明者もすべて死亡したと推察することができる。2017年3月10日の発表では、死亡者は15,893人、行方不明者は2,553人（合計18,446人）。以下を参照：http://www.npa.go.jp/archive/keibi/biki/higaijokyo_e.pdf［アクセス不可。ただし、最新の被害状況は警察庁のウェブサイトで確認できる。https://www.npa.go.jp/news/other/earthquake2011/index.html］

消防庁が発表する資料の犠牲者数はさらに多い——死者19,475人、行方不明者2,587人（合計22,062人）。この数字は、病院からの緊急移動を強いられたのちに容体が悪化した病人や自殺者など、震災に関連する原因によって亡くなった人の数を含むものである。以下を参照：http://www.fdma.go.jp/bn/higaihou/pdf/jishin/154.pdf

プロローグ　固体化した気体

1　Kenneth Chang, 'Quake Moves Japan Closer to U.S. and Alters Earth's Spin', *New York Times*, 13 March 2011.

2　Jeff Kingston, 'Introduction' in Jeff Kingston (ed), *Natural Disaster and Nuclear Crisis in Japan*, (Abingdon 2012).

3　2011年3月11日の午前中、日本では54基の原子炉が稼働していた。津波によって、福島第一原発にある6基のうち4基が使用不能になった。2012年5月までに、国民からの反対の声を受け、ほかのすべての原子炉が停止。再稼働に向けた動きは続いているものの、政治的・技術的な障壁は大きい。2017年3月の時点で稼働しているのは3基のみ。

4　Richard Lloyd Parry, 'Suicide cases rise after triple disaster', *The Times*, 17 June 2011; and Richard Lloyd Parry, 'Tepco must pay damages over woman's suicide after Fukushima leak', *Times Online*, 26 August 2014, http://www.thetimes.co.uk/article/tepco-must-pay-damages-over-womans-suicide-after-fukushima-leak-vsm5tgbmh83.

5　Philip Gourevitch, *We Wish to Inform You That Tomorrow We Will Be Killed with Our Families* (New York, 1998), p. 7.［『ジェノサイドの丘〈新装版〉――ルワンダ虐殺の隠された真実』（柳下毅一郎訳、WAVE出版、2011年）］

第1部　波の下の学校

行ってきます

1　北上川の南岸に広がる石巻市のこの地区は正式には河北（かほく）と呼ばれており、大川はこの地域の昔の名前である。理解しやすいように、本書では大川小学校の周辺地域の一般呼称として大川を使った。

地　獄

1　この一節は、紫桃さよみさんへの私自身によるインタビュー取材、および2011年7月1日発行の『GQ』誌（アメリカ版）に掲載されたクリス・ヒースによる優れた記事「Graduation Day（卒業の日）」に基づく。

第2部　捜索の範囲

豊かな自然

1　地震と津波の仕組みに関する説明は、以下で確認することができる：Bruce Parker, *The Power of the Sea* (New York, 2010).
2　901年に成立した『日本三代実録』より。以下の説明を参考にした：Jeff Kingston (ed.), *Tsunami: Japan's Post-Fukushima Future* (Washington, 2011), p.10. ［日本語の現代語訳は以下より抜粋：「ＮＰＯゲートシティ多賀城 貞観地震・津波からの陸奥国府多賀城の復興」柳澤和明著 http://gatetagajyo.web.fc2.com/pdf/tagajyo_jyougantunami.pdf（一部、訳者が修正）］
3　三陸海岸の地震や津波の歴史については、以下を参照：K. Minoura et al., 'The 869 Jogan tsunami deposit and recurrence interval of large-scale tsunami on the Pacific coast of northeast Japan', *Journal of Natural Disaster Science*, Volume 23, Number 2, 2001, pp. 83-88; and Masayuki Nakao, 'The Great Meiji Sanriku Tsunami', *Failure Knowledge Database*, Hatamura Institute for the Advancement of Technology, 2005, at http://www.sozogaku.com/fkd/en/hfen/HA1000616.pdf. ［2017年3月にアクセス］
4　Parker, op. cit., pp. 151-152. ［原注1］
5　池上正樹・加藤順子『あのとき、大川小学校で何が起きたのか』（青志社、2012年）、25ページより引用［一部、訳者が修正］
6　同上、23ページより［一部、訳者が修正］

老人と子ども

1　驚くべきことに、下川原さんは震災の最高齢犠牲者ではなかったようだ。注2にあげる厚生労働省の資料によると、100歳以上の死亡者は25人で、そのうち22人が女性だった。
2　厚生労働省「人口動態統計からみた東日本大震災による死亡の状況について」（2011年）：http://www.mhlw.go.jp/toukei/saikin/hw/jinkou/kakutei11/dl/14_x34.pdf ［2017年3月にアクセス］75歳以上の犠牲者は全体の3分の1を占める。40代男性は、20代男性に比べて死亡する確率が2倍以上だった。

3　Richard Lloyd Parry, 'The town left without women', *The Times*, 12 January 2005.
4　'Over 110 schoolchildren die or go missing in tsunami after being picked up by parents', *Mainichi Daily News*, 12 August 2011.
5　私は繰り返し柏葉校長に取材を申し入れたが、返答はなかった。

説　明

1　石巻市教育委員会事務局・学校教育課「会議録」、大川小学校「保護者説明会」、2011年4月9日［一部、訳者が表記を変更］
2　佐藤かつらさんによる情報

幽　霊

1　中村元・紀野一義訳註『般若心経・金剛般若経』（岩波文庫、1960年）12～15ページより。
2　以下を参照：Hara Takahashi, 'The Ghosts of the Tsunami Dead and *Kokoro no kea* in Japan's Religious Landscape', *Journal of Religion in Japan,* Volume 5, 2016, pp. 176-198.
3　祖先崇拝についての私の説明の多くは、以下に基づく：Robert J. Smith, *Ancestor Worship in Contemporary Japan* (California, 1974).［ロバート・J・スミス『現代日本の祖先崇拝：文化人類学からのアプローチ』（前山隆訳、御茶の水書房、1996年）］
4　Herman Ooms, review of Smith, op.cit., *Japanese Journal of Religious Studies,* Volume 2, Number 4 (1975).

ほんとうに知りたいこと

1　津波の高さに関する数値は、原口強・岩松暉『東日本大震災津波詳細地図（上下）』（古今書院、2011年）より。

第3部　大川小学校で何があったのか

2011年3月11日の大川小学校での出来事について私の記述は、以下を含めた複数の情報源をまとめたものである――前掲の池

上氏の著書、私個人が行なったインタビュー（及川利信さん、只野英昭さん、哲也くん）、只野哲也くんへの日本のテレビ局のインタビュー、只野英昭さんの個人的な記憶、石巻市の公式書類、大川小学校事故検証委員会の最終報告書、紫桃さよみ・隆洋夫妻から提供を受けた要約資料、吉岡和弘弁護士が仙台地方裁判所に提出した資料。

古い世界の最後の時間

1　「学校前にバス待機」（2011年9月8日付『河北新報』）。
2　BBC2, 'Children of the Tsunami', broadcast 1 March 2012.
3　石巻市教育委員会事務局「大川小学校追加聞き取り調査記録：大川小学校教職員のご遺族様への3・11に関する聞き取り調査の説明会の開催について」
4　石巻市教育委員会事務局「平成22年度教育計画大川小学校（抜粋）」81ページ、145～146ページ
5　BBC2, 'Children of the Tsunami', broadcast 1 March 2012.
6　BBC2, 'Children of the Tsunami', broadcast 1 March 2012.
7　高橋さんのエピソードは、前掲の池上の著書187～193ページより。

三途の川

1　以下で視聴可能：https://www.youtube.com/watch?v=DW0dqWR4S7M.［2017年3月にアクセス］

第4部　見えない魔物

蜘蛛の巣都市

1　東京で予想される大地震についての背景は、以下を参照：Peter Hadfield, *Sixty Seconds That Will Change the World* (London, 1991)［ピーター・ハッドフィールド『東京は60秒で崩壊する！：超巨大地震の恐怖と世界大不況の衝撃』（赤井照久訳、ダイヤモンド社、1995年）］, and Peter Popham, *Tokyo: The City at the End of the World* (Tokyo, 1985).［ピーター・ポパム『東京の肖像』（高橋和久訳、朝日新聞社、1991年）］

2　地震学者たちが提供するのは単純な予測ではなく、地震が発生する確率である。2012 年に東京大学の地震研究所は、30 年以内にマグニチュード 7 級の首都直下地震が 70 パーセントの確率で起こると結論づけた。'Researchers now predict 70 percent chance of major Tokyo quake within 30 years', *Mainichi Shimbun*, 25 May 2012.［毎日新聞・英語版］

3　Richard Lloyd Parry, 'Quake experts shake Tokyo with forecast of 13,000 dead', *The Times*, 15 December 2004, at https://www.thetimes.co.uk/article/quake-experts-shake-tokyo-with-forecast-of-13000-dead-j2v5n2mdlk5

4　Richard Lloyd Parry, 'Japanese make plans to survive overdue treble quake', *The Times*, 13 September 2010.

5　Richard Lloyd Parry, 'Million victims from next tsunami, Japan disaster experts warn', *Times Online*, 31 August 2012, at http://www.thetimes.co.uk/article/million-victims-from-nexttsunami-japan-disaster-experts-warn-gc3tx7vpw8s

6　『河北新報』紙の計算によると、津波ではなく地震によって死亡したのは 90 人ほど。倒壊した家のなかで亡くなり、そのあとに建物が津波に呑み込まれたケースが何件あったのかを正確に把握することはできない。しかし、そのようなケースによる死者数は比較的少なかったと考えられる。「大震災・揺れの犠牲 90 人超」（2013 年 5 月 17 日付『河北新報』）。

7　前掲のポパム p. 28［和訳は 36 ページ］

8　前掲のポパム pp. 28-29 and p. 27［和訳は 34 ～ 36 ページ］

9　Italo Calvino, *Invisible Cities*, tr. William Weaver (London, 1974 [1972]), p.67.［イタロ・カルヴィーノ『見えない都市［文庫版］』（米川良夫訳、河出書房新社、2003 年)、95 ～ 96 ページ］前掲のポパム［和訳は 37 ～ 38 ページ］でも引用。

真実がなんの役に立つ？

1　前掲の池上の著書、91 ～ 92 ページ

2　同上、89 ページ［一部、訳者が修正］

3　同上、206 ～ 211 ページ［一部、訳者が修正］

4　石巻市教育委員会事務局「2011 年 6 月 3 日付、遠藤純二教諭

からの柏葉校長宛てファックス」大川小学校教職員のご遺族様への3・11に関する聞き取り調査の説明会の開催について

5 このセクションは、前掲の池上の著書の113～127ページに基づく。

6 石巻市教育委員会事務局「柏葉校長謝罪文」大川小学校教職員のご遺族様への3・11に関する聞き取り調査の説明会の開催について

7 「大川小学校事故検証報告書」: http://www.mext.go.jp/b_menu/shingi/chukyo/chukyo5/012/gijiroku/__icsFiles/afieldfile/2014/08/07/1350542_01.pdf［2017年3月にアクセス］以下も参照：*Mainichi Shimbun*, 'Report on tsunami-hit school should be used as disaster-prevention textbook', 28 February 2014.［毎日新聞・英語版］

8 「大川小検証委『最終報告書案』に落胆する遺族」2014年1月22日付『週刊ダイヤモンド』

9 前掲の池上の著書、112ページ

津波は水ではない

1 Naoto Kan, 'Japan's road to recovery and rebirth', *International Herald Tribune*, 16 April 2011.［日本語訳は以下の首相官邸のウェブサイトより：http://www.kantei.go.jp/jp/kan/statement/201104/15kikou_IHT.html］

2 前掲の池上の著書、20ページ。このあとの引用は、私自身による紫桃さよみさん・隆洋さんへのインタビューより。

宿 命

1 仏さまについての詳細は前掲のSmith, pp. 50-56を参照。

思い出のとらえ方

1 Richard Lloyd Parry, 'Tsunami survivors face dilemma over its haunting ruins', *The Times*, 24 August 2012; Eugene Hoshiko, 'Legacies of a disaster dot Japan's tsunami coast', Associated Press, 10 March 2016; 'Residents divided over preservation of remains 5 years after disaster', Kyodo News, 10 March 2016.

2 ‘Alumni of tsunami-devastated Miyagi school ask for support to preserve building’, *Mainichi Shimbun*, 5 December 2014. ［毎日新聞・英語版］
3 只野英昭さん提供によるビデオ映像より。

第5部 波《ハ》羅《ラ》僧《ソウ》羯《ギャ》諦《テイ》——彼岸に往ける者よ

鎮 魂

1 柳田國男『遠野物語』（九九）［引用は『新版 遠野物語 付・遠野物語拾遺』（角川ソフィア文庫、2004年）より］

救済不落海

1 区画規制が実施され、津波の浸水地域に住宅を建設することが禁止された。商業施設を建てることは可能だが、住宅は内陸、または高台に移転された。
2 だからといって、教育委員会の行動は赦されるべきものではない。池上正樹氏による痛烈な批判は、ここで長く引用するに値する。「市教委が本来行わなければならないのは、当事者から丁寧にとことん聞き取ること、信頼できる記録からすべてを文書化すること、調査で知り得た情報は遺族に開示すること、考証から仮説を導き出し、ひとつひとつ検証してみること、そこから真相を究明することだ。

そして、学校管理下で子どもたちの命を犠牲にしてしまったことへ誠心誠意謝罪し、対策や監督を怠ってきた関係者の処分を議論する。

その上で、県教委や文科省など関係各所へ史上最悪の事故からの教訓を示し、日本中の学校防災の取り組みを、根本から見つめ直すきっかけをつくることだ。これらのことがスピード感を持って進められ、すべてのプロセスができる限り頻繁に遺族と共有される必要がある。

いままでは、市教委の都合で、中途半端で曖昧なままに進められてきたことが、問題をこじらせている。」（前掲の池上の著書、83ページ）
3 数日後、被告側が高等裁判所に控訴することを発表すると、

勝利感はさらに吹き飛んだ。原告側は対抗手段として、認められた損害賠償額が不充分であるとして控訴した。判決は2018年に言い渡される予定。
4　永沼さんへの直接の取材が叶うことはなかった。この説明は、平塚なおみさんと鈴木美穂さんとの会話に基づくもの。
5　宗教学者の高橋原氏のこと。高橋氏は金田住職の説明を裏づけてくれた。

本書は二〇一八年一月に早川書房より単行本として刊行された作品を文庫化したものです。

羊飼いの暮らし
——イギリス湖水地方の四季

ジェイムズ・リーバンクス
濱野大道訳

The Shepherd's Life

ハヤカワ文庫ＮＦ

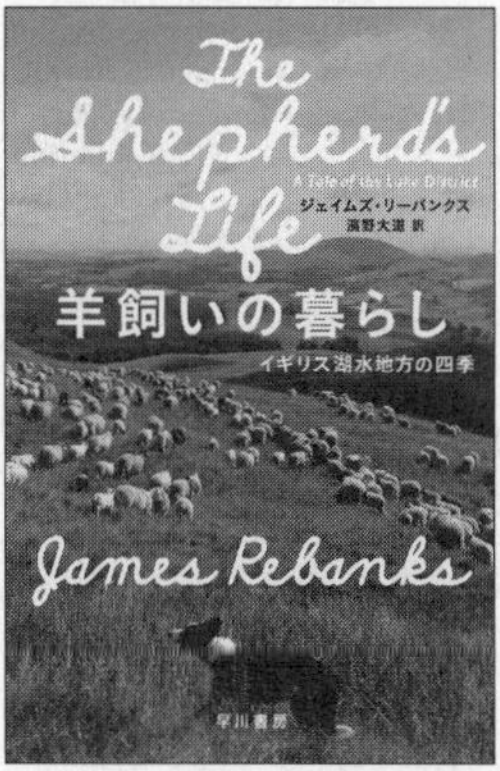

太陽が輝き、羊たちが山で気ままに草を食《は》む夏。競売市が開かれ、一番の稼ぎ時となる秋。過酷な雪や寒さのなか、羊を死なせないよう駆け回る冬。何百匹もの子羊が生まれる春。湖水地方で六〇〇年以上続く羊飼いの家系に生まれたオックスフォード大卒の著者が、羊飼いとして生きる喜びを綴る。解説／河崎秋子

訳者略歴　ロンドン大学・東洋アフリカ学院（SOAS）タイ語・韓国語学科卒，同大学院タイ文学専攻修了，翻訳家　訳書にロイド・パリー『黒い迷宮』，バララ『正義の行方』，フリードマン『2020-2030　アメリカ大分断』（以上早川書房刊）他多数

HM=Hayakawa Mystery
SF=Science Fiction
JA=Japanese Author
NV=Novel
NF=Nonfiction
FT=Fantasy

津波《つなみ》の霊《れい》たち
3・11　死と生の物語

〈NF569〉

二〇二一年一月二十五日　発行
二〇二二年七月　十五日　二刷
（定価はカバーに表示してあります）

著者　リチャード・ロイド・パリー
訳者　濱《はま》野《の》大《ひろ》道《みち》
発行者　早川　浩
発行所　株式会社　早川書房

郵便番号　一〇一 - 〇〇四六
東京都千代田区神田多町二ノ二
電話　〇三 - 三二五二 - 三一一一
振替　〇〇一六〇 - 三 - 四七七九九
https://www.hayakawa-online.co.jp

乱丁・落丁本は小社制作部宛お送り下さい。
送料小社負担にてお取りかえいたします。

印刷・三松堂株式会社　製本・株式会社フォーネット社
Printed and bound in Japan
ISBN978-4-15-050569-1 C0198

本書は活字が大きく読みやすい〈トールサイズ〉です。